humanística

37

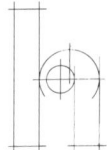

Humanística

1. *Introdução à vida intelectual*, João Batista Libanio
2. *Norma linguística*, Marcos Bagno
3. *A inclusão do outro — Estudos de teoria política*, Jürgen Habermas
4. *Sociologia da comunicação*, Philippe Breton, Serge Proulx
5. *Sociolinguística interacional*, Branca Telles Ribeiro, Pedro M. Garcez [org.]
6. *Linguística da norma*, Marcos Bagno [org.]
7. *Abismos e ápices*, Giulia P. Di Nicola, Attilio Danese
8. *Verdade e justificação — Ensaios filosóficos*, Jürgen Habermas
9. *Jovens em tempos de pós-modernidade — Considerações socioculturais e pastorais*, J. B. Libanio
10. *Estudos em filosofia da linguagem*, Guido Imaguire, Matthias Schirin
11. *A dimensão espiritual — Religião, filosofia e valor humano*, John Cottingham
12. *Exercícios de mitologia*, Philippe Borgeaud
13. *Paz, justiça e tolerância no mundo contemporâneo*, Luiz Paulo Rouanet
14. *O ser e o espírito*, Claude Bruaire
15. *Scotus e a liberdade — Textos escolhidos sobre a vontade, a felicidade e a lei natural*, Cesar Ribas Cezar
16. *Escritos e conferências 1 — Em torno da psicanálise*, Paul Ricoeur
17. *O visível e o revelado*, Jean-Luc Marion
18. *Breve história dos direitos humanos*, Alessandra Facchi
19. *Escritos e conferências 2 — Hermenêutica*, Paul Ricoeur
20. *Breve história da alma*, Luca Vanzago
21. *Praticar a justiça — Fundamentos, orientações, questões*, Alain Durand
22. *A paz e a razão — Kant e as relações internacionais: direito, política, história*, Massimo Mori
23. *Bacon, Galileu e Descartes — O renascimento da filosofia grega*, Miguel Spinelli
24. *Direito e política em Hannah Arendt*, Ana Paula Repolês Torres
25. *Imagem e consciência da história — Pensamento figurativo em Walter Benjamin*, Francisco Pinheiro Machado
26. *Filosofia e política em Éric Weil — Um estudo sobre a ideia de cidadania na filosofia política de Éric Weil*, Sérgio de Siqueira Camargo
27. *Si mesmo como história — Ensaios sobre a identidade narrativa*, Abrahão Costa Andrade
28. *Da catástrofe às virtudes — A crítica de Alasdair MacIntyre ao liberalismo emotivista*, Francisco Sassetti da Mota
29. *Escritos e conferências 3 — Antropologia filosófica*, Paul Ricoeur
30. *Violência, educação e globalização — Compreender o nosso tempo com Eric Weil*, Marcelo Perine, Evanildo Costeski [org.]
31. *A Filosofia na Psicologia — Diálogos com Foucault, Deleuze, Adorno e Heidegger*, Carlos Roberto Drawin, João Leite Ferreira Neto e Jacqueline de Oliveira Moreira [org.]
32. *Las Casas e Zumbi — Pioneiros da consciência social e histórica na luta pelos direitos dos Índios e dos Negros*, Frei Carlos Josaphat
33. *O Tempo Biológico em Teilhard de Chardin*, Witold Skwara
34. *O problema do mal no pensamento de Agostinho*, Makyl Angelo X. Mendes
35. *Deus e o homem e sua relação em Santo Agostinho*, Walterson José Vargas
36. *A oficina de Nostradamus — O futuro inventado pelas* Profecias, Paolo Cortesi
37. *Origens do drama clássico na Grécia Antiga*, Rafael Guimarães Tavares da Silva

ORIGENS DO DRAMA CLÁSSICO NA GRÉCIA ANTIGA

RAFAEL GUIMARÃES TAVARES DA SILVA

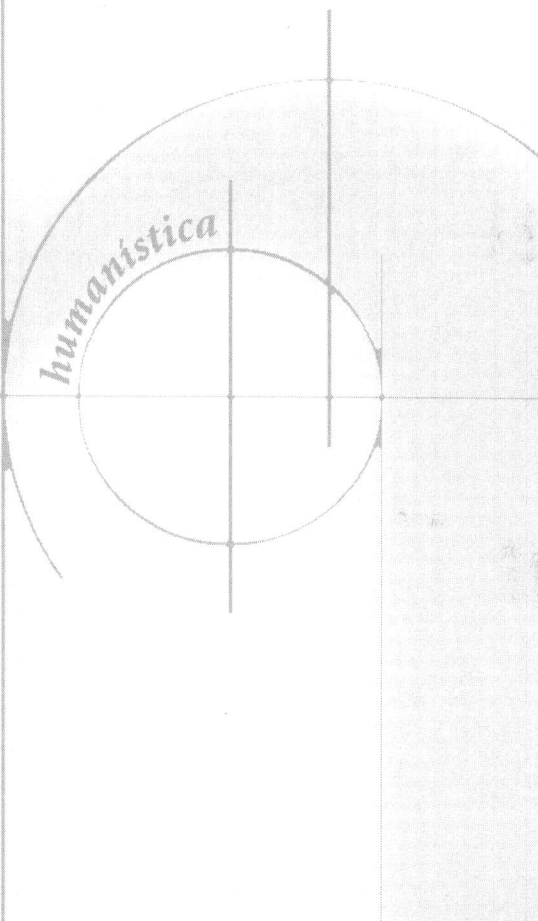

Edições Loyola

Dados Internacionais de Catalogação na Publicação (CIP)
(Câmara Brasileira do Livro, SP, Brasil)

Silva, Rafael Guimarães Tavares da
　　Origens do drama clássico na Grécia antiga / Rafael Guimarães Tavares da Silva. -- São Paulo : Edições Loyola, 2022. -- (Coleção humanística ; 37)

　　Bibliografia.
　　ISBN 978-65-5504-164-4

　　1. Cultura clássica 2. Dramaturgia 3. Grécia - Antiguidades 4. Grécia - História 5. História antiga 6. Poesia dramática grega - História e crítica 7. Teatro grego - História e crítica I. Título II. Série.

22-105783　　　　　　　　　　　　　　　　　　　　　　　　CDD-930

Índices para catálogo sistemático:
1. Drama clássico : Grécia : História antiga　　　930

Maria Alice Ferreira - Bibliotecária - CRB-8/7964

Preparação: Ana Paula Perestrelo
Capa: Manu Santos
Diagramação: Sowai Tam
Revisão: Andréa Stahel M. Silva

Edições Loyola Jesuítas
Rua 1822 n° 341 – Ipiranga
04216-000 São Paulo, SP
T 55 11 3385 8500/8501, 2063 4275
editorial@loyola.com.br
vendas@loyola.com.br
www.loyola.com.br

Todos os direitos reservados. Nenhuma parte desta obra pode ser reproduzida ou transmitida por qualquer forma e/ou quaisquer meios (eletrônico ou mecânico, incluindo fotocópia e gravação) ou arquivada em qualquer sistema ou banco de dados sem permissão escrita da Editora.

ISBN 978-65-5504-164-4

© EDIÇÕES LOYOLA, São Paulo, Brasil, 2022

Agradecimentos

A minha família.

A meu orientador, Teodoro Rennó Assunção (UFMG), e a meu coorientador, Nabil Araújo de Souza (UERJ), pelo apoio durante toda a pesquisa e pela escrita do prefácio e do posfácio, respectivamente, para o presente livro; reitero ainda os agradecimentos ao Teo pelas revisões textuais do trabalho (inclusive na fase final de publicação).

Aos membros integrantes da Banca Examinadora da dissertação que gerou a presente publicação, Jacyntho Lins Brandão (UFMG), Olimar Flores Júnior (UFMG) e Sandra Gualberto Braga Bianchet (UFMG) (suplente).

Ao público de meu canal sobre Estudos Clássicos, Literatura e Educação no YouTube (https://www.youtube.com/c/RafaelSilvaLetras).

A minhas amigas e amigos.

A Sara.

Ao CNPq, pela bolsa de mestrado que propiciou minha dedicação aos estudos.

Sumário

Prefácio 9
Aprendendo algo sobre o drama clássico grego com Rafael G. T. da Silva
Teodoro Rennó Assunção (UFMG)

Prólogo 19

1. Véspera do Drama 29
   1.1. Sólon: *performance* poética, política e religião 31
   1.2. Pisístrato: *performance* política, religião e poesia 44

2. Drama (antes do Drama) 61
   2.1. O drama de Téspis: ator, coros e máscaras 61
   2.2. Coros trágicos de Sícion: entre os ritos fúnebres e o culto a Dioniso 74
   2.3. Tiranos e Dioniso: ditirambos de Aríon, coros de golfinhos, Hinos homéricos 94
   2.4. Arquíloco e Dioniso: o ditirambo arcaico, o festival e o *kômos* 114
   2.5. Homero e as origens da poesia helênica 134

3. Festivais dionisíacos na Ática 149
   3.1. Dionísias rurais 152
   3.2. Leneias 162
   3.3. Antestérias 172
   3.4. Dionísias urbanas 185

4. Aurora do Drama 201
    4.1. Os anos finais de Pisístrato: política, *sympósion* e *kômos* 201
    4.2. A corte dos Pisistrátidas: poesia, religião e política 209
    4.3. O fim da tirania e o início da democracia em Atenas 223
    4.4. Regime democrático: efebia e *paideía* 231
    4.5. Margens da democracia: dramas satíricos, silenos e
        dançarinos acolchoados 246
    4.6. Inventando a origem dos gêneros poéticos dramáticos:
        os *Fasti* atenienses 266

Epílogo 273

Glossário 277

Bibliografia 283
    Edições e traduções de textos antigos 283
    Bibliografia secundária 288

Posfácio 299
    De luzes & sombras acerca das origens do drama
    (Metaensaio sobre a cegueira)
    Nabil Araújo (UERJ)

Prefácio

Aprendendo algo sobre o drama clássico grego com Rafael G. T. da Silva

Teodoro Rennó Assunção (UFMG)

Creio que seja melhor começar esta breve nota-prefácio dizendo que um primeiro esboço seu (então acompanhado por uma série de leituras sobre o tema) estava sendo escrito no começo de 2020, quando a pandemia do coronavírus — com uma inverossímil quarentena que se estendeu indefinidamente — suspendeu, na metade de março, todas as atividades acadêmicas e algumas editoriais afins, como a preparação final deste livro. Quando, portanto, em julho de 2021, o Rafael G. T. da Silva voltou a me pedir um prefácio, já em meio a uma série de outros urgentes compromissos acadêmicos assumidos (e meio exausto com a parafernália de atividades *on-line*), eu hesitei em aceitar, ainda pensando no padrão anterior de um ensaio de maior fôlego, pois sabia que para mim seria impossível escrever algo que estivesse realmente à altura do bom teor informativo e interpretativo de seu livro sobre a difícil e complexa questão das *Origens do drama clássico na Grécia Antiga*. Resignado e pensando que o pior seria simplesmente desistir, uma vez que eu havia acompanhado com prazer todo o processo de feitura do livro, aceitei então fazer uma revisão textual final (como eu tinha prometido a ele) e o que — não tendo sido eu jamais um especialista em teatro grego antigo — chamei modesta e muito objetivamente de "nota-prefácio".

Começarei, portanto, lembrando que este livro, que ganhou agora outro título e foi habilmente condensado nas páginas aqui apresentadas, teve como origem uma excelente dissertação de mestrado — da qual fui o orientador — intitulada *Arqueologias do drama: uma arqueologia dramática*, defendida com brio no fim de fevereiro de 2018 (junto ao Programa de Pós-graduação em Estudos Literários da Faculdade de Letras da UFMG), com um capítulo final sobre as "teorias das origens da poesia e do drama em Platão e em Aristóteles", um enorme apêndice de textos antigos apresentados com tradução própria e uma bela coletânea de imagens de vasos (as quais, todas elas, foram agora retiradas), resultando um impressionante total de pouco mais de 700 páginas, das quais umas não desprezíveis 350 constituíam ainda a dissertação propriamente dita. Na realidade (como então eu brincava), tanto por sua extensão quanto por sua qualidade, uma espécie de "tese de doutorado" antecipada.

Se Rafael da Silva usou eventualmente algo do que eu apresentei (geralmente no sóbrio modo do comentário textual em *close reading*) em cursos (bem recheados bibliograficamente) sobre a crítica à poesia no *Íon* e na *República*, de Platão, ou sobre os elegíacos gregos arcaicos (Arquíloco, Tirteu, Mimnermo e Sólon), ele sempre o fez já com uma considerável maturidade e autonomia, tendo sabido orientar por conta própria — com uma dupla capacidade de leitura dos textos gregos antigos e de uma não pequena bibliografia de comentadores em várias línguas estrangeiras — seus interesses propriamente teóricos (convenientemente acompanhados, neste caso, por uma boa experiência de tradução coletiva de tragédias gregas antigas com a minha colega Tereza Virgínia Ribeiro Barbosa, assim como pela coorientação de Nabil Araújo, mais voltada para a teoria da literatura e proposta por ele mesmo) em direção à questão das origens de um macrogênero literário grego antigo (e ocidental), o drama teatral, mais conhecido em seus dois grandes subgêneros: a tragédia e a comédia.

Esse percurso acadêmico singular e excepcional foi, no seu caso, completado por excelentes trabalhos de curso ou apresentações em eventos — também sobre literatura ou filosofia modernas e teoria da tradução —, que várias vezes já se tornaram bons artigos acadêmicos, assim como pelos próprios e bem preparados cursos de língua e literatura grega antiga (na mesma Faculdade de Letras da UFMG) como professor substituto, bolsista da Capes ou voluntário da Pós-graduação (onde ele agora faz um doutorado sobre a história dos estudos clássicos), ou também como um diligente e ágil coorganizador do Seminário interdisciplinar do Núcleo de Estudos Antigos e Medievais (o NEAM) da UFMG, desde sua primeira ocorrência semestral em 2017, ou ainda como editor da revista discente *Em Tese* (da FALE-UFMG), e em todas essas frentes prestando sempre um inestimável serviço à comunidade acadêmica, sobretudo na área de estudos clássicos, o que faz dele para mim (já há algum tempo) antes um colega do que um aluno. Assim, pois, não será de estranhar (como, aliás, sói acontecer neste processo acadêmico o mais das vezes inadequadamente chamado de "orientação") que, no caso desta dissertação (e agora deste livro), tenha sido ele quem — com sua viva curiosidade, ampla pesquisa e suas variadas leituras — acabou me instruindo um bocado sobre o atual estado da difícil questão das origens do drama clássico na Grécia antiga, e justificando, assim, sem falsa modéstia alguma, o título que dei a esta nota-prefácio.

Do que constitui o largo núcleo ou o próprio corpo dessa "tese", agora convertida neste livro (excetuando apenas o "prólogo" e o "epílogo", que funcionam como uma espécie de enquadramento teórico metacrítico), eu tenderia a dizer resumidamente que os capítulos 1: "Véspera do Drama", 2: "Drama (antes do Drama)", 3: "Festivais dionisíacos na Ática" e 4: "Aurora do Drama" completam, precisam e reposicionam alguns elementos fundamentais — dando-lhes uma nova e inédita configuração hermenêutica — que já desde o fim do século XIX figuravam como um material de base ou um ponto de partida incontornável para pensar o tema das origens do drama clássico grego (tal como se dá a ver, por exemplo, na conhecida monografia de Wilamowitz sobre *O que é uma tragédia ática?*[1] — que constitui o segundo capítulo de sua *Introdução*

---

1. Ver Wilamowitz-Moellendorff, Ulrich von, *Qu'est-ce qu'une tragédie attique?* (traduit par Alexandre Hasnaoui et présenté par Caroline Noirot. Paris: Les Belles Lettres, 2001, 1ª edição original: 1899). Talvez fosse o caso de lembrar também a utilidade de outro bom livro introdutório (mas hoje já muito datado) sobre a tragédia grega (cuja 1ª edição original é de 1937), *A tragédia grega*, de Albin Lesky (São Paulo: Perspectiva, 1975), cujos segundo e terceiro capítulos ("Os primórdios" e "Os precursores dos mestres") interessam diretamente o tema tratado aqui. Talvez coubesse lembrar também que, no fim dos anos de 1970 e começo de 1980, junto com *Mito e tragédia na Grécia Antiga*, de Jean-Pierre Vernant e Pierre Vidal-

à tragédia ática — com muito mais clareza e informação, aliás, do que na tão celebrada e schopenhaueriana *A origem da tragédia a partir do espírito da música*, de Nietzsche): o arquicitado e muitas vezes mal lido capítulo 4 da *Poética*, de Aristóteles (sobre as presumíveis origens da poesia, da tragédia e da comédia, assim como sobre um bem resumido processo ou história de formação da tragédia)[2], as informações sobre o festival das Dionísias urbanas e as condições de *performance* da tragédia, comédia e drama satírico em suas possíveis conexões rituais com o ditirambo e com um elemento satírico, o vinho, a máscara e a dança/canto coral, e também as etimologias mais plausíveis para os termos gregos "tragédia" e "comédia" (com o uso para o último das indicações também do capítulo 3 da *Poética*, de Aristóteles), todos eles elementos em princípio bem afins e próprios ao fascinante deus da embriaguez e do estranhamento e/ou alteridade que é Dioniso. Ao que seria possível ainda acrescentar algumas histórias — vindas de fontes antigas variadas como Heródoto, Plutarco, Diógenes Laércio e a *Suda* — sobre os precursores dos três gêneros dramáticos antigos: Téspis, Epígenes, Árion e Frínico (dos quais quase nada nos restou).

Mas, neste corajoso empreendimento de Rafael da Silva, o cuidado de restituir as principais fontes antigas (o mais das vezes por meio de traduções próprias com base em boas edições dos textos gregos e latinos) e a abordagem multidisciplinar (política, econômica, social, religiosa e literário-cultural), sempre apoiada numa atualizada e problematizadora bibliografia de fenômenos de *performance* poética oral como o ditirambo, as elegias e os iambos (e a poesia simposial), os poemas líricos corais, as "pândegas" (*kômoi*) e, enfim, o próprio drama clássico grego, como

---

Naquet (São Paulo: Duas Cidades, 1977), este talvez fosse o melhor estudo sobre a tragédia ática disponível em língua portuguesa no Brasil.

2. Para uma interpretação de conjunto da *Poética* de Aristóteles, além de sua tradução e do comentário sobre o texto (Halliwell, S., *The Poetics of Aristotle*. London: Duckworth, 1987), ver Halliwell, Stephen, *Aristotle's Poetics — with a new introduction* (London: Duckworth, 1998), ou também as notas de leitura (além da edição do texto grego e da tradução) de Roselyne Dupont-Roc e Jean Lallot em *Aristote, La Poétique* (Paris: Seuil, 1980). Para uma discussão sobre a origem da poesia e a *mímesis* no capítulo 4 da *Poética* de Aristóteles, ver o artigo "Aristotelian Mimesis and Human Understanding", de Stephen Halliwell (*in*: Andersen, O. & Haarberg, J. [eds.]. *Making Sense of Aristotle*: *Essays in Poetics*. London: Duckworth, 2001, 87-107).

ponto de chegada, vão sobriamente evidenciar uma multiplicidade de origens possíveis deste drama em seus três gêneros (tragédia, comédia e drama satírico)[3], o mais das vezes correlacionadas numa complexa rede histórica e que — ainda que apresentadas prudentemente como "simples" hipóteses sujeitas a refutações presentes e futuras — delineiam os tateantes embriões do que, na experiência histórica e política grega, vai aos poucos se configurar como um fenômeno único e então novo — ao vivo, audiovisual e em três dimensões —, constituído por uma narrativa ficcional não muito longa representada (e não contada por um narrador externo e recitada por um só rapsodo) por atores que, com máscaras e sobre um palco (contendo também um cenário), encarnam personagens individuais que dialogam entre si num tipo de verso (na tragédia, o trímetro iâmbico) que lembra a fala cotidiana, e também em grupo uma personagem coletiva (isto é, o coro, do qual apenas um líder se destaca para participar do diálogo com as outras personagens individuais) que recita ou canta e dança, num tipo de verso mais estilizado semelhante ou equivalente ao da poesia lírica coral, constituindo uma impactante espécie de *Gesamtkunstwerk* ("obra de arte total") espetacular e teatral[4],

---

3. Se eu fosse meramente elencar de forma rápida a ampla, diversificada e saborosa pesquisa feita para este livro, caberia aqui observar, na reconstituição do contexto histórico-social ateniense que precede ou é contemporâneo às (supostas) primeiras representações do drama clássico grego, o inteligente destaque dado por Rafael da Silva às representações "teatrais" recitadas de um Sólon ou àquelas "performadas" direta e politicamente por Pisístrato; assim como a reconstituição do possível papel de Téspis como primeiro usuário de máscaras e introdutor do cantor individual no coro ditirâmbico (donde a sua fama lendária como inventor); a dos coros trágicos de Sícion (com histórias envolvendo o rei Adrasto); as histórias algo rocambolescas sobre os ditirambos de Aríon de Metimna e os golfinhos; a leitura (integrada a um contexto econômico, político e religioso de trocas no Mediterrâneo grego antigo) do famoso fragmento 120W de Arquíloco; os quatro diferentes festivais dionisíacos na Ática; a conexão possível desses festivais com os rituais de iniciação masculina ou efebia; ou a conexão do drama satírico com os silenos e dançarinos acolchoados; e, enfim, a lista (*Fasti*) dos vencedores nos concursos dramáticos.

4. Ao ato de "sair de si" e "se pensar como um outro", já presente de algum modo para o dramaturgo que cria ou recria suas personagens com suas falas e modos de agir diferenciados, corresponde em uma escala mais reduzida (mas também mais direta e imediata) o ato de encarnar o corpo e a voz de outra personagem (usando também uma máscara própria a ela) pelo ator; e, enfim, uma última forma possível de identificação seria a do espectador com alguma ou algumas das personagens representadas em áudio e visualmente por atores de teatro, liberando-o temporariamente dos limites estreitos e mesquinhos da própria in-

que poderia lembrar de algum modo o que foi a ópera no século XIX, mas com uma forte dimensão cultual e política (pois afinal elas/ele tinham lugar na cidade de Atenas, no século V a.C., num festival público e religioso que eram as Dionísias urbanas) em relação ao fenômeno apenas cultural ou estético da ópera.

E, ainda que discretamente e sem explicitá-lo como termo final de sua complexa e precisa apresentação dos fenômenos "literários" (ou performáticos) possivelmente originários do drama clássico grego, Rafael da Silva parece estar plenamente consciente disso, quando logo no começo do primeiro capítulo, ao criticar (em parte) J.-P. Vernant e P. Vidal-Naquet, numa sensata advertência metodológica contra o anacronismo de uma abordagem literária de um fenômeno como a tragédia ática, ele diz:

> Pode ser altamente problemático aplicar essa noção moderna de "literatura" a fim de compreender, de forma contextualmente relevante, um fenômeno manifesto em cena, durante um festival religioso público, e constituído por (no mínimo) duas dimensões bastante diversas, a julgar pelo que o próprio Aristóteles já sugerira em sua *Poética* (6.1450a): a textual (que envolveria enredo, caracteres e pensamento) e a performática (com a dicção, o espetáculo e o canto). Restringir tal complexidade ao aspecto literário, além de anacrônico, seria tão reducionista quanto afirmar que o cinema inaugura um novo gênero literário, na medida em que a realização da grande maioria dos filmes emprega um roteiro escrito. Na esteira dessa comparação, vale observar que, mesmo que todos os registros cinematográficos fossem perdidos e só restassem seus roteiros, isso não tornaria esse material um gênero literário aos olhos de um estudo que tentasse compreendê-lo de forma contextualmente relevante.

Como é bem sabido, o próprio Aristóteles, já um pouco afastado temporalmente do fenômeno vivo do drama clássico grego e com uma perspectiva que é antes a de um leitor individual de textos escritos, valoriza em sua *Poética* muito mais o "enredo" (o *mûthos*), as personagens

---

dividualidade cotidiana. Sobre este efeito possível de um alheamento (ou estranhamento) libertador por meio da ficção teatral e suas possíveis conexões com o deus Dioniso, ver o sugestivo ensaio "O deus da ficção trágica", de Jean-Pierre Vernant (em Vernant, J.-P. e Vidal-Naquet, P., *Mito e tragédia na Grécia Antiga vol. II*, trad. de Bertha H. Gurovitz. São Paulo: Brasiliense, 1991, 19-26).

e suas falas (algo, portanto, que poderia muito bem ser recebido por meio da leitura silenciosa de um "roteiro" em casa ou numa biblioteca) do que o "canto" e o "espetáculo" (*ópsis*), o qual — dos seis elementos que (segundo ele) compõem a tragédia — seria o menos importante de todos no que concerne à arte da composição (ou "poética") e como se fosse mais próprio à arte de quem faz o cenário (cf. *Poética* 6, 1450b17-21). E, por outro lado, a comparação com o cinema — mesmo que este seja um espetáculo audiovisual gravado e reprodutível em apenas duas dimensões e o mais das vezes sujeito às limitações rasas da indústria cultural de massa — tem também a virtude de lembrar o que poderia ser, proporcionalmente às dimensões acanhadas de uma cidade como a Atenas do século V a.C. (bem menor e menos povoada do que qualquer grande cidade no século XX), o alcance e o impacto, no público, de um fenômeno cultural (e político-religioso) como a tragédia, a comédia ou o drama satírico.

Mas, se uma pesquisa vertical e precisa como esta sobre as origens possíveis do drama clássico grego pode ajudar a compreender melhor alguns elementos básicos seus, como o canto e a dança do coro, bem como o diálogo das personagens representadas por atores com máscaras sobre um palco com cenário (e/ou mobília) num anfiteatro aberto numa festa pública religiosa dedicada ao deus Dioniso, talvez fosse preciso reconhecer também que há algo fundamental e constitutivo, ao menos na tragédia ática, que não se deixa compreender bem apenas por essas possíveis origens conectáveis a Dioniso: o conteúdo ou o material básico de suas histórias ou narrativas teatralizadas que vêm principalmente de dois grandes ciclos heroicos, o troiano e o tebano, mesmo que elas sejam muito transformadas e problematizadas por uma perspectiva crítica que já é a da cidade (*pólis*) de Atenas no século V a.C., com talvez (entre as poucas peças que nos restaram, e não quanto ao formato, mas somente ao conteúdo) apenas uma única e conhecida grande exceção, as *Bacantes* de Eurípides. É nesse sentido genérico que — ainda que as múltiplas histórias do ciclo tebano estejam apenas muito refratariamente incorporadas ao material mítico basicamente troiano da *Ilíada* e da *Odisseia* — talvez pudéssemos considerar aquele dito atribuído a Ésquilo (e citado por Ateneu, assim como aqui por Rafael da Silva), como algo que contém, sim, um duro grão de verdade; de fato, segundo esse dito, as tragédias seriam "fatias dos grandes banquetes de Homero" (Ateneu, 8.39 Kaibel), ao qual poderíamos acrescentar um outro e ainda mais conhecido dito antigo sobre a tragédia ática (citado primeiramente por Plutarco em *Quaest. Conv.* 1.1.5), mas cuja formulação é negativa e que sentencia: "nada a ver com Dioniso" (*oudèn pròs tòn Diónyson*)[5].

E isso me levaria, enfim, a um último e breve comentário sobre o que propõe teoricamente o prólogo deste livro. Acho que deveria começar por um elogio à muito justificada crítica que Rafael da Silva faz à "cegueira teorética" dos críticos literários e comentadores que não explicitam bem os próprios pressupostos teóricos nem os dos outros críticos e comentadores (eventualmente incompatíveis com os seus) que eles mesmos usam indiscriminada e utilitariamente apenas para provar as próprias e antecipadas interpretações, ainda que ingenuamente acreditando ou querendo fazer acreditar que são os próprios textos literários, como objetos de análise, que demandariam e convocariam em cada caso um tipo diferenciado e mais adequado de interpretação[6]. Mas, talvez tocado em parte por esta crítica (que atinge também os professores que ensinam

---

5. Para uma posição extremamente cética quanto a esta relação (incluindo a questão das origens), ver o bem informado e erudito artigo de Scott Sculion "'Nothing to Do with Dionysus': Tragedy Misconceived as Ritual" (*Classical Quarterly*, vol. 52, n. 1, 2002, 102-137), enquanto outras duas (igualmente bem informadas e eruditas) posições contrárias à anterior encontram-se no artigo de Bernd Seidensticker "Dithyramb, Comedy, and Satyr-Play" (*in* Gregory, Justina [ed.]. *A Companion to Greek Tragedy*. London: Blackwell, 2005, 38-54) e no de P. E. Easterling "A Show for Dionysus" (*in* Easterling, P. E. [ed.]. *The Cambridge Companion to Greek Tragedy*. Cambridge: Cambridge University Press, 1997, 37-53), todos os três hoje facilmente encontráveis na internet.

6. Mas caberia aqui observar que muitas vezes uma interpretação (ou interpretações) de um comentador ou crítico (ou comentadores ou críticos) cujos pressupostos teóricos são divergentes ou mesmo opostos aos de quem é o propositor pode(m) eventualmente conter elementos que revelam aspectos importantes de um texto antigo e que, caso não tivessem sido lidos neste(s) "adversário(s)", teriam passado despercebidos, ainda que devam ser ajustados num outro enquadramento hermenêutico. De qualquer modo, mesmo que justificável teoricamente, o ideal de uma história crítica exaustiva da bibliografia ou fortuna crítica de um texto antigo, como meio necessário para chegar a uma interpretação nova e pertinente desse texto, ao modo proposto por Jean Bollack e pela "escola" filológica de Lille, não deixa de ser quase sempre muito pesado e nem sempre garante a maior inteligência e vivacidade da própria interpretação proposta.

literatura basicamente por meio de um comentário textual mais cerrado e sempre apoiado numa anterior e, o mais das vezes, muito variada fortuna crítica), vou me permitir enunciar aqui uma desconfiança teórica básica em relação à proposição genérica de que uma pesquisa sobre as origens de um "gênero literário" (ou um fenômeno cultural qualquer) possa aclará-lo, quando ela não se integra no conjunto maior da história de todo o processo cujo resultado é o que ele veio a ser afinal (por exemplo, as tragédias áticas que chegaram até nós), e que pode eventualmente contar com elementos decisivos que não faziam parte necessariamente de suas origens, como (para me conservar neste domínio e retomar o meu exemplo) me parece ser o caso do material lendário majoritário que servirá às histórias que eram encenadas pela tragédia ática.

Assim, portanto, e ainda que eu possa parecer muito trivial, quanto ao drama clássico grego (fenômeno, por sinal, múltiplo em seus três gêneros diferenciados), parece-me que a pergunta decisiva, cuja resposta certamente está longe de ser simples (e de ter uma resposta definitiva), continua a ser não quais são suas origens, mas o que (em cada um dos três casos e numa perspectiva histórica) ele é, ou seja: quais são seus elementos básicos necessários e como eles se organizam e funcionam como um conjunto complexo visando a um (ou a uns) determinado(s) efeito(s) em sua relação (ou relações) com seus receptores. Nesse sentido, portanto, eu não poderia subscrever a engenhosa frase inicial deste livro[7], o que, no entanto, não me impede, de modo algum, de reconhecer que o que eu chamei de núcleo do livro é extremamente bem informado e bem construído como interpretação e escrita (com as quais, por si-

---

7. Semelhantemente, no "epílogo", ainda que a admissão de que o modo de escolha ou priorização de certos textos ou elementos do *corpus* e também o de uma certa abordagem teórica ou metodológica possam ser sempre criticados e revistos tenha histórica e epistemologicamente uma saudável razão de ser (duvidando da pretensão de uma delas ser a *única* interpretação verdadeira e/ou definitiva), talvez seja possível admitir que, em um determinado momento da história da pesquisa sobre um texto ou um fenômeno cultural antigo, uma ou algumas interpretações o revelem ou esclareçam *bem mais* do que outras, primeiramente por razões objetivas quanto à própria qualidade dos resultados, mas também porque, admitida em princípio (e num sobrevoo metacrítico pretensamente magnânimo e neutro) uma espécie de relativismo total quanto à qualidade destes resultados, seria muito difícil ter ainda alguma motivação para iniciar ou continuar qualquer pesquisa.

nal, eu aprendi muito e prazerosamente), sendo ele, por isso, a meu ver, uma contribuição excelente e inédita no campo dos estudos clássicos e das humanidades em geral, sobretudo em língua portuguesa e no Brasil, onde existem ainda relativamente poucos títulos sobre este tema.

Prólogo

Toda teoria sobre as origens fundamenta as origens da própria teoria. O presente estudo analisa um *corpus* de fragmentos poéticos e testemunhos antigos — tanto históricos e filosóficos quanto epigráficos e pictóricos —, interpretando esse material a partir das próprias perspectivas teóricas, com juízos críticos acerca dos elementos determinantes para o surgimento do drama antigo — ou de alguns de seus gêneros específicos, como a tragédia, a comédia, o drama satírico e, no limite, até o ditirambo arcaico. Apoia-se, para isso, em inúmeras outras teorias sobre as origens do drama antigo já escritas, desde a Antiguidade até os dias de hoje.

A questão de fundo dessa investigação é fundamental para o campo da Poética antiga, na medida em que se constitui como tentativa de definir gêneros poéticos a partir do surgimento das características que serão responsáveis por distingui-los dos outros. Todo enunciado discursivo tem formas relativamente estáveis e típicas de construção (BAKHTIN, 2016, 38), contudo essa estabilização possui um estatuto sempre relativo e precário, ganhando forma por meio de estratégias que apenas se consolidam em conjunturas específicas e são, por isso, sempre passíveis de serem alteradas, não apenas pelo emissor, mas também pelo receptor e pelo próprio contexto da enunciação. Dessa perspectiva, os gêneros não podem ser encarados como entidades dotadas de essências fixas e imutáveis — nos moldes do que a preceptística clássica, a estética idealista e o historicismo científico costumam sugerir —, pois, "de um lado, um gênero só se define de modo relativo no interior de um sistema de gêneros e, de outro, um gênero não se define como classe fundada numa gramática de critérios fixos e estritos, em termos de possessão ou não de tal ou tal propriedade linguística" (ADAM; HEIDMANN, 2011, 25). Nesse sentido, as características distintivas de um gênero jamais podem ser determinadas em absoluto, sendo imprescindível que a conjuntura de sua enunciação seja levada em conta pelo estudioso.

> Variando de uma cultura para outra, variando na história de uma mesma cultura, os gêneros podem — em dadas condições histórico-culturais e, por conseguinte, limitadas no espaço e no tempo — ser enunciados sob a forma de uma série de regras; regras presidindo tanto à organização linguística (à "dicção" dos textos provindo de um gênero assim definido) quanto a seus modos e circunstâncias de enunciação; regras pertencendo — quando elas são o objeto de uma formulação consciente — às determinações sociais variadas que intervêm para desenhar essa situação de comunicação e transmissão. (CALAME, 1998, 91)[1]

Com base nessas diretrizes, o presente texto investiga as origens do drama antigo na Grécia do período arcaico, analisando criticamente as mais diversas teorias já propostas sobre o mesmo tema. Questionando a pertinência de uma dicotomia estanque entre política e religião para o estudo de um fenômeno cultural da Antiguidade, a análise sugere que suas nuances somente podem ser compreendidas a partir de uma abordagem mais ampla e complexa, com base não apenas em considerações de Poética, mas também de História, Filosofia, Arqueologia, Antropologia e Linguística. Nesse sentido, o surgimento dos gêneros dramáticos em Atenas revela-se um fenômeno cultural cujas motivações, características e consequências precisam ser interpretadas de modo transdisciplinar para que as relações entre os fragmentos poéticos e os testemunhos sobre os poetas — assim como entre os mitos, os cenários retratados nos

---

1. As citações em língua estrangeira são sempre traduzidas pelo autor, a menos que haja indicação do nome de outro tradutor.

poemas, a *mímēsis*, a realidade histórica no momento de sua execução, a língua empregada, o público e seu contexto imediato de *performance* — sejam traçadas de forma pertinente e filologicamente convincente. Ao longo de um estudo pautado por esses pontos, um conceito que se revelou especialmente importante foi o de *performance*. Fundamental para a compreensão de gêneros poéticos numa cultura majoritariamente oral — como era o caso da helênica antiga —, seu sentido foi bem definido por um estudioso contemporâneo nos seguintes termos:

> A *performance* é a ação complexa pela qual uma mensagem poética é simultaneamente, aqui e agora, transmitida e recebida. Locutor, destinatário, circunstâncias (quer o texto, por outra via, com a ajuda de meios linguísticos, as represente ou não) se encontram concretamente confrontados [...]. Na *performance* se redefinem os dois eixos da comunicação social: o que junta o locutor ao autor; e aquele em que se unem a situação e a tradição (ZUMTHOR, 2010, 31, trad. Jerusa Pires Ferreira, Maria Lúcia Diniz Pochat e Maria Inês de Almeida).

Lançando mão dessa noção de *performance* para a compreensão de momentos fundamentais da história da poesia helênica, a pesquisa sugere que o desenvolvimento de uma consciência aguda sobre a importância dessa dimensão performática do ato poético tenha sido determinante para o surgimento dos gêneros dramáticos na Antiguidade. Executados em contextos com dimensões tanto religiosas quanto políticas, os poemas arcaicos desenvolvem características específicas em resposta a mudanças no quadro sociocultural da *pólis* em que acontecem suas *performances*.

A noção de que toda palavra pode ter a força de um ato e de que os atos — por meio de repetição e treinamento contínuos — convertem-se em hábito é algo que subjaz não apenas ao pensamento antigo, mas é compartilhado por aquilo que emerge da presente investigação. Dando-se conta também dessa dimensão performativa da palavra para os casos estudados, não passa despercebido o fato de que algo dessa mesma natureza tenha acontecido durante o processo de elaboração deste trabalho: partindo de uma dicção algo hesitante a princípio, a escrita aqui desenvolvida ganhou corpo e adquiriu voz própria por meio de uma longa reflexão sobre a linguagem como *performance*. Pouco a pouco, ela adquiriu mais consciência e passou a manipular os recursos linguísticos disponíveis para si a fim de se tornar ela própria um espaço para performar-se. Nesse sentido, toda *performance* — escrita, poética ou, como se há de sugerir aqui, coral e até mesmo coreográfica — revela-se um processo de formação do sujeito, de subjetivação, ou seja, um performar-se.

A constituição gradual dessa compreensão se fez acompanhar por uma contínua reflexão crítica acerca do objeto pesquisado. Nesse sentido, o contato com diferentes teorias — muitas vezes incompatíveis e, no limite, até contraditórias — converteu-se em possibilidade de colocá-las em perspectiva, com o intuito de se questionarem os pressupostos nos quais estavam apoiadas e os desdobramentos críticos e práticos de sua adoção. Por isso, este texto acabou ganhando também uma dimensão de crítica das teorias sobre as origens do drama: muitas dessas teorias frequentemente revelaram ter a pretensão de ser "mais do que meras teorias" — aspirando a revelar a *única e verdadeira* origem dos gêneros dramáticos. Contudo, ao ignorar (ou fingir ignorar) seus pressupostos teóricos, elas muitas vezes não fazem mais do que encontrar no fim da pesquisa aquilo que fora postulado sub-repticiamente em seu princípio. Esse tipo de constatação só se tornou aqui possível devido a um esforço teórico deliberado, cuja motivação está ligada ainda à percepção de um quadro cada vez mais comum nos estudos literários (não restrito, portanto, ao campo dos Estudos Clássicos): trata-se de uma espécie de "cegueira teorética".

Os grandes estudiosos da literatura que ainda são referência em seus campos de estudo tendem a dispor de uma formação sólida em certas abordagens teóricas mais específicas, a partir das quais propõem suas interpretações de um determinado *corpus* literário, fazendo a crítica de suas obras e delineando sua história: neles, teoria, crítica e história literária refletem-se mutuamente, de maneira consciente e deliberada. Tal é o caso de alguém como Wilamowitz-Moellendorff, cujas concepções literárias pautam-se por um modelo essencialista e cientificista (segundo o qual a literatura seria a manifestação viva de um *Zeitgeist* [espírito do tempo]), apoiando-se para isso ainda nos pressupostos intencionalistas (na medida em que a intenção dos autores seria o veículo de manifestação desse *Zeitgeist*). Outro caso emblemático é o de Jean-Pierre Vernant, com sua formação no estruturalismo lévi-straussiano e suas importantes análises estruturalistas. Ou, ainda, de Gregory Nagy, com sua concepção de literatura como sistema, nos moldes do estruturalismo saussuriano. Ou, até mesmo, de Simon Goldhill, apoiado nas teorias pós-estruturalistas. Entre muitos outros exemplos possíveis.

Esses estudiosos têm uma formação robusta num sistema teórico específico e, enxergando a literatura a partir dessa *visada*, entram na arena de discussão crítica e de história da literatura munidos do arsenal que suas teorias lhes oferecem. Suas discussões com outros estudiosos da mesma área muitas vezes são motivadas por discordâncias teóricas que têm implicações na prática de leitura e na interpretação de cada um deles. Ainda que alguns pudessem ser acusados de negligenciar deliberadamente os aportes de teorias literárias diferentes daquelas em que baseiam os próprios estudos, esse seria apenas um tipo de "ponto cego" de suas abordagens: incapazes de enxergar a literatura a partir de visadas teóricas diferentes das suas, esses estudiosos ainda assim possuem um domínio considerável dos desdobramentos implicados por seus posicionamentos teóricos e estão habilitados a tomar parte efetiva nessa arena de discussões.

O verdadeiro problema começa quando uma ideia flexibilizada de formação — responsável por relegar para segundo plano (ou até abandonar) o projeto de uma formação teórica pautada pela constituição de um núcleo comum das abordagens epistemológicas possíveis no interior de uma dada área — passa aos estudantes a falsa impressão de ser possível ter "acesso direto aos próprios textos" e extrair deles a própria teoria. Nesse quadro, a consulta à bibliografia secundária se resume apenas a uma tentativa de encontrar bons argumentos nas leituras dos críticos anteriores a fim de corroborar a própria interpretação "imediata". Isso constitui o que se pode chamar de uma verdadeira "cegueira teórica": ignorando o fato de que a literatura não é um objeto dado no mundo, esse estudioso não vê que toda crítica literária ou história da literatura assume (consciente ou inconscientemente) uma série de pressupostos teóricos. O que é literatura? Qual a relação da literatura assim concebida com a dimensão autoral? Com a obra literária específica? Com o contexto socioespacial e histórico em que foi produzida? Com a linguagem em que foi composta? Com a recepção que lhe foi reservada? Ou, ainda, com sua edição e seus meios de divulgação? Essas perguntas, quando deliberadamente ignoradas por um estudioso, recebem respostas sub-reptícias (que podem ser mais ou menos contraditórias) em seu exercício de crítica literária ou de história da literatura. Quando recorre a itens da bibliografia secundária sem se dar conta dos arranjos teóricos responsáveis por fundamentar esses estudos, frequentemente assume pressupostos dos quais não está ciente e corre o risco de compor uma verdadeira mixórdia de concepções disparatadas ao citar acriticamente Wilamowitz, Vernant, Nagy e Goldhill para corroborar determinadas interpretações relativas a uma mesma passagem ou a um conjunto de passagens interconexas.

O mero vislumbre dessa "cegueira teorética" certamente parecerá nefasto a um campo de estudos que se pretenda dotado de uma capacidade reflexiva e crítica, embora possa ser detectada numa parte considerável dos exercícios de crítica literária publicados atualmente, mesmo em nível acadêmico — e aqui, mais uma vez, o fenômeno não parece se restringir ao campo dos Estudos Clássicos. Muitas das dissertações e teses defendidas nos últimos anos tendem a não articular de forma reflexiva o bastante as citações extraídas de estudos com base em abordagens teóricas diferentes (quando não mutuamente excludentes, dados seus pressupostos), evitando oferecer uma definição do que entendem por literatura — ou poesia — e esclarecer as relações entre o objeto literário e seu autor, seu contexto de produção, sua linguagem, seus contextos de recepção, sua edição etc.

As discussões críticas (ou metacríticas) e teóricas (ou metateóricas) do presente estudo almejam esclarecer a relevância dessas dimensões para todo trabalho de estudos literários. Complementarmente, o próprio objeto aqui analisado possui, para esse mesmo campo, uma relevância que justifica o esforço empreendido com o intuito de melhor compreendê-lo: os gêneros dramáticos estão na base da Poética clássica, sendo responsáveis por definir e conformar boa parte da produção cultural na história da literatura e das artes em geral. A possibilidade de estudar detidamente o período em que esses gêneros surgem e se consolidam fornece o espaço ideal para reflexões sobre aspectos fundamentais de manifestações poéticas e dramáticas: representação [*mímēsis*], atuação [*hypókrisis*], fala [*rhêsis*], espetáculo [*ópsis*], cena [*skēnḗ*], entre outros. Em vista de uma ampliação da pertinência e do escopo das considerações aqui sugeridas, o presente trabalho abandonou o título que fora proposto inicialmente (*Origem da tragédia clássica na Grécia Antiga*) e passou a *Origens do drama clássico na Grécia Antiga*. Tendo constatado a vanidade de toda tentativa de determinar a "verdadeira origem" da tragédia clássica — e, em certa medida, a "verdadeira origem" de qualquer fenômeno mais complexo —, o estudo se deu conta de que seria impossível analisar a fundo o contexto de instituição da tragédia clássica sem levar em conta outros gêneros poéticos e dramáticos com que ela tinha óbvias afinidades (comédia, drama satírico e ditirambo). Nesse sentido, ao contemplar o drama clássico de modo geral e, ao mesmo tempo, os gêneros dramáticos específicos, o presente estudo acredita oferecer reflexões que sejam de interesse não apenas para os Estudos Clássicos, mas para os próprios Estudos Literários e para as Humanidades como um todo. Isso é ressaltado, sem dúvida, pelo caráter transdisciplinar de várias das discussões aqui propostas.

Antes de delinear o arranjo geral dos capítulos deste livro, cumpre fazer um esclarecimento sobre o tratamento dispensado aos textos e às bibliografias. O texto principal está inteiramente em português, com as citações em língua estrangeira sendo prioritariamente traduzidas pelo autor (a menos que haja indicação de outro nome responsável pela tradução). Além disso, os termos gregos são transliterados em caracteres latinos e um glossário ao fim do volume os reúne, oferecendo um primeiro acesso facilitado a seus sentidos em português. Todas essas decisões são motivadas pelo desejo de oferecer um texto acessível a todo e qualquer leitor falante de português.

Com relação ao arranjo geral dos capítulos, é possível sugerir o seguinte percurso desenvolvido pela argumentação. O primeiro capítulo, "Véspera do Drama", empreende uma investigação histórica guiada por uma abordagem tão abrangente e complexa quanto possível, levando em conta não apenas dados de ordem política e socioeconômica, mas também poética — com seus desdobramentos religiosos e estéticos —, além de sua dimensão "psicológica", *i.e.*, suas implicações éticas e filosóficas.

Voltando-se para o momento histórico prévio à institucionalização dos concursos dramáticos em Atenas, ele passa em revista os mais diversos fragmentos poéticos e testemunhos relevantes, propondo uma série de considerações sobre os mais prováveis modos de constituição paulatina do drama. Relacionando as *performances* poéticas de Sólon — com suas óbvias preocupações políticas — àquilo que poderia ser compreendido como as *performances* religiosas de Pisístrato — com suas igualmente óbvias preocupações políticas —, a análise sugere a profundidade da imbricação entre *mímēsis*, poesia, política e religião na Antiguidade arcaica. As estratégias de apoio a certas classes populares, ou a certos cultos religiosos, em conexão com profundas mudanças políticas e socioeconômicas, são elementos que apontam para a ascensão gradual de uma divindade popular como Dioniso no horizonte de novas concepções políticas, religiosas e poéticas. Isso subjaz à institucionalização dos concursos dramáticos sob sua proteção em Atenas nesse período. Apesar disso, certos fragmentos e testemunhos relativos aos primórdios das *performances* dramáticas levam a um questionamento sobre o momento inaugural dos gêneros dramáticos propriamente ditos, apontando uma origem anterior a esse momento institucional originário. Daí a pergunta sobre a possibilidade de existência do drama antes da institucionalização do drama.

O segundo capítulo, "Drama (antes do Drama)", volta-se para esta problemática tão cara a uma investigação de Poética antiga, qual seja, tentar definir um gênero poético a partir do surgimento das características formais que serão responsáveis por constituí-lo posteriormente. Levando em consideração aquilo que a tradição elenca como traço definidor dos gêneros dramáticos — a atuação; a combinação de danças, cantos, gestos e fala; o uso de máscaras; a instituição de um espaço e de um momento especialmente propícios e apartados para sua *performance* —, a pesquisa tenta remontar a um período anterior à institucionalização dos concursos dramáticos em Atenas a fim de apontar elementos do drama em *performances* anteriores àquelas atribuídas a Téspis: os coros trágicos de Sícion (talvez executados por Epígenes), os ditirambos que Aríon organizou em Corinto e Tarento, além dos ditirambos mais antigos executados por Arquíloco em Paros. As associações apontadas ao longo dessas análises sugerem a existência de um movimento cultural mais amplo envolvendo diferentes áreas da vida na sociedade arcaica entre povos de regiões tão distantes quanto a Ática (Atenas), o Peloponeso (Sícion, Corinto e Esparta), a Magna Grécia (Siracusa e Tarento), as ilhas do Egeu (Paros, Naxos e Lesbos) e a Jônia (Mileto) até o litoral dos sírios, na Palestina. Essas regiões conectam-se a partir de relatos que lidam com a difusão de um produto cultural (o ditirambo) e suas associações religiosas (com Dioniso), comerciais (com o vinho e a cerâmica), além de poéticas (com outras *performances* corais, como o peã), suscitando uma rede de associações na base da formação histórica dos gêneros dramáticos posteriormente institucionalizados em Atenas.

O terceiro capítulo, "Festivais dionisíacos na Ática", propõe um panorama dos contextos de *performance* em que esses gêneros dramáticos passam a ser executados, levando em conta os aportes trazidos pelas considerações dos dois capítulos anteriores, responsáveis por sugerir a importância dos festivais em honra a Dioniso para o surgimento e a consolidação das *performances* dramáticas no final do período arcaico em Atenas. Algumas reflexões de dimensão mais hipotética são avançadas nesse capítulo e no seguinte — "Aurora do Drama" — a fim de que se compreendam as possíveis nuances no desenvolvimento histórico de gêneros dramáticos mais específicos como a tragédia, a comédia e o drama satírico. Para isso, a pesquisa leva em conta testemunhos históricos e pictóricos, além de fragmentos poéticos do período, e avança uma série de proposições sobre a instituição de uma nova ordem política e militar em Atenas (com Pisístrato, seus filhos e, posteriormente, Clístenes) em suas relações com o desenvolvimento das *performances* poéticas — principalmente em suas modalidades corais, como as que vieram a ser associadas à tragédia, à comédia, ao drama satírico e ao próprio ditirambo (em seu formato reconfigurado por Laso de Hermíone, com os coros cíclicos). Esses apontamentos sugerem mais uma vez a profundidade das relações entre poesia, religião e política na Antiguidade, confirmando algo de que já se suspeitava anteriormente.

Como se vê, o presente trabalho parte de considerações sobre os momentos constitutivos dos gêneros dramáticos na Antiguidade — avaliando uma série de teorias sobre as origens do drama antigo na Grécia —

para avançar a própria teoria acerca desse mesmo fenômeno. Dando-se conta da importância dessa problemática, o estudo acaba por indicar formas renovadas de compreender o imbricamento entre as teorias das origens e as origens das teorias.

1. Véspera do Drama

> Não pretendemos explicar a tragédia reduzindo-a a um certo número de condições sociais. Esforçamo-nos por apreendê-la em todas as suas dimensões, como fenômeno indissoluvelmente social, estético e psicológico. O problema não é reduzir um desses aspectos a um outro, mas compreender como se articulam e se combinam para constituir um fato humano único, uma mesma invenção que, na história, aparece sob três faces: como realidade social com a instituição dos concursos trágicos, como criação estética com o advento de um novo gênero literário, como mutação psicológica com o surgimento de uma consciência e de um homem trágicos — três faces que definem um mesmo objeto e que admitem uma mesma ordem de explicação.
>
> Vernant e Vidal-Naquet, Prefácio a *Mito e tragédia na Grécia Antiga* (2011, XXIII).

A epígrafe deste primeiro capítulo apresenta, em linhas gerais, os aspectos básicos pelos quais se orientará esta pesquisa sobre as origens do drama. Não se trata, contudo, de uma petição de princípio com base na autoridade dos dois helenistas franceses, pois, por um lado, não se está de acordo *ipsis litteris* com tudo o que aí vai dito e, por outro, a pesquisa pretende demonstrar por si mesma — ao longo de sua argumentação — a pertinência de uma abordagem mais abrangente e interconexa a fim de esboçar uma compreensão da complexidade do fenômeno dramático.

A principal ressalva ao que foi colocado no trecho destacado à guisa de epígrafe é com relação ao uso da expressão "gênero literário [*genre littéraire*]". Ela aparece indiscriminadamente ao longo da maior parte dos ensaios que Vernant dedica à tragédia, além de figurar na obra de outros importantes pensadores desse campo de estudos, tais como Else e Meier. Não obstante tal difusão, é preciso fazer uma ressalva com relação a seu emprego. A expressão "gênero literário" filia-se a um sistema de pensamento constituído há no máximo dois séculos e que tem por efeito privar a tragédia helênica de sua historicidade, a fim de que "a um só tempo se suscite e se dê conta do pretenso mistério de sua pretensa modernidade eterna", na expressão de Dupont (2001, 12). Pode ser altamente problemático aplicar essa noção moderna de "literatura" a fim de compreender, de forma contextualmente relevante, um fenômeno manifesto em cena, durante um festival religioso público, e constituído por (no mínimo) duas dimensões bastante diversas, a julgar pelo que o próprio Aristóteles já sugerira em sua *Poética* (6.1450a): a textual (que envolveria enredo, caracteres e pensamento) e a performática (com a dicção, o espetáculo e o canto). Restringir tal complexidade ao aspecto literário, além de anacrônico, seria tão reducionista quanto afirmar que o cinema inaugura um novo gênero literário, na medida em que a realização da grande maioria dos filmes emprega um roteiro escrito. Na esteira dessa comparação, vale observar que, mesmo que todos os registros cinematográficos fossem perdidos e só restassem seus roteiros, isso não tornaria esse material um gênero literário aos olhos de um estudo que tentasse compreendê-lo de forma contextualmente relevante.

De toda forma, a advertência de Vernant e Vidal-Naquet permanece importante justamente na medida em que chama a atenção para a complexidade desse fenômeno sociocultural. Ainda que o uso da palavra "invenção" para nomear a institucionalização dos concursos dramáticos em Atenas pareça um exagero, é certo que se trata de um acontecimento humano excepcional cuja compreensão necessariamente passa por considerações de ordem histórica (e seus aspectos políticos e socioeconômicos), poética (e seus desdobramentos religiosos e estéticos) e psicológica (com implicações éticas e filosóficas).

1.1. Sólon: *performance* poética, política e religião

A tradição de estudos clássicos do drama é concorde quanto à validade daquilo que o *Mármore de Paros* (uma importante inscrição cronológica remontando aproximadamente ao ano de 260 A.E.C.) afirma sobre a institucionalização dos concursos trágicos. O texto de *Marm. Par.* ep. 43, que foi reconstituído num delicado processo de análise filológica por Jacoby (1904, 108-109), afirma basicamente o seguinte: "De quando Téspis, o poeta que ensinou o drama na cidade, foi o primeiro a atuar [*hypekrínato*], e o prêmio do bode foi estabelecido [...]"[1]. Ainda que a passagem contenha palavras de difícil tradução, posto que seus significados não permaneceram diacronicamente estanques (como no caso dos verbos *hypokrínomai* — relacionado a *hypokrités* [ator] — e *didáxō*, além do substantivo *drâma*), geralmente se aceita tal testemunho como indicativo da aurora dos concursos dramáticos.

A nebulosa figura de Téspis (sobre a qual mais será dito oportunamente) pode ser relacionada por meio do drama a outra figura, menos nebulosa, que teve profunda influência sobre a história político-social de Atenas no século VI, qual seja, a do sábio, legislador e poeta Sólon. A referência a um pretenso encontro dos dois é feita por Plutarco. Ainda que se possa contestar a historicidade de muito do que é narrado por esse autor — afinal, ele mesmo afirma (em *Sol.* 27.1) não sacrificar uma anedota bem atestada (e conveniente à personalidade do biografado) para se adequar a cânones cronológicos [*khronikoîs tisi legoménois kanósin*] —, o caso merece ser referido, na medida em que relaciona duas das figuras mais importantes do período inicial de desenvolvimento da tragédia e evidencia o posicionamento de cada uma delas com relação à novidade que então surgia.

Na mesma obra supracitada, Plutarco narra o seguinte:

> Como Téspis apenas começasse a desenvolver a tragédia e muitos fossem atraídos pela novidade da prática (embora ela ainda não tivesse sido transformada numa disputa competitiva), Sólon, sendo naturalmente afeito a escutar e

---

[1]. Esse texto foi recentemente questionado, embora não haja segurança de que a nova proposta de texto — mais conservadora — deva ser aqui adotada. Cf. CONNOR, 1989, 26-32.

aprender coisas novas, ainda mais na velhice (quando se entregava ao ócio, à folgança e, por Zeus!, aos vinhos e à música), foi ver Téspis atuar em pessoa, conforme a prática dos poetas antigos. Depois do espetáculo, dirigindo-se a ele, perguntou-lhe se não se envergonhava de mentir tanto diante de tantas pessoas. Como Téspis respondesse que não havia nada de terrível em falar e fazer tais coisas por brincadeira, Sólon, tendo batido com força seu bastão na terra, disse: "Em breve, contudo, louvando e estimando sobremaneira tal brincadeira, vamos encontrá-la também em nossos contratos" (Plut. *Sol.* 29.4-5).

É certo que a anedota tem um matiz consideravelmente platônico, como acusa Else (1965, 45), mas, ainda assim, é reveladora de certa reação com a qual a novidade do espetáculo dramático pode ter sido recebida em meados do século VI, sobretudo pelos setores mais conservadores da sociedade ateniense. Se tal anedota possui algum valor histórico, ela não pode se referir a uma data anterior à morte de Sólon (dois anos depois do início da tirania de Pisístrato, conforme Plut. *Sol.* 32.2), ou seja, por volta do ano 559. Nessa época, a *pólis* ainda se ressentia dos conflitos internos que a perturbaram, principalmente ao longo da primeira metade do século VI, e será importante considerar tal contexto a fim de que se entenda a complexidade das relações desenvolvidas entre as diversas camadas sociais e certas manifestações culturais, como a instituição dos festivais religiosos e as apresentações poéticas que aí se davam.

Uma das principais fontes para tal período, *A Constituição dos atenienses*, possivelmente escrita por Aristóteles (ou por um de seus discípulos peripatéticos), relata que a escravidão por dívidas assolou o território da Ática desde um período anterior a Sólon e que, como o problema paulatinamente atingisse proporções mais amplas, provocou uma série de conflitos entre os notáveis [*gnórimoi*] e o povo [*tò plêthos*] (Arist. *Ath.* 2). Conforme tal trecho, a posse da terra, restrita a poucos "latifundiários", era alugada aos chamados clientes [*pelátai*] por um valor, que, caso não pudesse ser restituído após determinado período, concedia a prerrogativa ao proprietário da terra de prender seu "cliente" (bem como sua família) a fim de vendê-lo como escravo e reaver o que lhe era devido. Tal domínio econômico, por parte da classe dos "Homens de bem [*Eupatrídai*]", engendrava sua supremacia também sobre a vida política, social e religiosa, posto que numa sociedade agrária, tal como a da Atenas de então, a posse da terra era o que condicionava os demais fatores.

O revolucionário estudo de Thomson (1941), defrontando-se com tais conjunturas socioeconômicas, aventou dois agravantes principais para a intensificação de tal crise ateniense no fim do século VII e início do século VI: em primeiro lugar, a pequena participação dos atenienses no movimento de expansão colonial que se dera previamente no mundo helênico e que em inúmeras *póleis* oferecera um alívio para as contendas pela posse da terra; em segundo lugar, a invenção da moeda e o início de sua circulação na bacia do Egeu, a partir dos reinos orientais (que se evoquem as histórias lendárias de Midas, o rei frígio que tornava ouro tudo o que tocava, e de Giges, o opulento soberano da Lídia).

A consequência dessa última inovação foi uma facilitação das trocas e do comércio, com um impacto profundo na forma tradicional das próprias relações humanas: a lógica aristocrática de uma sociedade orientada por relações de troca em bases mais conservadoras — como era típica do período arcaico, com uma instituição como a da *xenía* [hospitalidade], por exemplo — viu-se profundamente perturbada pela introdução da moeda. Essa realidade se deixa entrever na sintética formulação de Heráclito (frag. 90 DK) acerca do fenômeno, pois — tal "como todas as coisas trocam-se a partir do fogo e o fogo, a partir de todas as coisas —, do ouro, as posses e, das posses, o ouro". A circulação de riquezas, que a partir de então começava a se tornar uma realidade, ampliava as possibilidades de pequenos proprietários se livrarem do controle imposto pelos "notáveis", ou seja, pelos latifundiários cuja estabilidade econômica passava a poder ser minada pela mobilidade do dinheiro. Nessa época, o comércio intensificou-se, novas fortunas começaram a se formar a partir de arriscados empreendimentos comerciais, como o que é mencionado por Hesíodo (*Os trabalhos e os dias* 631-4), e a aristocracia agrária — esforçando-se por manter seu poder a todo custo — aumentou a pressão sobre os lavradores responsáveis pela exploração de suas terras. O resultado foi, além de um impacto considerável na concepção das próprias relações humanas, uma intensificação da rigidez na cobrança das dívidas, com o consequente aumento de lavradores que se viam na desventura de terem a família e, não raro, a si mesmos vendidos como escravos para saldar o que deviam. Como se tal quadro já não fosse ruim o bastante, uma vez que os responsáveis pela administração da justiça eram os mesmos "notáveis", os abusos praticados em seu exercício agravavam ainda mais a situação dos pequenos produtores.

Nessas circunstâncias, o conflito social [*stásis*] começava a se delinear de maneira inevitável, como sugerem certos versos da famosa *Eunomia*, de Sólon, acerca de tal situação:

> À cidade toda já está vindo essa inevitável ferida
> e vem rapidamente à molesta escravidão,
> a qual desperta a revolta civil e a guerra adormecida,
> [20] que destrói de muitos a adorável juventude —
> pois, devido aos inimigos, rapidamente a mui amada cidade
> exaure-se em concílios caros aos injustos.
> Esses males voltam-se contra o povo: dos necessitados
> chegam muitos a uma terra alheia
> [25] vendidos e em correntes vergonhosas atados.
> *
> Assim o mal público vai até a casa de cada um e,
> do pátio, detê-lo já não querem as portas,
> mas, ao alto, cerca acima lança-se e encontra todos,
> [30] ainda que alguém se esconda no âmago do tálamo.
> (Sol. 3 G-P^2 = 4 W^2, vv. 17-30)

Esse quadro terrível encontra-se num dos poemas mais importantes para a definição de uma concepção de *díkē* [justiça] para Sólon, não sendo por acaso que a confusão social esteja aí profundamente relacionada a um problema de ordem interna à própria *pólis*, como sugere Elizabeth Irwin (2005, 98-100). Ainda que não seja possível destrinchar aqui as nuances do pensamento ético de Sólon — desenvolvido, sem dúvida, em resposta às difíceis circunstâncias do contexto em que se encontrava —, é significativo que ele tenha não apenas avançado considerações sobre uma justiça imanente (3 G-P^2 = 4 W^2), mas também sentido necessidade de dar explicações sobre a aparente impunidade e, em muitos casos, desbragada injustiça nos negócios humanos (1 G-P^2 = 13 W^2). Nesse sentido, buscando esclarecer uma difícil realidade social cuja compreensão devia escapar aos limites do entendimento humano, o poeta teria avançado ideias para uma justiça transcendente — assentada na autoridade de Zeus, que a faria valer mesmo após a passagem de algumas gerações humanas —, a fim de poder oferecer algum consolo aos inúmeros injustiçados que não viam em sua realidade os efeitos de uma justiça imanente. Levando em conta outros testemunhos da época, Sólon não foi o único a refletir sobre as contradições sociais inerentes ao período arcaico, mas Hesíodo, com *Os trabalhos e os dias*, ou ainda certos versos de Tirteu (fr. 2W) e Teógnis (vv. 39-43) apresentam reflexões análogas.

Vale lembrar que mesmo um homem de estrato social elevado, como provavelmente era Sólon, não estava isento de embaraços econômicos num período de desenvolvimentos tão conturbados. Conforme Plutarco (*Sol.* 2.1), enquanto ainda era jovem, Sólon se viu obrigado a embarcar no comércio [*hórmēse néos òn éti pròs emporían*], seja para amainar os problemas financeiros de sua família, seja para adquirir conhecimentos e experiências — o que era tradicionalmente malvisto por setores conservadores da aristocracia. Independentemente da veracidade histórica dessa informação — para além da existência do indivíduo Sólon —, o fato de que tal tradição faça parte da biografia atribuída a um poeta e legislador ateniense que teria vivido durante esse período dá indicações de uma situação econômico-social na qual mesmo os representantes eminentes das camadas mais elevadas da sociedade estavam sujeitos a — verossimilmente — passar por dificuldades de ordem econômica desse tipo.

Nesse ponto da história, talvez seja oportuno evocar o nome de uma terceira figura que, ao lado das de Sólon e Téspis, teve uma atuação de primordial importância no quadro sociopolítico de Atenas desde o segundo quarto do século VI até sua morte (próxima ao período provável de instituição dos concursos trágicos): Pisístrato. Embora não sejam conhecidos muitos dados concretos de sua biografia, algo pode ser especulado a partir daquilo que é informado pelas principais fontes sobre o período. O que mais interessa por ora é a probabilidade de que ele tenha sido um conhecido de Sólon (ou mesmo seu parente, conforme D.L. 1.49) e que, apesar de certa diferença etária entre ambos, tenham se tornado amigos — amizade devida, segundo Plutarco (*Sol.* 1.2), em grande parte à beleza juvenil de Pisístrato, atributo que, inclusive, teria despertado um amor apaixonado no mais velho. Ainda que a impossibilidade cronológica dessa relação tenha sido postulada por Arist. *Ath.* 17.2, é preciso notar que esse trecho se encontra em flagrante contradição com o que fora dito pouco antes, em *Ath.* 14.1, deixando em aberto essa questão da cronologia. A maneira mais interessante de conciliar (parcialmente) os testemunhos é adiar a data tradicional da atuação legisladora de Sólon (por volta de 594) em mais ou menos uma vintena de anos. Tal possibilidade, aventada por Parker (2007, 24), concilia uma série de contradições que de outra forma eivariam toda tentativa de levar a sério os principais testemunhos acerca desses fatos. Segundo tal reconstrução, Sólon: teria nascido no terceiro ano da 36ª Olimpíada, por volta de 634/633; durante sua *akmé*, quarenta anos depois (no terceiro ano da 46ª Olimpíada, por volta de 594/593), teria sido arconte em Atenas, atuando como mediador da crise política (Arist. *Ath.* 5; Plut. *Sol.* 14; D.L. 1.62); algum tempo depois, durante um tempo entre 590-570, teria recebido plenos poderes para atuar como legislador, a fim de propor soluções para a crise, com a possibilidade de assumir a tirania, caso quisesse (Arist. *Ath.* 6; Plut. *Sol.* 16.3; D.L. 1.49); durante a década seguinte teria se exilado e viajado por lugares distantes (Arist. *Ath.* 11; Plut. *Sol.* 25.3-5; D.L. 1.50); teria retornado a Atenas e morrido algum tempo depois, talvez durante o arcontado de Hegestrato, em 561/560 (Plut. *Sol.* 32.3). O fato de que tenha morrido com mais de sessenta anos de idade, e menos de oitenta, seria corroborado por um poema atribuído ao próprio Sólon (26 G-P² = 20 W²), que "corrige" os famosos versos onde Mimnermo (fr. 6 W) falava da morte feliz aos sessenta anos de idade, ao afirmar: "Que octogenário se achegue o quinhão da morte".

Sobre a importância das tradições biográficas desenvolvidas em torno dessas duas figuras — Sólon e Pisístrato —, vale evocar a interessante ressalva *concessiva* de uma estudiosa do assunto:

> [A] atenção com essas tradições "legendárias" pode na verdade situar as carreiras de Sólon e Pisístrato num *continuum* que permita a cada um deles iluminar a carreira do outro com consequências significativas para a maneira como a história desse período é construída (IRWIN, 2005, 134).

A convergência existente entre muitas das ações e empreitadas às quais seus nomes vieram a estar associados indica que — mais do que relações familiares, de amizade ou eróticas — ambos poderiam estar conectados em vários níveis significativos para a compreensão de uma realidade arcaica. Em todo caso, a participação de Sólon no incidente relatado por Plutarco (*Sol.* 8) e parcialmente corroborada pelos versos elegíacos do poema de Sólon, "Salamina" (do qual três fragmentos num total de oito versos ainda sobrevivem, 2 G-P^2 = 1-3 W^2), foi de suma importância para o futuro de Atenas. Ao que tudo indica, os atenienses haviam encetado uma longa guerra contra a cidade de Mégara pelo domínio da ilha de Salamina, cuja posse ofereceria ampla vantagem do ponto de vista estratégico-militar, sobretudo em questões de defesa territorial, além de benefícios econômicos, uma vez que a rota marítima para o istmo de Corinto passava por aí.

Segundo Plutarco (*Sol.* 8), como a duração da guerra fora demasiada, tendo levado à exaustão as forças dos atenienses, uma lei teria sido criada para proibir (sob pena de morte) que novas hostilidades contra Mégara fossem promovidas. Sólon, revoltando-se contra o que lhe parecia um retrocesso, mas buscando evitar a punição prevista pela referida lei, teria fingido a perda de seu juízo [*eskḗphato mèn ékstasin tôn logismôn*], lançando-se à ágora com um barrete sobre a cabeça [*exepédēsen eis tḕn agoràn áphnō, pilídion perithémenos*], e teria recitado seu poema, subindo na pedra do arauto [*anabàs epì tòn toû kḗrykos líthon*]. A história da loucura é confirmada por Diógenes Laércio (1.46), embora aí se diga que um arauto é quem teria recitado o poema de Sólon. Outra referência ao barrete, utilizado como indicativo de sua sandice, é feita por Demóstenes (19.255). Ainda que muitos outros testemunhos tardios confirmem diferentes partes dessa história principal, sua aceitação pela historiografia contemporânea nem sempre se dá de maneira unânime.

Os versos de abertura desse poema são os seguintes:

> Eu próprio, um arauto, vim da desejada Salamina,
> tendo composto um adorno de versos, canção, em vez de discurso.
> (Sol. 2 G-P^2 = 1-3 W^2, vv. 1-2)

Essa apresentação em primeira pessoa, sob o travestimento de um eu fictício (afinal de contas, Sólon não era arauto, nem poderia vir da parte

37

de Salamina, que era então uma possessão de Mégara), é comparável a um expediente análogo adotado na *performance* de certos poetas mélicos, iâmbicos e elegíacos, como Arquíloco, Safo e Teógnis. Nesse sentido, os testemunhos sobre o barrete ganham força, na medida em que tal item completaria o "disfarce" de Sólon e poderia, inclusive, enfatizar o caráter ensandecido de seu comportamento. Na mesma direção parece apontar a opção deliberada por uma abordagem em versos, em vez de por um discurso prosaico: tal seria o veículo da palavra inspirada de que apenas os "mestres da verdade" poderiam se valer[2]. Em todo caso, é significativo que haja uma cisão entre a identidade da voz poética desses versos e a do responsável por sua execução pela primeira vez: as ideias de *mímēsis* e fingimento ligam-se nessa passagem sem nenhuma conotação moral negativa — uma vez que são empregadas para proteger o próprio falante enquanto faz o que julga ser um bem à pátria — e são importantes para que se compreenda certo posicionamento de Sólon com relação à poesia e ao estatuto da *mímēsis*.

Outro trecho dessa mesma apresentação afirma:

Nessa ocasião, que eu troque de Folegándrio ou Sícino
a cidadania pela minha de Atenas,
pois sem tardar surgiria um rumor entre as gentes
de que tal homem é ático, um dos Dessalaminados.
(Sol. 2 G-P^2 = 1-3 W^2, vv. 3-6)

Esses versos evocam o sentido da vergonha na audiência e sugerem que o medo do ridículo e da ignomínia — um traço dominante na "cultura da vergonha" de raiz homérica, conforme sugestão de Dodds (1951, 17-18) — seria uma ameaça não apenas para ele, mas para todos os atenienses, por terem se recusado a tratar da matéria com a seriedade necessária. A menção a duas ilhas estéreis do Egeu parece reforçar esse ridículo e a força de sua ameaça. Em todo caso, a mensagem foi vigo-

---

2. A alusão aqui é ao célebre trabalho de Detienne (1981). Vale notar, contudo, que a atuação poética de Sólon num espaço público (a ágora) solapa as categorias propostas pelo helenista francês no capítulo V de seu livro, uma vez que ele transporta o que é próprio da *parole magico-religieuse* [palavra mágico-religiosa] para a esfera mais característica da *parole-dialogue* [palavra-diálogo] (*i.e.*, para o espaço público, *es méson*). Cf. DETIENNE, 1981, 81-103.

rosa e direta o bastante para despertar até mesmo os mais desavisados cidadãos que por ventura a escutaram: tenha sido na ágora, tenha sido num simpósio, o fato é que a *performance* de Sólon teve um estrondoso sucesso, tendo chegado inclusive a ser comparada com as mais enérgicas elegias de um Tirteu (em que pesem as consideráveis diferenças na abordagem de cada poeta).

Os testemunhos são confusos na definição de quem fez o quê durante a retomada das hostilidades contra Mégara, mas parece que a liderança da ofensiva e a criação de um estratagema para a vitória podem ter sido do próprio Sólon (conforme Polyaen. 1.20.1-2 e Ael. *V.H.* 7.19) ou mesmo de Pisístrato (Hdt. 1.59.4; Arist. *Ath.*14.1; Plut. *Sol.* 8; Aen. Tact. 4.8-11 e Just. *Epit.* 2.7-8). Contudo, a fim de evitar as contradições cronológicas entre tantos testemunhos, é possível conjecturar o seguinte: a *performance* do poema "Salamina" por Sólon teria acontecido antes de ele assumir a função de arconte; algum tempo depois de seu arcontado, ele teria recebido plenos poderes para elaborar uma reforma das leis; o período de sua legislatura teria sido seguido por uma ausência de dez anos até que ele voltasse à Ática (por volta de 560); e o comando de Pisístrato, na campanha de tomada da Niseia (em Salamina, tal como relatado por Hdt. 1.59.4), teria acontecido durante a ausência de Sólon (a data tradicional, com a qual está de acordo a presente reconstrução, sendo o ano de 570). Ainda que certos detalhes dessa reconstrução não sejam verificáveis, vale a pena levar em conta o fato de que o mesmo tipo de ação bélica — com resultados positivos sobre possíveis pretensões políticas para o futuro — tenha sido associado tanto ao nome do legislador quanto ao nome do tirano, pois esse tipo de convergência pode ser devido não a um disparate dos testemunhos antigos, mas sim a uma estranha proximidade entre as atividades esperadas de cada uma dessas "posições" políticas no período arcaico.

O resultado desses incidentes foi a consolidação da celebridade e do renome de Sólon (da mesma forma como mais tarde aconteceria com Pisístrato), no início de seu caminho para a modificação definitiva da história da *pólis* dos atenienses. Por isso, como as perturbações intestinas passavam a assolar a região da Ática ainda mais terrivelmente, não causa espanto que o nome de Sólon tenha sido mencionado como um potencial conciliador dos conflitos (Plut. *Sol.* 12.2). A situação interna era a de uma sociedade profundamente marcada pela escravidão por dívidas, pela concentração de terras e riquezas, além de violentamente atravessada por conflitos políticos: de um lado, os "Homens da Costa [*Parálioi*]", querendo uma forma constitucional mista; de outro, os "Homens da Planície [*Pedieîs*]", desejosos de uma oligarquia mais estrita; finalmente, os "Homens d'Além dos Montes [*Diákrioi*]", buscando uma forma mais aberta de governo (Arist. *Ath.* 5; Plut. *Sol.* 13).

Tudo leva a crer que a escolha de Sólon como legislador, a princípio, agradou os mais diversos estratos sociais, uma vez que ele não demonstrava estar inclinado a favorecer nenhum dos outros em especial e era um crítico mordaz da riqueza adquirida a todo custo (Arist. *Ath.* 5.3; Plut. *Sol.* 14), como bem o indica o seguinte poema:

> O povo assim da melhor maneira com seus líderes segue,
> nem assaz liberado, nem coagido:
> pois a ambição gera abuso, caso muita fartura siga
> às pessoas cuja mente não seja ajustada.
> (Sol. 8 G-P^2 = 6 W^2)

Com isso, ele recebeu poder absoluto por um ano para executar as reformas que julgasse necessárias. Sólon, contudo, não era nenhum revolucionário e, embora parecesse apiedar-se da situação lastimável em que grande parte do povo ateniense se encontrava, não estava disposto a empreender as profundas modificações que seriam necessárias para alterar efetivamente o quadro social vigente. Isso talvez explique o fato de que ele tenha recusado a tirania de Atenas: Sólon não desejava modificar de fato a relação tradicional entre os nobres e o povo, e, caso o quisesse, os "homens de bem" de sua classe jamais teriam permitido que ele obtivesse tal ascendência política[3].

Levam-se em conta versos como estes para considerar a obra política do legislador ateniense, e, com base neles, uma ideia muito clara de

---

3. Cf. Arist. *Ath.* 6.3; Plut. *Sol.* 14.5; D.L. 1.49. Conforme um poema significativo do legislador: "se eu poupei a terra/ pátria e à tirania e à violência implacável/ não a atrelei — manchando e desonrando a glória —,/ em nada me envergonho: pois assim mais creio vencer/ todas as pessoas" (Sol. 29 G-P^2 = 32 W^2).

seu papel como intermediário entre diferentes forças sociais será rapidamente delineada:

> Dei ao povo tanta honra quanto basta,
> sem tirar-lhes a estima nem esbanjá-la —
> os que tinham poder e nas posses eram admiráveis
> eu declarei nada terem de impróprio —
> segurei cingindo o poderoso escudo entre ambos,
> não deixando vencer nenhum dos dois injustamente.
> (Sol. 7 G-P^2 = 5 W^2)

As medidas tomadas por Sólon foram consequência do difícil equilíbrio que sua posição buscava encontrar: por um lado, atender às demandas de uma população miserável à beira da insurreição [*stásis*]; por outro, não deixar de representar os interesses das classes mais abastadas. Disso resultaram medidas que vieram basicamente combater os sintomas da crise social, sem propor nenhum remédio efetivo para suas causas (em última instância, a má distribuição de terras): ele proibiu a prática (então difundida) de assegurar um empréstimo por meio do empenho da própria pessoa (ou de seus familiares); liberou os que por causa de dívidas eram escravos em Atenas e comprou de volta muitos atenienses que tinham sido vendidos como escravos no exterior; proibiu a exportação de qualquer produto natural, à exceção do óleo de oliva (com vistas a combater o problema da fome); e revogou as dívidas. Ainda que o legislador estivesse consciente da importância da terra para as relações sociais na Ática de seu tempo — como a interpretação de Fabienne Blaise (1995) de um importante fragmento (Sol. 30 G-P^2 = 36 W^2) bem o demonstra —, tudo indica que ele teria se enganado, considerando bastar a promoção de uma reforma superficial a fim de tentar resolver os problemas em questão, sem alterar profundamente a estrutura econômica de sua sociedade. Os principais testemunhos para esses fatos são Aristóteles (*Ath.* 6), Plutarco (*Sol.* 15) e Diógenes Laércio (1.45), fontes importantes para muitos dos poemas conservados do *corpus* soloniano.

Apesar das pretensas intenções de fomentar mudanças que paulatinamente permitissem uma tomada de consciência e responsabilidade pelos cidadãos atenienses, as propostas de Sólon foram julgadas insatisfatórias pelos dois lados do conflito que tentava amainar (Plut. *Sol.* 16.1). Um poema emblemático dessa situação é o seguinte:

> Os que vieram para rapinas tinham rica esperança
> e cada um deles acreditava vir a encontrar fartura muita
> e que eu, sussurrando leve, revelaria uma áspera mente.
> Em vão faziam seus planos, mas ora comigo encolerizados
> me encaram todos com olhares suspeitos como inimigo:
> o que não é certo. Pois o que eu tinha dito aos deuses cumpri
> e não em vão o resto fiz: nada da tirania a mim
> aprouve com violência alcançar, nem do farto chão
> pátrio os bons terem um quinhão igual aos vis.
> (Sol. 29^b G-P^2 = 34 W^2)

Passado um tempo, contudo, ambos os lados aceitaram confiar ao legislador poderes para reformar a constituição e propor novas leis (Plut. *Sol.* 16.3). Com relação ao campo político, ele instituiu um segundo conselho (donde se pensar que um primeiro já existia, provavelmente o do Areópago), composto de 400 membros (cada uma das quatro tribos fornecendo a quarta parte do total), responsável por funções deliberativas [*proboulé*] e de caráter menos aristocrático; reformou a organização social segundo um novo censo econômico, dividindo os cidadãos em quatro classes dispostas conforme a produção de suas terras medida em alqueires de grão. Outras medidas tiveram caráter democrático, como a eleição de arcontes representantes de cada uma das quatro tribos e a concessão de apelo a uma espécie de júri popular em certas questões de litígio (à exceção daquelas que se relacionavam com assassinatos). Algumas medidas tiveram, enfim, um viés pedagógico e mesmo moralizante. Essas informações podem ser averiguadas numa consulta direta às seguintes fontes: Arist. *Ath.* 7-10; Plut. *Sol.* 17-24; D.L. 1.55-7.

As reformas de Sólon foram impostas com validade prevista de um século e os membros do conselho juraram seguir tudo o que por elas fosse prescrito (Plut. *Sol.* 25.1). Por mais satisfatórias que elas possam ter parecido na época de sua instituição, em pouco tempo seu idealizador tornou-se alvo de interpelações e críticas contundentes por parte de seus concidadãos, tendo chegado inclusive ao extremo de decidir abandonar

Atenas por uma década, a fim de que todos se habituassem à nova legislação e desistissem de tentar fazê-lo alterar suas leis. O fato é que, como afirmado anteriormente, a reforma solônica preocupara-se em combater os sintomas do problema social e não suas causas, de modo que os antigos conflitos recomeçaram não muito depois de sua partida[4].

Também dessa época parece datar a efetiva participação de Pisístrato na campanha contra Mégara (que havia retomado a ilha de Salamina algum tempo antes, conforme Plut. *Sol.* 12.3), e seu comando alcançou tamanho sucesso que lhe proporcionou imenso renome e prestígio entre os atenienses (Hdt. 1.59.4; Arist. *Ath.* 14.1). Por isso, quando os conflitos sociais voltaram a se tornar agudos, enquanto Mégacles (já refeito do expurgo sofrido pelos Alcmeônidas, por ocasião do julgamento do miasma provocado por seus antepassados) apresentava-se como líder dos moderados — chamados "Homens da Costa" —, e Licurgo era quem comandava "o grupo mais oligárquico" — daqueles conhecidos como "Homens da Planície" —, Pisístrato foi escolhido pelo grupo popular — os "Homens d'Além dos Montes" —, pois ele alcançara a fama de ser "o mais popular". Essas informações encontram-se em: Arist. *Ath.* 13.4; Plut. *Sol.* 13.1; D.L. 1.58.

Tais eventos provavelmente aconteceram após 570 (data tradicional da participação de Pisístrato na campanha contra Mégara) e antecederam em pouco tempo o retorno do "autoexílio" de Sólon. Tendo visitado, segundo a tradição, algumas terras longínquas (Egito, Lídia etc.) e travado contato com personalidades importantes (conforme as anedotas de Plutarco: Esopo, Tales de Mileto e Creso da Lídia), o sábio retornava uma década depois de suas reformas e encontrava Atenas numa situação tão complicada quanto a que precedera sua intervenção. Ainda que tenha sido recebido de forma honrada por todos, suas tentativas de acalmar os ânimos dos diferentes partidos surtiram pouco efeito — Plutarco (*Sol.* 29.2) suspeita que a ação dos anos já se fizesse sentir sobre a eloquência de Sólon — e apenas Pisístrato parecia escutar com reverência aquilo que o ancião tinha a dizer.

---

4. Cf. Arist. *Ath.* 11; Plut. *Sol.* 25.3-5. Curiosamente, no relato de Diógenes Laércio (1.50), essa viagem de Sólon teria sido ocasionada pela tomada de poder por Pisístrato, consistindo numa espécie de exílio político.

Uma parte considerável dos poemas de Sólon é contemporânea desse retorno a Atenas. A julgar pelo conteúdo dos fragmentos restantes, o sábio sentiu a necessidade de defender suas ações e seu trabalho de possíveis maledicentes — só isso explica a quantidade de versos em que Sólon trata das próprias decisões, expondo suas causas e seus objetivos, justificando-se (Arist. *Ath.* 12). Um poema interessante — por suas estratégias miméticas — que indica esse posicionamento por parte do velho legislador ateniense é o seguinte:

> Sólon não nasceu um homem profundo nem previdente,
> pois os prêmios que um deus lhe deu ele próprio não aceitou.
> Enredando a caça e sendo pego de surpresa, não puxou a grande
> rede, pelo engano do ânimo e do âmago sendo desviado.
> [5] Pois se eu desejasse tomar o poder, tendo recebido farta riqueza
> e tendo sido o tirano dos atenienses somente por um único dia,
> o couro depois seria esfolado e escorchada a raça.
> (Sol. 29ª G-P² = 33 W²)

Assumindo de forma irônica a voz de seus detratores e exprimindo todo o excesso ultrajante [*hýbris*] contido em suas palavras, o poeta emprega uma forma de *mímēsis* — em sentido estrito — para deixar ainda mais evidente o que há de condenável nas palavras de seus possíveis adversários. Trata-se de um procedimento poético com implicações práticas bastante evidentes sobre a plateia, como se pode comprovar no caso de outras *performances* realizadas por Sólon, para as quais existem descrições do contexto — como no caso da execução de "Salamina" —, e mesmo para outros poetas desse período em diante. De todo modo, é plausível imaginar que seu trabalho poético tenha sido relativamente pioneiro no campo cultural ateniense, não apenas pelo uso renovado de formas líricas em seus poemas (versos iâmbicos, por exemplo, em poemas parenéticos), mas também pelo caráter prático e político de suas *performances* poéticas.

1.2. Pisístrato: *performance* política, religião e poesia

Pisístrato parece ter atentado para o grande efeito causado pelas apresentações solônicas (vale lembrar que ele possivelmente presenciou "Salamina" ou, ao menos, escutou histórias fantásticas sobre suas circunstâncias e resultados). Assim, quando resolveu dar seus primeiros passos em direção à obtenção da tirania, valeu-se de um estratagema tão histriônico quanto aquele que o sábio ateniense havia empregado alguns anos antes: abrindo feridas em si mesmo e em seus cavalos, Pisístrato chegou de carruagem à ágora e, alegando ter sido vítima de um atentado por parte de seus inimigos, deixou clara a necessidade de receber proteção armada[5].

Sólon percebeu a artimanha e tentou responder à altura: "portando lança e escudo foi até a assembleia [*áixas gàr eis tḕn ekkl sían metà dóratos kaì aspídos*]" e proclamou estar pronto para resistir à "impostura de Pisístrato [*tḕn epíthesin toû Peisistrátou*]" (D.L. 1.49). Contudo, tão logo percebeu que o povo parecia disposto a assentir ao pedido do outro, Sólon proclamou, em tom de reprimenda, ser ele próprio mais previdente do que aqueles que não discerniam a artimanha e mais corajoso do que aqueles que, tendo-a percebido, se mantinham calados (Plut. *Sol.* 30.3; D.L. 1.49). O povo, contudo, não lhe deu ouvidos, chamou-o de louco e concordou que uma guarda fosse oferecida àquele cuja vida parecia estar em risco. Pouco tempo depois, Pisístrato tomou a Acrópole e tornou-se tirano[6].

Acerca do acontecimento, versos elegíacos atribuídos ao velho legislador ateniense teriam expressado a seguinte reprimenda a seus concidadãos:

> Se haveis sofrido, por conta própria, os piores males lamentáveis,
> nada disso imputeis ao quinhão dos deuses:
> pois vós mesmos os haveis aumentado, oferecendo-lhes escolta
> e por causa disso tendes a molesta escravidão.
> Cada um de vós, sozinho, nos rastros da raposa anda
> e no interior de todos vós é oca a mente:
> pois a língua observais e a palavra rápida do homem,
> mas da obra que se cumpre nada vedes.
> (Sol. 15 G-P^2 = 11 W^2)

---

5. É interessante que, segundo Diógenes Laércio (1.60), Sólon enxergue nessa atitude de Pisístrato não uma herança das próprias *performances* em contextos políticos, mas uma influência do discurso mentiroso [*pseudologían*] mantido por Téspis, nas tragédias que ele ensinava.
6. Todo esse episódio é bem atestado por Hdt. 1.59; Arist. *Ath.* 14; Plut. *Sol.* 30; D.L. 1.49.

A maior parte dos inimigos do novo tirano fugiu imediatamente de Atenas, mas Sólon não se intimidou e parece ter dado início a uma incansável campanha de luta pela liberdade política dos atenienses. Em suas parêneses, o velho sábio ainda ensinou algumas lições sobre *performance*: já não sendo capaz de portar suas armas, ele as teria colocado em frente à própria casa, dizendo ter feito tudo o que lhe era possível por sua pátria e suas leis [*têi patrídi kaì toîs nómois*] (Arist. *Ath.* 14.2; Plut. *Sol.* 30.5).

Ao contrário das expectativas, contudo, Pisístrato manteve uma atitude respeitosa tanto diante de Sólon quanto diante das leis propostas por ele, preservando a boa ordem na *pólis* dos atenienses e esforçando-se por amainar os conflitos sociais na medida do possível. Por isso, Sólon terminou a vida em paz com o tirano, vindo a falecer dois anos depois, conforme Plutarco (*Sol.* 32)[7].

Se o já mencionado encontro entre Sólon e Téspis de fato aconteceu, ele deve ter se dado nesses dois últimos anos de vida do sábio em Atenas, durante a tirania de Pisístrato. O fato de que Sólon repreenda o poeta por "mentir tanto" não é motivo para refugar o que aí vai dito sob alegação de se tratar de uma passagem excessivamente platônica: basta lembrar que o motivo explicitado por Sólon para repreender Pisístrato, durante a encenação de atentado contra sua vida (pouco antes de propor a tirania), não era o fato de que este encenasse algo (com efeito, Odisseu é louvado indiretamente pelo sábio justamente por essa mesma razão), mas o fato de que tivesse se valido de tal expediente em prejuízo de seus amigos, não de seus inimigos (Plut. *Sol.* 30). Da mesma forma, o próprio Sólon parece ter recorrido à *mímēsis* e a certo grau de fingimento em suas ações públicas — bastando aqui evocar a execução de poemas como "Salamina" (Sol. 2 G-P² = 1-3 W²) ou aquele em que fala de "Sólon" na terceira pessoa (Sol. 29ª G-P² = 33 W²). Em outras palavras, o alvo do opróbrio não é a encenação em si, mas seu objetivo. Assim, é

---

7. Em vista do que se afirma sobre as medidas práticas de Pisístrato, poderia parecer estranho que Aristóteles e Plutarco apresentem juízos tão negativos sobre seu governo. Ao que tudo indica, isso se deve à relação do tirano com as classes mais baixas, relação que era menos senhoril do que aquela estabelecida por Sólon e provavelmente julgada inadequada por autores de inclinação aristocrática. Cf. Arist. *Ath.* 13.5; Arist. *Pol.* 5.1310b; Plut. *Sol.* 29.3.

possível que a reprimenda de Sólon às novas atividades a que Téspis se dedicava tenha o mesmo sentido: reprova-se não a poesia dramática em si mesma, mas os objetivos a que serve em determinadas situações[8]. Dessa maneira,

a reflexão do sábio ateniense revela-se complexa o bastante para enxergar no estatuto do *pseûdos* algo que ultrapassa o limite da mera oposição à verdade positiva, sem que, contudo, seja capaz de conceber o interesse despertado por uma mentira desinteressada (tal desinteresse se dando na medida da assunção, tanto por parte de seu emissor quanto de seu receptor, do caráter fictício da mensagem). Nesse sentido, valer-se de uma mentira útil (como ele próprio fizera na *performance* de seu poema "Salamina" ou como Odisseu, numa de suas aventuras narradas por Homero) é possível e até louvável, mas se entregar a mentiras desinteressadas ainda lhe parece uma atividade suspeita (SILVA, 2016, 59).

Nesses termos, refuta-se a refutação dessa passagem da vida de Sólon proposta por Else (1965, 45), sob a acusação de que sua composição pudesse trair um matiz excessivamente platônico. É certo que os termos com que Plutarco (*Sol.* 29) e Diógenes Laércio (1.59) relatam-na são evidências da leitura platônica que esses autores apresentam do episódio, mas isso não é razão suficiente para colocar em dúvida a autenticidade do evento. Aqui vale remeter ao estudo de Jacyntho Lins Brandão (sua "arqueologia da ficção"), recorrendo às palavras que circunscrevem muito bem o posicionamento de Sólon no seio da reflexão sobre o discurso poético (e ficcional) no período arcaico:

> Em princípio, não se duvida do caráter positivo da verdade, mas o estatuto do *pseûdos* permanece problemático — e, pelo menos em parte, as teorizações sobre a literatura, na Grécia, constituem-se buscando respostas para esta questão: que valor pode ter um discurso que não se supõe de antemão verdadeiro? E que não se enquadra na categoria da mentira útil, como as que se contam para salvar a própria vida, enganar o inimigo ou mesmo tornar a pátria ilustre? (BRANDÃO, 2015, 114).

---

8. Cf. IRWIN, 2005, 273-274. Vale lembrar o famoso provérbio criado (se não popularizado) por Sólon (25 G-P^2 = 29 W^2), segundo o qual: "*pollà pseúdontai aoidoí* [Muito mentem os poetas]". Para as múltiplas possibilidades de leitura (não excludentes) desse aforismo e suas consequências para a reflexão, no âmbito do período arcaico e dos que lhe seguem, sobre o estatuto das categorias de *alētheá* e *pseúdea*, cf. BRANDÃO, 2015, 179-180.

A primeira tirania de Pisístrato não durou muito tempo após a morte de Sólon. Ao que tudo indica, seus inimigos em pouco tempo uniram forças a fim de expulsá-lo do poder. Embora não seja possível definir a data em que sua expulsão aconteceu, é certo que o tirano voltou em breve (por volta de 557), com um estratagema não menos histriônico do que o anterior. Depois de confabular com uma das facções inimigas (obtendo um arranjo matrimonial com Mégacles, cuja filha lhe seria dada em casamento), Pisístrato concertou para que em seu retorno "uma mulher alta de nome Fie, do povoado Peânio [*en tôi dḗmōi tôi Paianiéi ên gynḕ têi oúnoma ên Phýē*]", fosse munida de armadura e colocada sobre o carro em que ele chegaria. Arautos completariam o espetáculo, anunciando: "Atenienses, acolhei de boa vontade Pisístrato, aquele que a própria Atena conduz de volta para a Acrópole dela, honrando-o sobre todos os homens". Quando tal plano foi executado, a notícia de que a própria deusa reconduzia Pisístrato ao poder espalhou-se pelos povoados, e até mesmo o povo da cidade [*en tôi ásteï*], persuadido de que a mulher era divina, honrou-a e recebeu o tirano de volta.

Embora a situação tenha sido habitualmente compreendida como um estratagema do qual Pisístrato teria se valido para enganar o povo (o próprio vocabulário escolhido por Heródoto denota tal compreensão), a questão tem sido elaborada em novos termos pela historiografia recente. Dabdab Trabulsi (2004, 93), por exemplo, apoiando-se em considerações de Lévêque, defende que o episódio mostra, "mais que a 'ingenuidade' dos atenienses, o recurso à divina padroeira da *pólis*, ideologia unificadora, contra o particularismo dos grupos dirigentes oligárquicos e seu controle sobre o Estado". Para além desse sentido eminentemente político do recurso à esfera religiosa, vale a pena atentar também para certos detalhes da situação.

> À medida que se inspeciona melhor o cortejo de Pisístrato e Fie, ele aparece mais rico e mais evocativo de subliminares padrões culturais, além de mais eloquente como expressão da proximidade entre Pisístrato e os residentes da Ática nesse momento de sua carreira. O líder parece não se colocar a uma grande distância das atitudes e do comportamento de seus camaradas compatriotas. Antes, eles parecem estar ligados por padrões comuns de pensamento e unidos num drama comum. Os cidadãos não são ingênuos caipiras enganados pela

manipulação do líder, mas participantes na teatralidade cujas regras e papéis eles entendem e apreciam. Esses são espertos, e mesmo sofisticados, atores num drama ritual afirmando o estabelecimento de uma nova ordem cívica e uma relação renovada entre povo, líder e divindade protetora (CONNOR, 1987, 46).

Como se vê, abordagens mais cuidadosas na interpretação de passagens cujo sentido fora petrificado pela exegese tradicional (reducionista em muitos casos) podem iluminar novos pontos que até então tinham permanecido nas sombras, como é o caso da recondução de Pisístrato ao poder num cortejo de Atena. A partir dos termos com que tal evento acaba de ser considerado, torna-se possível relacioná-lo até mesmo a um fenômeno que será abordado mais adiante (e que é o principal objeto deste estudo), qual seja, a instituição do drama em Atenas. Lá, como aqui, o cortejo de um deus em direção ao coração da *pólis* é ocasião para uma *performance* que une o povo ao governo por meio de um evento da esfera religiosa. Nesse sentido, a complexidade de tal fenômeno já começa a se delinear a partir da forma como se dá a presente abordagem, justificando este detido apanhado histórico do contexto em que se deu o fenômeno estudado.

O arranjo político entre Pisístrato e Mégacles não durou, contudo, muito tempo. As fontes mencionam que, como já tinha filhos anteriormente, o tirano teria se decidido tanto a proteger-se (evitando uma prole do clã amaldiçoado dos Alcmeônidas) quanto a proteger o futuro de seus filhos (evitando uma possível disputa pelo poder). Pisístrato adotou um dos dois expedientes seguintes: ou teria tido "relações de forma não usual com sua nova mulher [*emísgetó hoi ou katà nómon*]" — com a sugestão implícita de que pudesse praticar a sodomia ou felação, por exemplo — a fim de evitar uma prole de origem Alcmeônida (Hdt. 1.61.1); ou teria se recusado a "transar com ela [*sungígnesthai*]", provavelmente com os mesmos objetivos (Arist. *Ath.* 15.1). O fato é que seu sogro se irritou profundamente quando ficou a par da situação, promovendo uma insurreição contra o tirano, que se viu novamente obrigado a fugir de Atenas, embora dessa vez por muito mais tempo: durante uma década.

Ao longo desse segundo exílio, Pisístrato e os filhos de seu casamento anterior, Hiparco e Hípias, empregaram de maneira efetiva o tempo de que dispunham: a família percorreu inúmeras *póleis* com as quais mantinha conexões comerciais e laços de amizade, como Tebas, Argos e outras menores, além de ter tecido importantes conchavos, vindo a obter tropas mercenárias e fundos econômicos para um novo golpe. É preciso lembrar também de suas relações com as minas de prata do Monte Pangeu, na Trácia, donde provinha muito dos fundos necessários para que arcassem com as despesas desse novo exército (Hdt. 1.61.4; Arist. *Ath.* 15.2). Ao fim e ao cabo, Pisístrato liderou uma expedição a partir da ilha de Erétria rumo a Atenas e enfrentou, no povoado Paleneu [*Pallēneús*], um exército composto principalmente de aristocráticos Alcmeônidas e seus adeptos, vencendo-os sem muitos problemas e restabelecendo a tirania pelas próximas décadas (Hdt. 1.63; Arist. *Ath.* 15.3).

Antes de apresentar as primeiras ações de Pisístrato, tomadas para assegurar definitivamente seu novo posto, talvez seja interessante clarear a provável cronologia dos fatos que acabam de ser narrados. A terceira tomada do poder pode ser datada em 547 — não apenas somando 36 (quantidade de anos que durou a última fase do regime conforme Hdt. 5.65.3) a 511 (data segura do fim da tirania dos Pisistrátidas) —, mas recorrendo ao fato de que essa terceira tomada antecede a conquista de Sárdis pela Pérsia (Hdt. 1.64 e 84), associada pela Crônica de Nabonido aproximadamente ao ano de 545[9]. Assim, como o segundo exílio durou uma década, a segunda expulsão da tirania aconteceu por volta do ano de 557, e tal ponto é o máximo aonde chega a possibilidade de reconstrução cronológica. Certamente, a primeira tentativa de tirania se deu após a tomada de Niseia pelos atenienses liderados por Pisístrato (Hdt. 1.59.4), evento que é tradicionalmente datado em 570. Entre esses pontos de referência, contudo, não é possível saber com precisão quando se deram o início e o fim da primeira tirania, nem quando começou a segunda.

Os primeiros atos de Pisístrato, novamente reinstalado na Acrópole, foram motivados pela intenção de assegurar que seus opositores não tivessem os meios nem o intuito de resistir ao novo governo. Para isso, o tirano valeu-se basicamente das vastas forças mercenárias [*epikoúroisí te polloîsi*] que já empregara para tomar o poder, a serem pagas com "os fundos recolhidos da comunidade [*khrēmátōn synóidoisi*]" (Hdt. 1.64.1).

---

9. De acordo com *Marm. Par.* ep. 42, o mesmo evento poderia ser datado em 541/540.

Além disso, ele manteve "jovens como reféns na ilha de Naxos [*paîdas labòn kaì katastésas en Náxon*]" — ilha conquistada recentemente por Lígdamis, com o apoio das tropas mercenárias do próprio tirano ateniense (Hdt. 1.64.2; Arist. *Ath.* 15.3) —, jovens que eram os filhos de atenienses influentes decididos a permanecer na própria cidade. Ademais, Pisístrato desarmou seus súditos com o seguinte expediente:

> Promoveu uma apresentação de armas no Teseion e aí deu início a uma assembleia, sendo porém logo interrompido, pois reclamavam não o estar escutando. Pediu-lhes para subirem até a entrada da Acrópole a fim de o ouvirem melhor. Enquanto ele prolongava seu discurso, as pessoas destinadas para essa tarefa recolheram as armas e, após as trancarem nos edifícios próximos ao Teseion, voltaram e fizeram-lhe sinais. [5] Este, assim que concluiu o restante de seu discurso, contou-lhes o ocorrido com as armas, dando-lhes a entender que não se deviam inquietar nem abater, mas sim que retornassem para cuidar de seus afazeres particulares, uma vez que ele próprio se encarregaria de todas as questões públicas (Arist. *Ath.* 15.4-5, trad. Francisco Murari Pires).

Mesmo que o valor histórico de alguns dos incidentes acima relatados pudesse ser contestado, a menção deles indicaria o fato de que Pisístrato não teria empregado muitos hoplitas atenienses na instalação de sua tirania, mas que, ao contrário, forças externas teriam formado a maior parte de seu contingente. O expediente para desarmar os cidadãos, tal como descrito acima por Aristóteles, embora aluda à possibilidade de alguma mobilização militar na época (como se aduz da palavra *exoplasía* [apresentação de armas]), não permite que a participação dos hoplitas atenienses na instalação da tirania pisistrátida seja superestimada. É certo que seu papel ganhará em importância com as reformas instituídas nas décadas seguintes, mas não há notícia de que hoplitas tenham agido decisivamente nessa terceira tentativa de instituição da tirania.

O sucesso da nova administração, contudo, não se deveu apenas a essas medidas internas. Além de ter tido a sorte de tomar o poder concomitantemente ao avanço persa sobre as cidades helênicas da costa oriental do Egeu — fato que o livrou da competição comercial com a Jônia e enfraqueceu seus adversários Alcmeônidas, tradicionalmente ligados ao comércio com essa região —, Pisístrato ainda conseguiu articular uma rede de contatos e suporte com os tiranos de outras *póleis*. Além de Naxos (cujo tirano, Lígdamis, recebeu seu apoio para ascender ao poder, como afirmado acima) e Argos (com a qual tinha ligações matrimoniais, de acordo com Aristóteles, *Ath*. 17.4), Pisístrato tinha boas relações com Tebas e outras regiões. Tal rede — que indiretamente abarcava muitas outras tiranias — parece ter servido à manutenção da relativa paz que se nota em toda a região, ao longo da segunda metade do século VI.

O papel de Pisístrato no desenvolvimento de Atenas — nos mais diversos campos, como o político, o econômico, o religioso e o artístico — pode ser equiparado ao de Sólon, algumas décadas antes. A diferença entre ambos, contudo, é que o tirano não era um pensador, nem um poeta, mas um organizador, um construtor e um administrador ativo. Pisístrato começou como um ambicioso político e general, um homem de ação, mas posteriormente veio a se tornar também um governante relativamente preocupado com os interesses da coletividade ateniense. Para que se compreenda de que maneira e por que razões os concursos dramáticos vieram a ser instituídos por volta do fim do período de seu governo, é preciso atentar para suas diretrizes, preocupações e empreendimentos.

O problema de posse da terra, cuja solução não pôde ser oferecida pelas reformas de Sólon, foi uma das marcas duradouras do governo de Pisístrato. Distribuindo as terras abandonadas de seus adversários exilados e oferecendo pequenos empréstimos para a retomada da agricultura, o tirano garantiu que muitos dos lavradores expropriados tivessem condições efetivas para retomar suas atividades [*ergasía*] (Arist. *Ath*. 16). Ainda que seus objetivos possam ter sido os de dispersar a população por toda a Ática, mantendo-a ocupada e relativamente satisfeita, a fim de que se distraísse do envolvimento político[10], essa solução teve por consequência não apenas melhorar as condições de vida do povo (já que a partir de suas medidas não se falou mais de conflitos sociais até o fim da tirania), mas ainda aumentar a receita da *pólis* por meio da cobrança de "um dízimo sobre aquilo que fosse produzido [*apò tôn gignoménōn dekátēn*]" (Arist. *Ath*. 16.4; D.L. 1.53).

---

10. Tal é a suposição de Aristóteles nas seguintes passagens da *Política*: 1311a13; 1318b6; 1319a30; 1320b7. O mesmo se confere em: Arist. *Ath*. 16.3.

A população campesina ainda foi diretamente beneficiada pela instituição de juízes locais, que diminuíram em parte a arbitrariedade com que as poucas famílias aristocráticas organizavam e decidiam questões de justiça nas regiões mais afastadas da Ática (Arist. *Ath.* 16.5). Tal problema, que poderia ser classificado (de modo anacrônico, ainda que não de todo equivocado) como uma espécie de "coronelismo", existia desde a época de Hesíodo e tinha resultados ruinosos para o pequeno agricultor, como fica claro na passagem em que se alude aos "reis comedores de presente [*basileîs dōrophágoi*]" (*Os trabalhos e os dias* 37-41). A instituição desses juízes locais e o desenvolvimento gradual da reforma hoplítica — sendo que esta contava principalmente com o engajamento da maioria da população proprietária de terras pequenas e médias — foram outros fatores que contribuíram para a promoção dos habitantes do campo.

A população das regiões centrais da *pólis* ateniense também viu melhoras consideráveis. Adotando uma vigorosa política comercial (razão pela qual desenvolveu a cunhagem de moedas e incentivou a produção e a exportação de bens manufaturados, como a cerâmica pintada), Pisístrato garantiu o amplo apoio dos comerciantes e artesãos, como o próprio Sólon já começara a fazer. A população da *pólis* foi beneficiada ainda pelo estabelecimento mais definitivo da ocupação de Sigeion [*Sígeion*], no Helesponto, uma vez que ela garantia vasto suprimento de cereal barato e permitia que maiores parcelas da população ateniense se dedicassem a outras atividades que não fossem as de subsistência. É importante lembrar que o controle do estreito de Dardanelos permaneceria uma prioridade dentre os interesses de Atenas desde essa época até pelo menos o fim da guerra do Peloponeso, quando Esparta explora justamente tal fraqueza para dar fim ao longo conflito no ano de 404[11].

Outro ponto importante do período da tirania é o programa arquitetônico então implementado. As novas construções de edifícios magníficos na Acrópole e na ágora, de estradas radiais ligando todos os cantos

---

11. A conquista ateniense inicial da região teria começado no final do século VII, sob a liderança do campeão olímpico Frínon [*Phrýnōn*]. Para uma sugestão de arranjo cronológico dos dados mencionados pelas fontes (Hdt. 5.94-5; Str. 13.1.38; Plut. *De Hdt. Mal.* 858AB; D.L. 1.74; Polyaen 1.25; schol. Aesch. *Eum.* 397), cf. FROST, 1984, 287-288.

da Ática às regiões centrais e de novas fontes, templos e outros edifícios de utilidade pública são muito mais do que tentativas de autopromoção por parte do regime de Pisístrato. A integração promovida por um princípio "urbanístico" que não apenas erguia construções nos centros urbanos, mas também atentava para a importância de obras — sobretudo santuários e altares — nas regiões mais afastadas e agrestes, era um fator responsável por fortalecer a coesão do corpo social em torno da ideia de *pólis*. Embora tais construções funcionassem de fato como demonstrações do poder desse novo governante, sua utilidade pública era inegável e seu impacto econômico gigantesco, na medida em que promoviam muitas oportunidades de trabalho para uma vasta fração do povo e, uma vez terminadas, forneciam recursos e comodidades antes inexistentes, ou restritos a poucos privilegiados[12].

Em vista de tudo quanto foi afirmado, não causa surpresa o fato de que o povo ateniense tenha passado a enxergar o governo de Pisístrato como uma espécie de tempo de Cronos, sua Idade de Ouro [*hōs hē Peisistrátou tyrannìs ho epì Krónou bíos eíē*] (Arist. *Ath.* 16.7). Novas oportunidades foram oferecidas não apenas aos cidadãos mais desprovidos — por meio de um programa de distribuição de terras e de novos empregos nas obras públicas que embelezavam a região da Ática —, mas também parecem ter se beneficiado pela mudança de regime as mulheres, os escravos e os estrangeiros (Arist. *Pol.* 1313b33-1314a10). Seja como for, as medidas políticas dessa época tenderam a buscar a centralização de tudo aquilo que até então havia sido periférico ou excêntrico. Nesse sentido, é emblemático que Dabdab Trabulsi (2004, 123), em sua análise de vasos áticos da segunda metade do século VI, note a incorporação gradual de elementos denotativos de artesãos e camponeses à sociedade politicamente atuante de Atenas — por exemplo, representações do mito relativo ao retorno de Hefesto, sobre uma mula, conduzido por Dioniso ao monte Olimpo, indicam isso para o imaginário da época.

---

12. Cf. HÖNN, 1948, 140; PARKER, 2007, 35. O ponto de vista aristocrático sobre tal questão não poderia deixar de ser profundamente crítico. Aristóteles (*Pol.* 1313b21), por exemplo, afirma que tais obras públicas de grandes proporções servem apenas para empobrecer e ocupar os súditos da tirania [*pánta gàr taûta dýnatai tautón, askholían kaì penían tôn arkhoménōn*].

O papel de Pisístrato no desenvolvimento político de então já deve estar claro o bastante a partir de tudo quanto foi exposto. Certamente algumas tiranias foram exercidas em detrimento do bem-estar da comunidade, que, subjugada pelo poder das armas, servia aos objetivos egoístas de poucas famílias responsáveis pela articulação do poder. O fato, contudo, é que mesmo nesses casos o interesse individual via-se obrigado a levar em conta o desenvolvimento de parte das necessidades e aspirações coletivas, sob o risco de esmagar aquilo mesmo de que dependia seu próprio sucesso. Nesse sentido, todo tratamento maniqueísta de tal problemática oferecerá interpretações muito simplificadoras de um fenômeno que é, na verdade, bastante complexo e intrincado.

Pisístrato tinha de enfrentar uma classe aristocrática cuja força residia não apenas no controle da terra e da justiça, mas também no da religião. Nesse sentido, além de modificar paulatinamente as possibilidades de distribuição agrária e as condições de julgamento dos litígios, Pisístrato buscou promover a instituição de cultos cívicos centralizadores a partir de divindades da *pólis* ou de suas camadas menos privilegiadas, a fim de minar justamente as mais tradicionais estruturas constituintes dessa sociedade. Nesse sentido, deve ser entendida a opção pela deusa Atena como objeto de culto, a partir da construção do "pré-Partenon" (destruído em 480, durante a invasão persa), da instituição do festival das Panateneias e de sua representação em moedas. Todas essas medidas fizeram parte de uma espécie de reforma religiosa levada a cabo por Pisístrato, a fim de diminuir os regionalismos e promover maior unidade religiosa na Ática.

No quadro dessas reformas, é importante comentar o impacto que a instituição das Panateneias teve sobre a cultura ateniense e helênica como um todo, na medida em que concursos musicais, atléticos e hípicos passavam a movimentar a região anualmente. Embora não haja consenso entre os estudiosos sobre o responsável pela instituição desse festival em honra à deusa Atena, vale ressaltar que o artifício adotado por Pisístrato para obter a tirania pela segunda vez, fazendo-se acompanhar pela "própria" Atena numa procissão que o conduziu diretamente até a ágora (Hdt. 1.60.4-5; Arist. *Ath.* 14.4), parece indicar, pelo modo deliberado com que o tirano manipulava certas manifestações religiosas para seus propósitos políticos, uma possível participação sua no evento. Não se sabe quando ou por que motivo o mais antigo formato das Panateneias anuais [*kath'hékaston eniautón*] passou a receber uma elaboração mais sofisticada a cada quatro anos [*dià pentaetērídos*], ocasião em que era chamada de Grandes Panateneias [*Panathḗnaia tà megála*], mas é certo que mesmo nas edições mais arcaicas do festival havia: i) uma reunião dos cidadãos, ii) uma procissão e iii) um sacrifício (DAVISON, 1958, 25). Não há detalhes sobre o formato de cada uma dessas etapas, ainda mais para as ocorrências do festival ao longo do século VI, mas nenhum dado parece impedir que se relacione a procissão em que Pisístrato se fez acompanhar por Atena (provavelmente entre 570 e 557, segundo a datação aqui sugerida) com a procissão que efetivamente ocorria ao longo das Panateneias. Além disso, a data a partir da qual ânforas e outros prêmios foram instituídos para as provas das Panateneias — por volta de 560, conforme a datação estipulada por Davison (1958, 26-27) — corrobora a sugestão de que Pisístrato tenha incentivado manifestações religiosas (atléticas e poéticas) capazes de promover a centralização e a consolidação do poder na própria *pólis*.

Para além dessas dificuldades relativas à definição dos verdadeiros responsáveis pela promoção e instituição do festival, o certo é que o concurso de rapsódia dos poemas homéricos foi responsável por fornecer os elementos poéticos até então escassos em Atenas para que sua produção pudesse ter início nas gerações seguintes. É claro que essa produção só poderia manifestar-se a partir do momento em que uma população se habituasse a *performances* poéticas frequentes e se educasse na cultura musical helênica, tal como de fato aconteceu a partir das medidas políticas cujos objetivos eram não apenas responder às demandas populares por melhores condições de vida, mas também fomentar as manifestações religiosas e culturais, criando assim um sentimento de identidade ateniense.

Conforme um estudioso do assunto,

> nos anos imediatamente anteriores e durante a formação da tragédia, os públicos atenienses estavam condicionados a se tornarem *ouvintes de poesia* em todos

os gêneros, ouvintes dotados de uma competência tal que dificilmente poderia encontrar igual na história posterior do mundo ocidental (HERINGTON, 1985, 144).

As mudanças sociais por que passava a *pólis* governada por Pisístrato envolviam a transformação da vida religiosa e cultural da comunidade. Além da promoção de Atena como sua principal deusa protetora, o governo reconheceu oficialmente o culto de Dioniso (que até então tivera dificuldade em assegurar sua condição de deus olímpico), justamente a fim de solapar a exclusividade dos cultos aristocráticos regionalistas. Tal esmorecimento dos particularismos religiosos a partir do culto ao deus do vinho seria implementado ainda mais vigorosamente a partir da instituição dos concursos dramáticos no festival das Grandes Dionísias (entre os anos de 538 e 528, conforme o registro do *Mármore de Paros*), cujo esplendor cívico em pouco tempo ultrapassaria o das Panateneias. Cumpre lembrar que ambos os festivais tiveram papel fundamental na nova orientação da sociedade ateniense, pois toda ocasião desse tipo promove oportunidades nas quais amplos setores da comunidade são convocados a participar, seja como protagonistas, seja como espectadores, criando e consolidando os laços que os unem como corpo cívico e coletividade religiosa.

A assimilação e a recuperação do sentimento religioso de estrato mais popular não se limitaram a Dioniso. Apolo é um deus que, desde a assimilação de Dioniso pelo santuário de Delfos, aparece cada vez mais ligado a manifestações populares. Tal informação parece ser indicada pelo fato de que Pisístrato construiu um templo dedicado a Apolo Pítio, sendo possível que ele também tenha sido o responsável por incentivar o desenvolvimento das Targélias como festival popular na Ática. Da mesma forma, o santuário de Elêusis, relacionado ao culto que aí existia desde a época micênica, por exemplo, conheceu progressos enormes no século VI. Tendo isso em vista, muito mais poderia ser dito sobre outros cultos populares e a ligação que a tirania estabeleceu com eles, mas, como o objeto da presente análise é o contexto em que se dá o surgimento dos gêneros poéticos dramáticos, é necessário concentrar a atenção no fenômeno de incorporação de Dioniso por Atenas, uma vez que, nas linhas do que anteriormente foi expresso, a instituição dos concursos dramáticos aconteceu justamente no seio de um festival em honra a esse deus.

Tal movimento de incorporação de Dioniso se deu a um só tempo como resultado da pressão de grupos populares cuja importância social começava a se fazer notar e como tentativa de diminuir a influência de setores aristocráticos, num fenômeno que foi presenciado em várias *póleis* ao longo desse período da história helênica. Pisístrato não foi o primeiro tirano a notar a necessidade de mudança religiosa e a se tornar seu promotor: cerca de setenta anos antes, Periandro de Corinto entreteve em sua corte o poeta Aríon de Metimna, que teria sido "o primeiro dos homens a fazer, nomear e ensinar o ditirambo [*dithýrambon prôton anthrṓpōn ... poiḗsantá te kaì onomásanta kaì didáxanta*]" — ou seja, a desenvolver formalmente a ode coral consagrada a Dioniso (Hdt. 1.23). Algum tempo depois, Clístenes, o tirano de Sícion, devolveu a Dioniso os "coros trágicos [*tragikoîsi khoroîsi*]" que antes eram oferecidos ao herói argivo Adrasto [*Kleisthénēs dè khoroùs mèn tôi Dionýsōi apéd ke*] (Hdt. 5.67). A utilização por Heródoto da expressão "coros trágicos" é significativa para qualquer tentativa de seguir uma "arqueologia do drama": ela considera que tais coros trágicos possam ter existido alhures, ligados a outros contextos de culto (como aos necrodúlicos, por exemplo). Tal suposição é corroborada pelo fato de que dos vinte e cinco primeiros tragediógrafos listados mais ou menos cronologicamente nos *Tragicorum Graecorum Fragmenta* [*Fragmentos dos tragediógrafos gregos*] de Bruno Snell, nada menos do que sete sejam estrangeiros à Ática: Prátinas e seu filho Arístias, de Fliunte; Aristarco de Tégea; Neofronte de Sícion; Íon de Quios; Acaio da Erétria; e Aquestor, um estrangeiro de origem desconhecida. A menos que faça algum sentido supor Atenas possuindo uma espécie de "estrutura pedagógica" aberta aos estrangeiros, esses tragediógrafos arcaicos necessariamente tiveram de aprender e desenvolver sua arte em outras partes da Hélade.

Apesar disso, a escassez de fontes tratando do que teria sido tal manifestação poética (prévia à instituição dos concursos dramáticos em Atenas) impede que se avance concludentemente no sentido de postular um momento e um lugar em que o drama teria tido uma origem precisa. De todo modo, é como se uma origem outra, anterior ao próprio estabelecimento original do drama como instituição da *pólis*, precedesse aquilo que viria a se manifestar no festival das Grandes Dionísias em Atenas. Nesse sentido, a origem do drama parece diferir — tanto espacial quanto temporalmente — da institucionalização original do drama. Talvez valha a pena sustar o apanhado histórico que guiou esta exposição até aqui, a fim de elaborar melhor uma questão que poderia ser colocada da seguinte forma: Existe drama antes da institucionalização do drama?

2. Drama (antes do Drama)

2.1. O drama de Téspis: ator, coros e máscaras

O método mais indicado para percorrer as regiões do período arcaico evocadas pela indagação sobre a existência de um "drama" anterior à institucionalização dos concursos dramáticos em Atenas não pode prescindir dos testemunhos sobre o primeiro dos tragediógrafos atenienses: Téspis. Vale lembrar que até mesmo o nome próprio desse poeta levou alguns estudiosos a contestarem sua existência, na medida em que o adjetivo *théspis* [inspirado] aparece em certas passagens dos poemas homéricos associado ao canto ou ao aedo, suscitando uma rede de associações muito adequadas (e, nesse sentido, suspeitas) para alguém ligado à instituição de um novo gênero poético num território sob influência direta da poesia homérica. O importante, contudo, é que esse nome surge em associações incontestáveis com as origens do drama por testemunhos ao longo de toda a Antiguidade, desde, pelo menos, o Período Clássico[1].

---

1. Conforme Webster (PICKARD-CAMBRIDGE, 1962, 72), os testemunhos de Aristófanes (*V.* 1476-81) e de Sólon (se a citação por João Diácono estiver correta) remontam pelo menos aos séculos V e VI, respectivamente. Além disso, é provável que os testemunhos de Temístio (*Or.* 27.337a), Diógenes Laércio (5.92) e de um diálogo platônico (*Minos* 321a) sejam (ou tenham) fontes do século IV.

Conforme o registro do *Mármore de Paros* (ep. 43), Téspis ensinou o drama na cidade [*edídaxe drâma en ástei*], onde foi o primeiro a atuar [*hypekrínato prôtos*], tendo sido instituído o bode como prêmio [*áthlon etéthē ho trágos*], entre os anos de 538 e 528. Nesse sentido, o poeta não teria realmente *inventado* o drama ou a atuação, mas teria sido responsável por levá-los pela primeira vez até a cidade [*en ástei*]. Embora outros testemunhos considerem-no o *inventor* da primeira manifestação — mais simples e agreste — do tipo de *performance* que viria a ser instituída oficialmente durante a tirania de Pisístrato, o que parece unânime nos textos sobre Téspis é seu trânsito livre, graças à sua poesia "trágica", entre as aldeias do interior da Ática e a *pólis* ateniense.

Não é possível saber ao certo se ele realmente "moldou primeiro a canção trágica [*tragikḕn hos anéplase prôtos aoidḕn*]", como afirma Dioscórides (*A.P.* 7.410), no que é seguido por Horácio (*Ars* 275-7), Clemente de Alexandria (*Strom.* 1.79.1), Evâncio (*De fabula* 1.5), João Malalas (*Chron.* 5.60), além de uma das três tradições mencionadas pela *Suda* (*th.* 282, s.v. Téspis). Tal incerteza se deve em grande parte ao fato de que outras fontes, mais antigas e confiáveis (como Heródoto e, possivelmente, o próprio Sólon), remetem a poetas anteriores a Téspis como os verdadeiros responsáveis pela "invenção" de uma forma arcaica de tragédia. Esse ponto será desenvolvido adiante, e, por ora, basta deixar claro que esse poeta foi tradicionalmente tido como o responsável por introduzir a tragédia em Atenas.

Inúmeros testemunhos apontam para a possível relação entre uma região rural da Ática, chamada Icária, e o desenvolvimento dos gêneros poéticos que vieram a ser instituídos sob os auspícios de Dioniso: tanto a tragédia quanto a comédia aparecem frequentemente vinculadas de certo modo aos icários. Esses testemunhos serão retomados na sequência do argumento, mas aqui interessa notar que a *Suda* (*th.* 282, s.v. Téspis) considera o próprio Téspis um icário. Essa origem poderia explicar de que modo o poeta ateniense teria tido contato com aqueles gêneros poéticos — ainda que em suas modalidades mais simples e agrestes, como se imagina que fossem no início do século VI, em seus primórdios na Ática. Pode ser que a origem icária de Téspis seja uma invenção posterior; em todo caso, ela indica que tal região era compreendida por certos autores antigos como intrinsecamente relacionada ao surgimento dos gêneros poéticos dramáticos.

Ademais, cumpre evocar a descoberta arqueológica de fragmentos marmóreos do que parece ter sido uma imensa estátua de Dioniso, cumprindo função de culto desde fins do século VI na região da Icária. Ainda que tenha havido alguma hesitação inicial sobre como classificar e compreender tal descoberta, os mais recentes estudos são unânimes em afirmar o seguinte:

> Para a história da Icária, a estátua de Dioniso é formada pelos mais antigos resíduos arqueológicos capazes de estabelecer as origens do culto dionisíaco na região. Junto com a inscrição datada em *ca.* de 525, trazendo dedicatórias tanto para Dioniso quanto para Apolo Pítio, ela é testemunho de um culto a Dioniso na Icária pelo menos desde o início do último quarto do séc. VI (ROMANO, 1982, 409).

Parece lícito supor que essas primeiras manifestações poéticas na Icária — e possivelmente em outras aldeias [*kõmai*] áticas — fossem compostas em meio a uma atmosfera de brincadeiras e das mais simples pândegas [*paígnia kaì kõmous toúsde teleiotérous*] (conforme Dioscórides, *A.P.* 7.411), provavelmente após o período de colheita dos novos frutos e de fabricação do vinho ([Plut.] *De Proverb. Alexand.* 30) — entre o fim do outono e o inverno. Os testemunhos sobre disputas poéticas com premiações que consistiam em cestos de figos [*sýkōn árrikhos*] (*A.P.* 7.410) ou de figos secos [*iskhádōn árrikhos*] (*Marm. Par.* ep. 39; Plut. *de cupid. div.* 527d), além da menção a odres de vinho [*amphoreùs oínou*] (Plut. *de cupid. div.* 527d), parecem reforçar tal entendimento. Os bodes oferecidos como prêmio, segundo essas mesmas fontes (além de Hor. *Ars* 220), também sugerem um ambiente agreste — sendo digno de nota que um testemunho mencione o bode em relação a coros de icários (Eratosth. *Erig.* fr. 22) e outro, em sacrifícios a Dioniso (Verg. *G.* 2.395-6). Além disso, o fato de que os participantes dessas *performances* poéticas cobrissem o rosto com borra — justamente o refugo da fabricação do vinho em tal período do ano — aponta para as mesmas associações (Hor. *Ars* 277; Euanthius, *De fabula* 1.2).

Essas informações parecem indicar que tanto a tragédia quanto a comédia teriam tido no interior da Ática — e mais especificamente na

Icária — um mesmo local de origem ou de aperfeiçoamento. Tal teoria está presente no que afirma Ateneu:

> A partir da embriaguez foi inventada [*heuréthē*] tanto a invenção [*heúresis*] da comédia quanto da tragédia, na Icária da Ática, durante o período de colheita [*trýgēs*]: por causa disso, com efeito, a comédia foi inicialmente chamada de trigédia [*trygōidía*] (Ath. 2.11 Kaibel; 40a-b Gulick).

A mesma teoria subjaz a uma das opções etimológicas apontadas pelo *Etymologicum Magnum* em seu verbete sobre a "tragédia". Diante desses arranjos teóricos é importante ter em mente que, embora Aristóteles postule uma origem diferente para cada um dos gêneros dramáticos (*Poet.* 4.1449a9-15) — pois a tragédia viria dos que conduziam o ditirambo, enquanto a comédia viria dos que conduziam os cantos fálicos —, é possível que essas especulações pós-aristotélicas sobre uma origem comum dos gêneros dramáticos tenham derivado da própria *Poética*, de Aristóteles: no início dessa mesma passagem, o Estagirita afirma que ambos os gêneros teriam sido inicialmente muito simples, afinal tanto a tragédia quanto a comédia teriam surgido "de um primeiro motivo improvisado [*ap'arkhês autoskhediastikês*]". Isso talvez explique a menção por Horácio (*Ars* 276) aos carros sobre os quais Téspis teria transportado seus poemas — carros que figuravam em alguns tipos de pândega [*kômos*], sobretudo em festividades com poesias de escárnio, como as que eram compostas por Arquíloco e Hipônax (embora, até onde se sabe, jamais tenham sido praticadas por Téspis). O mais certo é que haja alguma confusão por parte de Horácio, seja com esses "cortejos pândegos", seja com os "carros navais", presentes em certas representações pictóricas relacionadas ao festival das Antestérias.

A confirmação dessas sugestões é, por ora, impossível diante da fragmentação e da discrepância entre as datas e a confiabilidade das fontes consultadas: os principais autores responsáveis por sugerir a ligação entre Téspis, a Icária e a invenção — ou o aperfeiçoamento — dos gêneros dramáticos (mais especificamente, da tragédia) remontam, no máximo, ao período helenístico, a maioria já estando sob o Império Romano, como Horácio, Virgílio, Plutarco e Ateneu. Apesar disso, o fato de que alguns dados extraídos de fontes tão discrepantes revelem-se relativamente conciliáveis insinua a possibilidade de remontarem, se não a testemunhos contemporâneos do período de que tratam, a uma tradição histórica constituída — com alguma coerência — pouco depois desse período. Nesse sentido, parece seguro afirmar que uma pessoa (ou um grupo delas) introduziu o drama na cidade de Atenas — com a instituição dos concursos trágicos entre os anos de 538 e 528, provavelmente durante a tirania de Pisístrato —, cuja denominação veio a ser Téspis e que teria criado sua poesia a partir de manifestações poéticas típicas do período de fim da colheita (no final do outono e inverno), comuns em vilarejos da Ática, principalmente na Icária (região onde talvez tenha nascido). Além disso, sua inventividade e sua importância para o desenvolvimento da poesia trágica são frequentemente mencionadas nos testemunhos sobre sua vida. Diante disso, os estudiosos colocaram-se as seguintes perguntas: Quais teriam sido as mudanças promovidas por Téspis nessas "manifestações poéticas" anteriores a ele? Como elas teriam sido de fato? Quais suas possíveis origens?

As mudanças que as principais fontes atribuem a Téspis têm relação com a ideia de uma *atuação* individual, entendida como *hypókrisis*, a partir de um ator separado do coro. É o que se deixa entrever na seguinte sugestão de Diógenes Laércio:

> Como antigamente na tragédia primeiro apenas o coro representasse todo o drama, e depois Téspis inventasse um único ator para que o coro repousasse, e Ésquilo, um segundo, e Sófocles, um terceiro — e completasse assim a tragédia —, da mesma forma também o *lógos* da filosofia [...] (D.L. 3.56).

O testemunho do orador Temístio, cuja fonte provável parece ser Aristóteles, concorda em grande parte com essas informações (apesar da discrepância acerca do responsável pela invenção do terceiro ator):

> Mesmo a assinalada tragédia, com seu aparato, seu coro e seus atores, achegou de uma só vez diante do público [*théatron*]? Ou não confiamos em Aristóteles que, a princípio, o coro entrando cantava para os deuses, depois Téspis inventou o prólogo e a fala [*rhêsis*], Ésquilo, o terceiro ator e *ocríbantes* [plataformas], enquanto com relação ao resto das coisas nos beneficiamos de Sófocles e Eurípides? (Themist. *Or.* 26.316d).

Nem sempre é possível discernir as fontes das informações fornecidas por esses autores tardios — talvez uma combinação de escritos aristotélicos e certas histórias mais antigas sobre Téspis, tal como sugerido por Pickard-Cambridge (1962, 78) —, mas elas estão bem afinadas com as tradições que veem nas manifestações trágicas anteriores a Téspis *performances* estritamente corais. Em breve será importante questionar a natureza desses coros, mas por ora convém tentar entender a profundidade da transformação promovida pela separação de um primeiro ator a partir do corpo coral.

Temístio menciona Aristóteles como o responsável pela visão de que Téspis teria inventado tanto o prólogo quanto a "fala [*rhêsis*]" e, embora tal informação não conste em nenhuma das obras supérstites do Estagirita, é possível que se trate de uma citação correta (extraída de uma obra hoje perdida, conservada apenas em fragmentos, como *Sobre os poetas*). Os dados aí mencionados não contrariam fundamentalmente a evolução proposta para o gênero trágico na *Poética*, havendo apenas uma divergência com relação ao responsável pela invenção do terceiro ator: para Aristóteles (*Poet.* 4.1449a17), Sófocles; para Temístio (*Or.* 26.316d), Ésquilo. Nesse sentido, tal testemunho complementa com o nome de Téspis certas lacunas existentes no capítulo 4 do tratado: quando Aristóteles atribui a Ésquilo a responsabilidade por elevar o número de atores de um para dois, ainda que considere a invenção do primeiro ator um mero desdobramento da função do *exárkhōn* [líder] do coro ditirâmbico, não há nenhuma menção à transformação deste *exárkhōn* num *hypokritḗs* [ator] propriamente dito (*Poet.* 4.1448b15). Nesse sentido, parece possível harmonizar a afirmação de Temístio com a teoria aristotélica, confirmando assim a importância atribuída tradicionalmente a Téspis pela introdução de um ator representando uma personagem em interação com o coro. Afinal, se o poeta ateniense for de fato o responsável por essa modificação, explicam-se as várias menções a ele como o verdadeiro inventor da tragédia.

Outra inovação possivelmente relacionada a essa mudança mais elementar envolve a prática de cobrir o rosto. Alguns dos testemunhos sobre isso já foram mencionados e, segundo eles, Téspis teria coberto o rosto com borra de uva (conforme Horácio, Evâncio e, talvez, Dioscórides). A *Suda*, por outro lado, propõe a mais complexa teoria acerca da introdução gradual de diferentes modos de cobertura do rosto a partir das encenações de Téspis (embora não mencione a borra do vinho). Segundo a enciclopédia bizantina:

> Ele foi o primeiro a, cobrindo o rosto [*khrísas tò prósōpon*] com alvaiade [*psimythíōi*], executar uma tragédia, depois com beldroega [*andrákhnē*] cobriu-se [*esképasen*] durante uma apresentação e, depois disso, introduziu também a usança de máscaras [*tḗn tôn prosōpeíōn khrêsin*], preparando-as apenas com linho fino [*othónē*] (*Suda*, th. 282, s.v. Téspis)

Fiando-se nesse testemunho, é possível avançar que Téspis teria feito uma primeira tentativa de cobertura do rosto com um material branco (alvaiade) — e não vermelho ou arroxeado, como no caso do emprego da borra da uva. Na sequência, teria se valido dos ramos e das folhas verdes de uma planta comum (a beldroega), para só desenvolver depois máscaras propriamente ditas, com linho fino. Ainda que a *Suda* — ou as fontes donde extrai suas informações — pareça arranjar numa sucessão cronológica (e artificial) diferentes práticas empregadas em *performances* poéticas originalmente contemporâneas e possivelmente coexistentes, seu testemunho encontra considerável respaldo nas imagens de registros arqueológicos dos dois últimos terços do século VI, tal como indicado por Webster (PICKARD-CAMBRIDGE, 1962, 80).

Não é possível analisar aqui essas imagens a fundo, contudo vale a pena mencionar alguns de seus temas comuns: máscaras barbudas de Dioniso e de sátiros; dançarinos acolchoados [*padded dancers*], representados com o rosto vermelho (possivelmente coberto com borra de uva); homens vestidos como ninfas, representados com o rosto branco (possivelmente coberto com alvaiade ou máscaras de linho). Ainda que estudos recentes sobre a representação pictográfica dessas *performances* miméticas tentem sugerir a possibilidade de que algumas das imagens se refiram à execução de ditirambos, vale notar que, no tocante ao possível emprego de máscaras em ditirambos, a data da principal "prova" em que se baseiam essas propostas é bastante posterior ao período de atividade de Téspis: as figuras vermelhas representando um coro de jovens vestidos com clâmides e os rostos pintados de branco (alvaiade?),

67

dançando em direção a um altar com faixas sobre o qual se vê o busto de um homem barbudo (Dioniso?), encontram-se numa cratera ateniense do início do período clássico (c. 500-450)[2]. Ademais, as alegações de que essa e outras imagens se refeririam a coros ditirâmbicos são ainda controversas demais para que se imponham como prova documental irrefutável na história dos concursos dramáticos.

Em todo caso, as diferentes tradições sobre o emprego de cobertura do rosto por Téspis sugerem de modo inegável seu intuito de promover, num primeiro momento, um distanciamento do ator [*hypokritḗs*] de si mesmo — do próprio rosto e corpo. Na sequência, esse "alheamento de si" favorece uma identificação com a personagem [*prósōpon*] construída por meio da ação dramática ou, ainda, uma identificação com certa identidade social. A mera cobertura do rosto — com borra de uva ou com alvaiade, pouco importa — providencia certo distanciamento, enquanto o emprego da máscara abre a possibilidade para a identificação com alguém diferente — com um outro que se constitui principalmente por meio do próprio drama. Nesse sentido, não é mero acaso que a palavra grega para "máscara [*prosōpeîon*]" tenha uma relação metonímica com a palavra para "personagem [*prósōpon*]", empregada originalmente para designar o sentido mais concreto de "rosto" (CHANTRAINE, 1968, 942): em latim ocorre um fenômeno análogo, ainda que de sentido inverso, a partir da palavra *persona* — a princípio responsável por designar mais concretamente a "máscara", na sequência, "personagem", até finalmente ser empregada para remeter à noção mais abstrata de "pessoa", tal como se dá hoje em português contemporâneo (ERNOUT; MEILLET, 1951, 885).

Estudos recentes sobre a relação entre a máscara, Dioniso e o desenvolvimento da *mímēsis* dramática atentam ainda para o *efeito* que o emprego da máscara tem sobre o público. Não apenas aquele que cobre o próprio rosto é afetado, mas também aquele que o contempla, pois os olhos da máscara — que encaram sempre abertos o que está diante de si — não podem ser evitados, e sua face, com a imobilidade inexorável

---

2. Figuras vermelhas numa cratera, c. 500-450, de Atenas. Basel, Antikenmuseum und Sammlung Ludwig, BS415 (*BAPD* 260).

de sua superfície, é diferente de outras imagens que parecem prontas para mover-se e desviar-se. A máscara traz uma confrontação que atrai o olhar do espectador e o prende em sua manifestação de presença. Em todo caso, independentemente do valor testemunhal de cada um dos autores que designam Téspis como o responsável tanto pela introdução do primeiro ator na tragédia quanto pelo emprego de algum tipo de cobertura do rosto durante sua *performance*, é certo que eles insinuam uma íntima relação entre esses dois eventos e a própria *invenção* da tragédia, entendida como gênero poético dramático e mimético. Não é de estranhar, portanto, que esses mesmos testemunhos mencionem seriamente a possibilidade de Téspis ter sido o verdadeiro *inventor* dessa manifestação poética. Subjacente a essa ideia encontra-se a sugestão de certo vínculo entre poesia trágica — entendida como drama poético — e um processo de mimese: mimese desenvolvida pela atuação [*hypókrisis*] e entendida, a princípio, como alheamento da identidade (pela mera cobertura do próprio rosto), mas, em seguida, como identificação na alteridade (pelo emprego de uma máscara que oferece ao ator a possibilidade de, por meio da ação dramática, tornar-se outro). As consequências disso para o desenvolvimento dos gêneros dramáticos, ainda que nesse momento inicial fossem imprevisíveis, mostrar-se-iam profundas e irreversíveis.

> A maioria dos estudiosos, não importa o quanto eles possam divergir acerca das origens remotas ou imediatas da tragédia de Téspis, provavelmente concordará que, se é possível confiar em alguma das afirmações sobre esse poeta, sua mais acertada realização foi disfarçar [*disguise*] os participantes da *performance*. É difícil imaginar completamente o impacto chocante dessa única inovação técnica, mesmo nos primeiros momentos da primeira *performance*, qualquer que tenha sido sua natureza (HERINGTON, 1985, 96).

Sobre a *performance* do primeiro ator destacado do coro é possível avançar algumas especulações. Ele talvez tenha inicialmente empregado tetrâmetros trocaicos — tal como o *exárkhōn* incorporado por Arquíloco em seu famoso fr. 120 W —, sendo possível que outra inovação proposta por Téspis dissesse respeito a questões métricas (se for lícito aprofundar o que se infere da combinação entre a *Poética* e as palavras de Temístio).

Uma vez que a "fala [*rhêsis*]" mencionada por Temístio como uma das invenções de Téspis seja entendida à luz das considerações aristotélicas, não haverá dúvida do papel desempenhado pelo poeta icário também no tocante a tal mudança:

> Com relação à extensão [*Èti dè tò mégethos*], a partir de histórias breves e de uma elocução ridícula devida ao elemento satírico, transformou-se até alcançar distinção, enquanto a métrica passou do tetrâmetro ao iâmbico. Pois primeiro faziam uso do tetrâmetro, porque a forma da poesia era satírica e associada à dança, mas, quando o diálogo foi introduzido, a própria natureza da tragédia revelou qual era a métrica apropriada; pois, de todas as métricas, a mais apropriada à fala é a iâmbica [*málista gàr lektikòn tôn métrōn tò iambeîón estin*] (*Poet.* 4.1449a19-25).

O fato de que entre os fragmentos de Frínico, um tragediógrafo pouco posterior a Téspis, encontrem-se exemplos de ambos os metros reforça a possibilidade de que tal transformação tenha começado nessa fase de desenvolvimento da tragédia. Ademais, levando em conta o que afirma Plutarco sobre uma prática dos antigos [*éthos ên toîs palaioîs*], segundo a qual o próprio poeta atuava [*autòn hypokrinómenon*] (Plut. *Sol.* 29.4), é provável que Téspis tenha atuado diretamente em suas peças, assumindo o papel de uma personagem que responde ao coro.

Há algumas informações interessantes acerca dos coros possivelmente empregados nessas manifestações poéticas contemporâneas de Téspis. Ainda que não se saiba com precisão o significado da frase de Dioscórides que menciona um período "em que Baco conduzia o triplo coro [*Bákkhos hóte trittýn kat'ágoi khoròn*]" (*A.P.* 7.410) — embora fosse permitido imaginar que se tratasse de uma referência à competição poética já organizada segundo um arranjo em que competiam três tragediógrafos com seus respectivos coros —, outros testemunhos aclaram parcialmente diferentes questões acerca do coro. O trecho da *Poética* destacado acima já sugeria que, a princípio, a poesia da tragédia fora mais associada à dança [*orkhēstikōtéran eînai tèn poíēsin*], tal como a poesia satírica [*satyrikḕn*]. Essa tendência mais coreográfica do que coral e a ausência de personagens (ou atores) — no período da poesia trágica anterior a Téspis — são confirmadas pelo que afirma Ateneu:

Existem alguns que dizem a [dança] *síkinis*[3] ter sido nomeada poeticamente a partir da movimentação [*kínēsis*], esta que, sendo a mais veloz, era dançada por sátiros. Pois não tem caráter esta dança, para que não a torne lenta. Toda poesia satírica antiga foi composta de coros, assim como também a tragédia: por causa disso não tinham atores [*hypokritás*] (Ath. 14.28 Kaibel; 630c Gulick).

As fontes estão de acordo, em linhas gerais, sobre um processo de desenvolvimento da tragédia que — a partir de um arranjo fortemente apoiado na *performance* do coro, embora provavelmente sob a direção de um *exárkhōn* — viu surgir o primeiro ator, ao qual foram acrescentados um segundo e um terceiro (em épocas posteriores), modulando tetrâmetros trocaicos que aos poucos passaram a iambos. Essas informações são reiteradas pelo testemunho tardio de Evâncio, que, ademais, oferece uma série de detalhes interessantes sobre a própria apresentação coreográfica e, em certo sentido, cênica dos dramas poéticos:

> A comédia antiga, como a própria tragédia outrora, era uma poesia simples, como já dissemos, que o coro cantava com um flautista [*cum tibicine*] em volta de altares enfumaçados [*circa aras fumantes*], ora espaçando, ora parando, ora volvendo-se em círculos. [2] Mas primeiro uma única personagem foi tirada dos cantores, a qual respondendo em versos alternados, ou seja, com o coro enriqueceu e variou a música. Então foram inventadas uma segunda e então uma terceira e, na sequência, por autores diversos, um número crescente de personagens, mantos, coturnos, chinelas e outros ornamentos e emblemas da cena, e daí seu modo único (Euanthius, *de fabula* 2.1-2).

Embora as palavras de Evâncio não possam contar como um testemunho acima de qualquer suspeita — na medida em que, tendo sido escritas no século IV E.C., estão muitos séculos distantes dos fatos que pretendem descrever —, suas informações coincidem com o que foi sugerido até agora para as versões mais antigas da poesia dramática, além de fornecerem certos detalhes coreográficos e cênicos interessantes. Se o coro mencionado por Dioscórides tiver se movimentado de fato conforme a descrição de Evâncio, é possível começar a fazer uma ideia das

---

3. Estilo de dança que veio a se tornar característico do drama satírico.

performances protagonizadas por Téspis. Ao que tudo indica, o *aulós* — um tipo de instrumento de sopro, mais próximo do oboé do que da flauta — teria sido empregado desde esses períodos mais recuados da poesia dramática, complementando o elemento musical executado pelo coro, como certas representações pictóricas parecem sugerir e como era usual em tragédias do período clássico. Ademais, a menção a um movimento "*circa aras fumantes* [em volta de altares enfumaçados]" indica um importante elemento espacial. O que parece estar em questão nessa passagem é a presença da famosa *thymélē* em volta da qual os coros cantavam e que se define do seguinte modo, de acordo com o *Etymologicum Magnum*:

> *Thymélē*, a do teatro até hoje, nomeada assim por causa da mesa [*apò tês trapézēs*]: pois sobre ela os sacrifícios [*thýē*] são partilhados, *i.e.*, as oferendas sacrificadas [*thyómena*]. Era a mesa sobre a qual, ficando de pé, cantavam nos campos, quando a tragédia ainda não tinha recebido uma ordem [*táxin*] (*Etym. Magn.* s.v. *thymélē*).

Se é lógico supor que o período anterior ao estabelecimento de uma ordem [*táxin*] da tragédia provavelmente compreende o século VI e as *performances* de Téspis, importa esclarecer a menção de que, "de pé sobre ela, cantavam nos campos [*eph'hês estôtes en toîs agroîs êdon*]". A sugestão parece ser a de que a *thymélē* — ainda que originalmente empregada em funções ritualísticas de sacrifício — funcionaria, nesse contexto, como um palco sobre o qual o coro (ou mesmo o ator) subiria para cantar e recitar seus versos. O esclarecimento de Isidoro de Sevilha (*Orig.* 18.47) acerca da palavra *thymelici* corrobora essa suposição.

Ainda que seja preciso interpretar com cautela esses dados, os testemunhos sugerem a presença e o emprego da *thymélē* desde as mais remotas exibições da poesia trágica, apontando para um possível ancestral daquilo que viria a formar a própria *cena* dramática num período posterior. Tais considerações recebem respaldo parcial ainda de uma sentença anotada por Pólux, em seu *Onomastikón* [*Onomástico*]. Segundo o autor: "O *eleós* era uma mesa antiga sobre a qual, antes de Téspis, alguém subindo respondia [*apekrínato*] os coreutas" (Poll. 4.123). Ainda que a impossibilidade de definir a fonte para tal precisão vocabular com referência a um período bastante recuado no tempo desperte suspeitas (PICKARD-CAMBRIDGE, 1962, 86), o testemunho de Pólux se casa bem com o que é afirmado pelo *Etymologicum Magnum* e por Isidoro. Ademais, suas palavras apontam para um período anterior a Téspis, mencionando que alguém, "subindo [*anabàs*]" sobre um tipo de "mesa antiga [*trápeza arkhaía*]", "respondia aos coreutas [*toîs khoreutaîs apekrínato*]".

A partir desses dados, é possível afirmar o seguinte:

> Se, como é bem provável, Téspis adicionou um único ator a uma *performance* lírica preexistente, e então criou o drama trágico, é muito verossímil que houve um tempo antes de Téspis em que um dos cantores, presumivelmente o líder ou o *exárkhōn*, separou-se do resto e engajou-se num "pergunta-e-responde" lírico com seus companheiros. Aristóteles deve pensar no passo seguinte mais ou menos como a transformação de tal *exárkhōn* num ator interpretando uma personagem definida e dizer (assumindo, como ele faz, que a tragédia originou-se do ditirambo) que a tragédia surgiu do *exárkhōn* do ditirambo [...] (PICKARD-CAMBRIDGE, 1962, 86).

Em muitos dos testemunhos acerca da vida de Téspis encontra-se a sugestão de que ele teria partido dessa "*performance* lírica preexistente", de execução fundamentalmente coreográfica e coral, antes de avançar as próprias ideias responsáveis pela formação de noções miméticas e cênicas. Ainda que não seja necessário acatar inicialmente a sugestão aristotélica de que tais coros se restringissem a execuções do ditirambo, parece razoável supor que Téspis tenha partido de uma tradição poética anterior já dotada de determinados elementos que a tornavam passível de ser posteriormente compreendida como "trágica". Ainda será necessário indagar sobre os possíveis sentidos de tal palavra para caracterizar essa poesia num período tão recuado no tempo, mas primeiramente importa investigar as pistas do que seria e de onde viria essa poesia anterior a Téspis.

2.2. Coros trágicos de Sícion: entre os ritos fúnebres e o culto a Dioniso

Uma interessante passagem do diálogo "platônico" *Minos*, provavelmente escrito na segunda metade do século IV, menciona a preexistência de uma tradição trágica anterior a Téspis. A personagem de Sócrates sugere que uma tragédia difamando Minos, o rei de Creta, teria sido composta em Atenas numa época muito recuada, pois, segundo ele: "A tragédia é antiga por aqui, tendo começado não como julgam a partir de Téspis ou Frínico, mas, se queres saber, descobrirás [*heurēseis*] que é uma invenção [*heúrēma*] bastante antiga desta cidade" (*Minos* 321a). A sugestão óbvia é que, embora existissem tradições segundo as quais a invenção da tragédia remontaria a Téspis ou a Frínico, algum tipo de *performance* anterior a esses poetas pudesse ser compreendida como tragédia (e o fato de que o tema de uma delas fosse a vida do rei Minos — ou de figuras relacionadas a ele, como Ariadne, Teseu e Dioniso — oferece certa orientação do que estaria subentendido como trágico nisso). Ainda que não haja evidências claras de quem teria sido o responsável por essa "invenção bastante antiga da cidade de Atenas", sua possível ligação com Creta indicaria uma futura linha de investigação arqueológica para pensar tal afirmação: cenas envolvendo Teseu, Ariadne e Dioniso — na célebre Dança do Caranguejo — podem desdobrar as sugestões de um envolvimento entre *performances* miméticas e temas afins aos mitos de Creta.

Deixando de lado essa sugestão por ora, vale a pena considerar um filão de testemunhos apontando para uma origem peloponesa da poesia dramática. Nesse sentido, confira-se o que afirma Aristóteles:

> Desse modo, o mesmo tipo de mimetizador que Homero seria Sófocles, pois ambos mimetizam os sérios; em outro sentido, o mesmo que Aristófanes, pois ambos mimetizam aqueles que agem e dramatizam. Donde alguns terem falado que tais composições deveriam ser chamadas poemas "dramáticos" [*drámata*], pois nelas se mimetizam aqueles agindo [*drôntas*]. Por causa disso, também os dóricos reivindicam para si a origem da tragédia e da comédia (enquanto a comédia é reivindicada a uma só vez pelos megáricos daqui, [dizendo] que ela surgiu no momento em que estavam sob regime democrático; e pelos

megáricos da Sicília, pois é daí que advém o poeta Epicarmo, bem anterior a Quiônidas e Magnes; já a tragédia o é por alguns dos dóricos que habitam o Peloponeso), fazendo as palavras significativas; pois declaram nomear eles próprios as aldeias periféricas de *kômas* — enquanto os atenienses as nomeiam "demos" — e que o termo "comediantes" [*kōmōidoùs*] não provém de "estar possuído [*kōmázein*]", tal como é dito, mas porque vagavam entre as aldeias [*kômas*] na condição de degradados de suas cidades; e também porque eles [os dóricos] atribuíam a *poieîn* [fazer] o termo *drân*, enquanto os atenienses *práttein* (*Poet.* 3.1448a26-1448b2).

Ainda que o Estagirita não pareça corroborar explicitamente aquilo que "alguns declaram", a menção a essas alegações na *Poética* pode refletir tanto uma tradição antiga que se fazia reverberar em sua época quanto uma afirmação polêmica inventada posteriormente para questionar a primazia dramática ateniense. Em ambos os casos, a importância dessa informação oferecida por Aristóteles se dá a ver na quantidade de testemunhos antigos — tenham sido eles inspirados pelo tratado poético do próprio filósofo, tenham eles fontes alternativas hoje perdidas — acerca da origem peloponesa dos gêneros dramáticos. Veja-se, por exemplo, o que afirma Temístio, valendo-se de uma dicção que pareceria indicar o emprego de um *tópos* retórico:

> Mas igualmente nada impede algo de, tendo tido início junto de uns, vir a se tornar mais sério junto de outros, já que também a comédia antiga teve início na Sicília — pois de lá eram Epicarmo e Fórmide —, embora indo para Atenas mais belamente se desenvolveu. Também, os poetas de Sícion inventaram tragédias, enquanto os da Ática as aperfeiçoaram (Themist. *Or.* 27.337a).

Essa afirmação — cuja autoridade pode ser a própria *Poética* de Aristóteles, embora a cidade peloponesa de Sícion não seja nominalmente mencionada por ela em sua redação supérstite — encontra reforço em outros testemunhos tardios. O mais completo deles, como frequentemente ocorre para esses assuntos obscuros, está presente na *Suda*:

> Téspis, da Icária, cidade da Ática, trágico: posto como décimo sexto após o primeiro poeta trágico que houve [*apò toû prốtou genoménou tragōidiopoioû*], Epígenes de Sícion, mas, conforme alguns, segundo depois de Epígenes. Outros dizem ele ter sido o primeiro trágico. [...] (*Suda, th.* 282, s.v. Téspis).

A afirmação, embora não explicite de que forma Epígenes teria se consagrado como poeta trágico em Sícion — nem quais desenvolvimentos poéticos ele teria proposto às *performances* de seu tempo para merecer tal título —, reforça uma série de alusões que deverão ser desenvolvidas por quem queira compreender as raízes do drama helênico antigo. Nesse sentido, o mais importante testemunho é aquele que encontramos numa famosa passagem de Heródoto:

> [1] Já nessas coisas, parece-me, esse Clístenes imitava o pai de sua própria mãe, Clístenes, o tirano de Sícion. Pois Clístenes, guerreando contra os argivos, por um lado, fez com que os rapsodos parassem de competir em Sícion devido aos versos homéricos, pois os argivos e Argos são aí muitíssimo hineados; por outro lado, uma vez que havia (como ainda há) na própria ágora dos sicionenses um templo-de-herói [*hērṓion*] de Adrasto, [filho] de Talau, Clístenes desejou expulsá-lo da região por ser argivo. [2] Indo até Delfos, consultou o oráculo sobre a possibilidade de expulsar Adrasto, mas a Pítia respondeu-lhe dizendo que Adrasto era o rei dos sicionenses, enquanto ele próprio era um impiedoso [*leustḗra*]. Como o deus não lhe permitiu aquilo, tendo voltado para trás ficava imaginando um meio para que o próprio Adrasto desejasse se libertar. Assim que lhe parecia tê-lo descoberto, enviou gente para Tebas, na Beócia, dizendo que ele queria introduzir em sua cidade Melanipo, [filho] de Astaco, e os tebanos permitiram. [3] Clístenes, tendo introduzido Melanipo em sua cidade, ofereceu-lhe um santuário no próprio pritaneu e estabeleceu-o então no ponto mais forte. Clístenes introduziu Melanipo em sua cidade (pois também isso é preciso narrar) porque era o mais odiável para Adrasto, posto que ele assassinou seu filho, Mequisteu, e seu genro, Tideu. [4] Depois que lhe designou o santuário, arrebatando os sacrifícios e festividades de Adrasto, deu-os para Melanipo. Os sicionenses costumavam honrar Adrasto muito grandemente: isso porque a região era de Polibo, e Adrastro era filho da filha de Polibo, e Polibo — morrendo sem filhos — deu a Adrasto o comando. [5] Mas, com efeito, os sicionenses honravam Adrasto em outras coisas e até celebravam-no — por seus sofrimentos[4] — com coros trágicos, honrando não Dioniso, mas Adrasto. Clístenes devolveu os coros a Dioniso e o resto da cerimônia a Melanipo (Hdt. 5.67).

---

4. Outra tradução possível da expressão *"pròs tà páthea autoû"* — de acordo com Nagy (1990, 43) — seria *"corresponding to his sufferings* [em conformidade com seus sofrimentos]".

Essa longa passagem é rica em associações que serão pouco a pouco deslindadas pela argumentação. Em primeiro lugar, é preciso notar o reforço à alusão aristotélica de que a tragédia seria originária do Peloponeso. A quantidade de poetas e artistas atuantes nessa região, desde inícios do século VI, sugere um ambiente musical rico e propício para o desenvolvimento de novos gêneros poéticos em Sícion, uma das regiões de povoação mais antiga do Peloponeso. Conforme Pausânias (6.14.9-10), um sicionense apropriadamente chamado Pitócrito teria vencido seis vezes seguidas a competição de *aulós* nos Jogos Píticos. Com relação à cítara, outro sicionense, Lisandro, teria sido responsável por introduzir uma série de inovações técnicas no emprego do instrumento em fins do século VI (Ath. 14.38a Kaibel, 637-38a Gulick). Esses e outros testemunhos apontam que a *pólis*, já no período arcaico, pode ter se tornado uma região de referência para músicos helênicos, fomentando a produção poética não somente por meio da presença de estrangeiros, mas também de poetas naturais da região.

Para os que se mostram céticos com relação à sugestão de que os sicionenses teriam criado o gênero trágico, convém lembrar que uma parte da aristocracia de Atenas da primeira metade do século VI tinha ligações familiares próximas com o tirano de Sícion e sua influente família, conforme relembra com acerto Herington (1985, 84): Mégacles, membro da importante família ateniense dos Alcmeônidas, era casado com a filha de Clístenes, Agarista (Hdt. 6.130-131), fato que torna, mais do que meramente possível, até mesmo provável alguma influência mútua de um ponto de vista político-cultural entre ambas as *póleis*. Esse conjunto de fatores indica que Sícion — por mais imprecisas que sejam as indicações sobre as atividades poéticas nela em curso durante o período arcaico — já seria uma região relativamente tradicional para a execução de *performances* poéticas em meados do século VI, configurando-se como um dos possíveis locais de origem dos gêneros dramáticos sob a forma dos coros trágicos mencionados por Heródoto.

Antes de prosseguir nessa linha de investigação, contudo, convém definir sucintamente o *khorós* [coro], a fim de delinear melhor sua função no dito festival em honra a Adrasto — e, posteriormente, a Melanipo e Dioniso — mencionado pela narrativa herodoteia. Complementando uma definição básica extraída de Calame (1997, 19), seria possível sugerir o seguinte: o coro mélico helênico é basicamente composto de certa quantidade de dançarinos que também cantam, homens ou mulheres, chamados coreutas ou membros do coro, e de um corego responsável por dirigi-los, homem ou mulher (embora mulheres não pudessem desempenhar a função de corego num coro masculino). Vale lembrar que a atividade coral no período arcaico fundamentava-se numa herança cultural da comunidade em que viviam seus participantes, não existindo ainda coros profissionalizados. Muitos são os detalhes passíveis de serem levados em conta por uma análise das *performances* corais entre as diversas *póleis* helênicas, mas as atividades necessariamente executadas por todo coro eram musicais — em suas dimensões tanto corais quanto coreográficas —, compreendendo principalmente o canto, a dança e o acompanhamento instrumental, que faziam parte da poesia mélica (gênero poético que posteriormente foi chamado de poesia lírica).

Além disso, vale a pena considerar o seguinte:

[A] poesia mélica, tal como nos chegou, sob suas diferentes formas, não é — à exceção do ditirambo e da citaródia — uma poesia principalmente narrativa: ela vem do canto. [...] Ligado a uma ocasião precisa de culto ou de ritual, marcado por numerosas intervenções de seu locutor na primeira pessoa, no *hic et nunc* da execução cantada, acompanhado ou executado por um grupo coral, o poema mélico é antes de tudo ação. O poema mélico não se reduz à descrição de uma ação, mas, na medida em que sua enunciação corresponde à ação ritual que ele enuncia, é um ato de palavra. A poesia mélica é então uma poesia "performativa" que, sob essa denominação moderna, poderia englobar poemas iâmbicos e elegíacos: pragmática como todas as formas da poesia grega arcaica e clássica, a poesia mélica se distingue pelo fato de que a execução de cada uma de suas composições corresponde a um ato ritualizado, se não a um ato de culto (CALAME, 1998, 108-109).

É de notar que, levando em conta justamente esse conjunto de características da poesia mélica arcaica em sua manifestação coral, Herington (1985, 20-31) veio a propor suas considerações sobre o caráter de dramatização e autorreferencialidade dramática nas *performances* dos coros mélicos. Essa compreensão, cuja influência entre estudiosos da poesia mélica arcaica foi bastante considerável (mesmo quando não diretamente citada), teve como intuito relativizar as afirmações sobre a "invenção" do drama, minimizando os aspectos de ruptura que a instituição dos concursos dramáticos teria acarretado, em prol de uma abordagem mais compreensiva daquilo que se manifestava como continuidade desde as *performances* poéticas mais antigas registradas nos testemunhos literários e arqueológicos para a cultura helênica.

Em todo caso, é preciso tentar compreender que tipo de coro se encaixaria na ocasião de *performance* aludida pela passagem de Heródoto. Ao que tudo indica, a ocasião seria a de um festival público de caráter cultual, na medida em que "sacrifícios [*thysías*]" e "festividades [*hortàs*]" são explicitamente mencionados (Hdt. 5.67.4). Testemunhos antigos tratam de uma série de coros com funções cultuais que, embora posteriormente atestados, foram executados na região de Sícion e poderiam estar relacionados de alguma forma a isso. O escritor helenístico Semos de Delos, conforme o que afirma Ateneu, traria uma informação a esse respeito:

> Semos, de Delos, diz no livro *Sobre peãs*: "Os chamados *autokábdaloi*, ficando de pé, coroados de hera, executam discursos". Depois eles, bem como seus poemas, foram nomeados iambos. E ele diz: "São chamados *ithýphalloi* os que têm máscaras de bêbados e se coroam, tendo luvas floridas. Eles usam túnicas meio brancas, cingem-se com um véu tarentino até os tornozelos, vão, entrando em silêncio pelos portões, até o meio da orquestra e viram-se para o público dizendo:
> 'Levantai, levantai, espaço
> fazei. Para o deus quer
> o deus direito envigorado
> pelo meio chegar.'
> E os falóforos [portadores do falo]", ele diz, "não usam máscara, mas ficam envolvidos numa grinalda de tomilho e de azinheira sobre a qual sobrepõem uma coroa espessa de violetas e hera; e, vestindo-se com caunacas [mantos pesados], achegam-se, uns vindo da lateral, outros das portas centrais, andando em ritmo e dizendo:
> 'A ti, Baco, acendemos esta música,
> fluindo o simples ritmo com fugaz canção,
> comum, inapropriada a donzelas, de modo algum
> proclamada outrora em cantigas, mas sem mistura
> iniciamos o hino.'

Depois, avançando, ridicularizavam os que escolhessem e ficavam de pé, enquanto o falóforo marchava direto, coberto de fumaça" (Semus *FHG* 4.496 = Ath. 14.16 Kaibel; 622a-d Gulick).

West (1974, 36) sugere que a referência da passagem seria a *performances* remontando pelo menos ao século IV ou III, e — a partir da descrição presente nesse trecho — poderia ser afirmado que elas teriam, por um lado, caráter processional e, por outro, relação com cantos fálicos [*tà phalliká*], tal como aqueles que — muito antigos — ainda existiam no tempo de Aristóteles (*Poet.* 4.1449a10). Uma informação da *Suda* parece retomar esse mesmo texto, mas se restringe a reunir e expor de maneira sucinta as informações vocabulares presentes nele (*Suda, ph.* 58, s.v. *phallophóroi*).

Outro tipo de coro atestado posteriormente na região de Sícion seria aquele cuja descrição encontra-se numa parte do que afirma Pausânias (2.7.5-6) sobre essa *pólis*:

> [5] [...] Depois do teatro há um templo de Dioniso. De ouro e marfim é o deus, e junto dele há bacantes de pedra branca. Dizem que essas mulheres são sagradas e, por Dioniso, ensandecidas. Mas algumas imagens dos sicionenses ficam em segredo: essas, numa única noite de cada ano, eles até o templo de Dioniso a partir do chamado cosmetério transportam e transportam-nas com tochas acesas e hinos locais. [6] Adiante vai a que nomeiam Báqueo [*Bákkheios*] — e que Androdamas, [filho] de Fliunte, assim assentou —, segue então a chamada Libertador [*Lýsios*], que o tebano Fanes trouxe de Tebas, por ordem da Pítia. Fanes veio a Sícion quando Aristômaco, filho de Cleodaio, errando na interpretação do oráculo, veio a errar por causa dele também no caminho de volta ao Peloponeso. A partir do templo de Dioniso andam até a ágora, onde está o templo de Ártemis à direita do lago. E que o telhado desabou é óbvio para quem observa: mas sobre a imagem não podem dizer se foi levada alhures ou de que modo foi destruída ali mesmo (Paus. 2.7.5-6).

Ainda que o autor ateste o evento somente no século II E.C. — ou seja, muito depois do período de desenvolvimento dos "coros trágicos" mencionados por Heródoto para o século VI A.E.C. —, ele tenta conferir-lhe alguma antiguidade ao mencionar Androdamas e Fanes, duas figuras míticas possivelmente relacionadas à introdução dessas estátuas em Sícion. Esses testemunhos não são definitivos no estabelecimento do que seriam as *performances* mélicas corais na região no tempo do tirano Clístenes e do poeta Epígenes, mas são importantes para a definição de um contexto musical bem estabelecido e propício àquilo que se encontra em jogo na presente análise.

A esse respeito, convém fazer aqui um desvio para analisar um breve e influente artigo publicado por Martin West (1989) sobre a cronologia da tragédia ática. Apesar de o estudioso mostrar, com razão, a desconfiança que se deve ter perante algumas datas oferecidas por fontes antigas, ele deixa de depreender justamente o valor sugestivo que essas referências antigas têm para a revelação do imaginário vigente em seu contexto: ele questiona a validade do que Aristóteles, Heródoto, Heráclides e a *Suda* (entre outros) mencionam no que diz respeito à tradição de *performances* trágicas em Sícion, mas não reflete sobre o motivo por que essas fontes aludiriam a essa região do Peloponeso — e à *pólis* dos sicionenses de modo mais específico — em conexão com a tragédia, se não houvesse algo historicamente atestável que os levasse a isso[5]. Por mais duvidosos que sejam os escritos de Heráclides do Ponto (ou suas fontes de Sícion), suas reivindicações necessariamente deveriam estar ancoradas em sinais históricos convincentes para seus contemporâneos, pois, do contrário, a própria ideia de forjar a precedência de uma tradição alternativa não teria valor persuasivo e não faria sentido. Heráclides e suas fontes sicionenses viveram no século IV (WEST, 1989, 252), mas Aristóteles — que também viveu nessa época — teve acesso a registros e inscrições muito mais antigos em suas pesquisas, enquanto Heródoto — que viveu um século antes — certamente teve contato em suas andanças com fontes (orais e escritas) que remontavam a um período muito anterior à instituição dos concursos dramáticos em Atenas. Desprezar esses testemunhos, como se desprovidos de valor histórico, é empregar um ceticismo que pode cegar a pesquisa para pontos importantes de um dado fenômeno.

---

5. A exigência de West parece ser a de que as fontes estejam dispostas em conformidade a uma ideia de *verossimilhança histórica*, ou seja, de forma que não haja arranjos aparentemente organizados (e, por isso mesmo, suspeitos), por exemplo: 535/533, primeira produção de Téspis; 523/520, primeira produção de Quérilo; 511/508, primeira vitória de Frínico.

Isso posto, as considerações tornadas possíveis a partir de uma análise das sugestões contidas nessas fontes prosseguem. Levando em conta o festival público como ocasião de *performance* desses "coros trágicos", talvez seja lícito imaginá-los celebrando Adrasto — "por seus sofrimentos [*pròs tà páthea autoû*]" — por meio de uma espécie de cerimônia fúnebre, recordando a morte e o sepultamento do antigo governante de Sícion, o que, por sua vez, sugeriria que os cantos executados durante a cerimônia seriam *thrênoi* [canções de lamentação]. Conforme um estudioso da mélica arcaica,

[o] enterro dos mortos é sempre uma ocasião para apresentação. No período arcaico isso até podia incluir jogos fúnebres, como se sabe a partir de Hesíodo (*Os trabalhos e os dias* 654-7). Durante o período tardo-arcaico e início do clássico também podia incluir canções encomendadas por grandes poetas profissionais pan-helênicos. O *thrênos* surpreende apenas pela ausência de lamento emotivo. O tom é sombrio, mas varia entre o reflexivo e o consolatório [...] (CAREY, 2009, 30-31).

O testemunho de Heródoto — compreendido como se fizesse referência a esse tipo de cerimônia fúnebre — é um dos principais argumentos aduzidos por Ridgeway (1910, 27-29) para embasar sua teoria de que a tragédia teria se desenvolvido a partir dos cultos aos mortos no Peloponeso. Para isso, o autor se vale também de menções à precedência de danças miméticas na Hélade — testemunhadas pelas representações pictóricas de comastas, em danças e pantomimas —, à importância dos ritos e monumentos fúnebres no período arcaico e mesmo antes disso, bem como ao valor de testemunhos advindos do comparatismo em antropologia, arqueologia e literatura: *Beowulf*, histórias lendárias dos hunos e Shakespeare indicariam a relação entre o culto aos mortos e a origem da tragédia.

O campo da arqueologia — sobretudo no que diz respeito à compreensão das imagens — mudou radicalmente no último século e, ainda que muitas das novas informações pudessem sugerir a importância de *performances* miméticas no Peloponeso, nada indica que essas imagens de comastas e suas pantomimas teriam relação com ritos fúnebres. A discussão sobre a possível relação dessas imagens com simpósios, festivais religiosos e representações miméticas continua aberta e argumentos são aduzidos a partir delas para a defesa dos mais diversos posicionamentos, sem que nenhum consenso pareça efetivamente possível. Em todo caso, a argumentação de Ridgeway sobre a origem do drama trágico nos ritos fúnebres foi desmantelada já há algum tempo por Pickard-Cambridge (1962, 104-107) e encontrou pouco favor desde então: apesar de uma tentativa recente de atualizar tal teoria, por parte de Richard Seaford (1994), mesmo nessa proposta, os ritos fúnebres entrariam apenas como um dos ingredientes responsáveis pela mistura que viria a gerar a tragédia ateniense, já não sendo sua origem primeira.

De uma perspectiva social mais ampla, a importância dos cultos aos mortos deve-se em grande parte à incidência que estes têm para a definição de uma identidade do grupo. Esse é o principal fator para explicar por que razão — depois de um período de caos e perda considerável dos referenciais da comunidade, desde fins do período micênico e durante grande parte da chamada "idade das trevas" — os monumentos funerários aumentaram pouco a pouco em visibilidade e importância. Percebidos como "forma de comunicação social", esses monumentos e as ocasiões fúnebres permitiam a preservação da memória, não apenas do defunto, mas de sua família, além de conectar toda a comunidade em torno de determinado ponto (SOURVINOU-INWOOD, 1995, 144-147).

Certos estudiosos tentam sugerir uma relação fundamental entre os mais antigos cultos dos mortos — ancestrais considerados dignos de honra devido a seu passado glorioso — e os cultos dos heróis, como sustenta com frequência em sua obra Gregory Nagy (1999, 94-117). Para defender essa ideia, o autor emprega seu método habitual: entender a cultura helênica como um sistema coerente, em que as constantes *performances* de poemas tradicionais — sobretudo nos períodos arcaico e clássico — garantiriam a possibilidade de uma abordagem sincrônica de fenômenos historicamente muito afastados. Em que pese o mérito de inúmeras análises pontuais propostas pelo estudioso, tentar relacionar etimologicamente itens de um léxico constituído ao longo de muitos séculos, postulando a coerência sistemática de seus sentidos e suas continuidades, para com isso afirmar que as epopeias homéricas conteriam rastros de cultos dos mortos reemergindo como cultos dos heróis, é assumir como certo aquilo que é altamente hipotético.

Ainda que no período arcaico — e mesmo clássico — tenha havido certa tendência de se confundirem as figuras de heróis honrados em cerimônias fúnebres com indivíduos históricos — antepassados ilustres de determinadas famílias (DELCOURT, 1992, 41) —, há uma diferença considerável entre essas instituições. Uma delas seria bastante anterior à outra, sendo que o mais antigo culto dos mortos parece ter sido típico da civilização micênica, enquanto o culto dos heróis teria se desenvolvido entre os helenos a partir do período arcaico, e não haveria uma relação genealógica ou de dependência entre essas diferentes formas de culto. Ainda que certos estudiosos recentes sigam as conclusões de Nagy e persistam em sugerir uma transformação gradual dos cultos aos mortos em cultos aos heróis, como é o caso de Seaford (1994, 115), a maior parte de estudiosos da religião — como Burkert (2011, 313-314) e Bremmer (2006, 15) — nega categoricamente que um tenha se desenvolvido a partir do outro.

Depois de chamar a atenção para a importância que a poesia épica parece ter tido na disseminação das figuras dos heróis e de seus cultos, Burkert (2011, 313) afirma:

> Na realidade o culto aos heróis não é um culto aos ancestrais; ele envolve uma presença efetiva e não uma linha de "sangue" ao longo das gerações, mesmo quando seus antepassados naturais podem reclamar honras heroicas. Como desde cerca do ano 700 o exército da *pólis*, a falange hoplítica, torna-se determinante no lugar da cavalaria nobre, o culto comunitário dos "heróis da terra" torna-se expressão da solidariedade do grupo.

É curioso notar que nem Homero nem Hesíodo sugerem explicitamente a existência de cultos a heróis, embora pareça certo colocar seus versos hexamétricos entre os fatores que propiciaram esses cultos e os disseminaram no território helênico. Se, por um lado, o fato de que os próprios heróis participassem dos enredos homéricos poderia dificultar uma menção explícita nesse sentido — uma vez que seria necessário chamar a atenção para o momento mesmo do canto em contraposição ao tempo mítico da épica —, por outro, Hesíodo não se vale do culto aos heróis para salientar a distância existente entre a geração desses e a própria geração, a de ferro no mito das idades: tal estratégia poderia ter sido facilmente empregada para ressaltar as diferenças que a passagem deseja sugerir (*Os trabalhos e os dias* 173-201). Como se vê, embora certas explicações pudessem ser avançadas para que se compreendesse o silêncio desses poemas épicos arcaicos acerca da instituição do culto aos heróis, outras poderiam problematizar ainda mais esse silêncio.

Apesar dessa ausência de explicitação entre os que são considerados os mais antigos poemas helênicos, os cultos heroicos parecem ter deixado pistas de sua existência desde o período arcaico. Conforme uma estudiosa do assunto:

> Em todos os lugares, os heróis tinham pequenos santuários locais que se passavam frequentemente por suas sepulturas. Uma lei de Drácon [Porfírio, *Da abstinência da carne dos animais* 4.22] ordena, mais ou menos em 620, honrar ao lado dos deuses os heróis locais, "de acordo com os costumes dos ancestrais", o que atesta práticas bem mais antigas. Esses cultos tinham um caráter ao mesmo tempo religioso e cívico, o que faz com que entrem facilmente em rivalidade uns com os outros. Bastava uma aliança rompida para que uma cidade banisse com fulgor um herói que ela tinha adotado em tempos mais apaziguados (DELCOURT, 1992, 39).

O caso relatado por Heródoto parece encaixar-se precisamente nessa categoria. Os "coros trágicos" mencionados pelo historiador de Halicarnasso estariam, portanto, relacionados a esses eventos de ordem cívico-religiosa característicos do período arcaico que eram as festividades e sacrifícios em honra aos heróis e às divindades. Segundo Burkert (2011, 311), santuários dedicados a heróis existiam desde fins do século VIII, já que em monumentos a partir desse período se vê atestada a presença de tumbas — chamadas *hērôon* — que se destacam de sepulturas usuais por meio de demarcações, sacrifícios e oferendas, além de — algumas vezes — construções fúnebres especiais.

As causas mais gerais para esse tipo de mudança social são múltiplas e complexas, estando profundamente imbricadas com o desenvolvimento da *pólis* e afetando-o, mas um estudioso francês de fenômenos poéticos característicos do período arcaico tentou sintetizá-las com as seguintes palavras:

É com efeito no momento preciso em que as estruturas sociais sofrem uma mudança profunda — no momento preciso em que se assiste ao alargamento e à conversão do poder real [*royal*] (depois aristocrático) na instituição da *pólis* — que surgem os cultos funerários centrados nos representantes desse poder real [*royal*], ou seja, os heróis. No momento então em que os senhores das idades obscuras cessam de deter o poder real [*réel*] é que se empreende constituir ritualmente a realeza e afirmá-la para assegurar a coesão do corpo de cidadãos, em particular em sua função guerreira. As motivações do surgimento do culto aos heróis devem então ser procuradas nas modificações responsáveis por afetar a composição do grupo que assume as funções política e guerreira [...] (CALAME, 1986b, 139-140).

Mas aqui seria preciso especificar quem foi Adrasto como herói e qual sua importância para o estabelecimento da identidade dos sicionenses no período arcaico. Essa relação já é sugerida por uma fonte seguramente antiga: alguns versos do Catálogo das naus, no canto 2 da *Ilíada*. Embora o que esteja em questão nessa passagem seja o comando de Agamêmnon sobre a região, a autoridade real de Adrasto sobre Sícion é explicitamente mencionada (na trad. de Frederico Lourenço): "Os que detinham Micenas, cidadela bem fundada,/ a rica Corinto e as bem fundadas Cleonas,/ que habitavam Orneias e a agradável Aretírea;/ e Sícion, onde primeiro reinou Adrasto [*hoth'Ádrēstos prôt'embasíleuen*] [...]." (*Il.* 2.569-72).

Um estudioso recente, analisando uma passagem de Menecmo de Sícion (*FGrHist* 1131 F 10), sugere a seguinte descrição do herói:

> Filho de Talau, rei de Argos, Adrasto foi obrigado a fugir dessa cidade depois que o Melampodide Anfiarau matou numa *stásis* seu irmão, Prônax, sucessor de Talau, e subiu ao trono; restaurado em Sícion, junto do avô materno Polibo, após a morte deste último, Adrasto herdou-lhe o reino, como narra o próprio Heródoto no trecho examinado (CINGANO, 1985, 32-33).

Ainda que certos detalhes básicos dessa história possam variar conforme as fontes analisadas, importa notar que Adrasto é considerado o legítimo herdeiro do trono de Sícion. Depois de tornar-se soberano, o herói teria se reconciliado com Anfiarau (ao qual oferece em casamento a própria irmã, Erífile)[6], deixado Sícion e se tornado rei de Argos, onde

---

6. Cf. Pind. *Nem.* 9, 16-27; Schol. Pind. *Nem.* 9, 30b; 35b; 35 d III p. 154 sg. Drachm.

acolhe o exilado Polinice (filho de Édipo). Depois do retorno a Argos, os eventos de sua vida estão ligados à dupla guerra combatida entre Argos e Tebas, que é celebrada nos versos da *Tebaida* e dos *Epígonos*. Em ambos os poemas, Adrasto é a figura proeminente da formação argiva: com efeito, é o rei argivo que organiza e guia a primeira e infrutuosa expedição dos Sete contra Tebas, na qual ele é o único a se salvar, fugindo sobre o prodigioso cavalo Aríon[7]. Dez anos depois, Adrasto participa com seu filho Egialeu na expedição dos Epígonos, que consegue expugnar Tebas, mas presencia a morte do filho (o único a perder a vida entre os comandantes argivos)[8].

A partir desse breve resumo é possível ter uma compreensão básica da importância dos sofrimentos do herói Adrasto — sofrimentos tornados proverbialmente conhecidos na Antiguidade, como bem sugere a menção a Adrasto (ou, mais precisamente, à sua "língua melíflua [*glôssan d'Adrástou meilikhógēryn*]") no *priamel* de virtudes tradicionalmente aristocráticas que o fr. 9 G-P = 12 W de Tirteu liga a figuras míticas "negativas" —, em cuja matéria se revela a principal razão para que Heródoto tenha falado de seus "*páthea* [sofrimentos]" como o motivo de uma celebração cultual no festival público em Sícion. A presença e o valor desses sofrimentos de Adrasto certamente eram consideráveis nos poemas do ciclo tebano acima mencionados, como as mais diversas fontes posteriores parecem indicar.

Da perspectiva religiosa, a proteção concedida por um herói cultuado numa *pólis* helênica dependia basicamente do poder que ele detinha em vida, de sua presença numa dada região sobre a qual será capaz de exercer sua influência e da intensidade de seus sentimentos com relação àqueles que ainda estão vivos nessa região. Com relação ao primeiro fator, não há dúvida de que Adrasto seria capaz de oferecer uma proteção considerável a seus cultuadores: rei legítimo de Sícion, submetido a duras provações durante a vida, tem *status* reconhecido pelo oráculo

---

7. Cf. *Il.* 23.346-7; *Theb.* fr. 4 Allen; Schol. ABD (Gen.) *ad Il.* 23, 346, II p. 317 Dind.; Schol. Pind. *Ol.* 6.23ª; 23d, I p. 158 sg. Drachm.; [Apollod.] *Bibl.* 3.6.8.
8. Cf. Pind. *Pyth.* 8.48; Hellan. *FGrHist* 4 F 100; Schol. Pind. *Pyth.* 8.68; 71; 73, II p. 213 sg. Drachm.; Paus. 1.43.1.

de Delfos e culto oficialmente instituído na *pólis*. Com relação ao segundo fator, a presença de sua ossada num santuário — o *hērōion* mencionado por Heródoto (5.67.1) —, no centro de Sícion, garantia que Adrasto teria os meios físicos para exercer sua influência sobre a região. A questão problemática surge justamente com relação ao terceiro fator, qual seja, o tipo de sentimentos de Adrasto e sua intensidade para com os habitantes da região sob sua esfera de influência: na medida em que os sicionenses entram em conflito com os cidadãos de sua região de origem, Argos (sobre a qual ele inclusive reinou, depois de ter deixado seus antigos "súditos"), é certo que o herói já não empregaria sua influência a favor de Sícion, mas sim a favor de seus adversários. Do ponto de vista da crença religiosa, o culto a Adrasto por parte dos sicionenses só poderia ter um resultado prático prejudicial a eles próprios, e isso explica parcialmente a atitude hostil de Clístenes com relação ao culto ao herói argivo.

A explicação de um ponto de vista estritamente relativo à crença religiosa arcaica, contudo, não é capaz de exaurir as motivações para o ocorrido. Em primeiro lugar, porque Clístenes atua em desobediência — se não aberta, pelo menos velada — às prescrições do oráculo de Delfos (Hdt. 5.67.2) e sua atitude deve ter uma motivação que não coincide completamente com a da esfera religiosa. Em segundo lugar, porque teria sido possível — da perspectiva cultual — tentar apaziguar o herói "inimigo" por meio de uma reelaboração de suas honrarias, a fim de obter uma reviravolta em seu posicionamento para que passasse a favorecer a comunidade dos sicionenses (ou evitasse prejudicá-los), tal como sugere um artigo de Visser (1982). Parte da explicação para compreender a atitude de Clístenes deve, portanto, ser buscada alhures.

É fato amplamente reconhecido entre estudiosos do período arcaico que as famílias aristocráticas frequentemente faziam remontar suas origens a heróis e, em última instância, a certas divindades a fim de obter legitimidade e acréscimo em sua esfera de influência. Se for admitido que o mesmo certamente aconteceu em Sícion — como aliás em toda *pólis* helênica —, os aristocratas que por ventura reclamassem a ascendência de Adrasto teriam sofrido um golpe considerável com a decisão de Clístenes, e sua atitude ganha uma dimensão de política interna ainda mais explícita do que o relato de Heródoto pareceria indicar. Outras atitudes do tirano — tal como a substituição dos antigos nomes dóricos das tribos em que se dividia Sícion, com o fito de ridicularizá-las (Hdt. 5.68) — poderiam ser compreendidas nesse quadro de disputas políticas, internas e externas ao mesmo tempo, na medida em que umas implicavam as outras nas mais variadas dimensões da existência: religiosas, poéticas, culturais e econômicas.

Em todo caso, é certo que Clístenes tenta diminuir tanto o valor religioso quanto o valor político de Adrasto sobre a *pólis* de que era o tirano. Suas medidas complementares envolveram não apenas a devolução das *performances* corais antes dedicadas a Adrasto para Dioniso — e os sacrifícios e as festividades para Melanipo —, mas também a interrupção das apresentações de rapsodos dos versos homéricos. Como já sugerido pelo resumo das histórias e fontes relativas à vida de Adrasto, não faria sentido que a expressão "devido aos versos homéricos [*tôn Homēreíōn epéōn*]" fosse uma referência à *Ilíada* ou à *Odisseia* — poemas onde Adrasto aparece pouquíssimo e o nome de "argivos" não é especialmente hineado de forma que destaque Argos do resto das *póleis* helênicas —, mas sim uma referência aos poemas do ciclo tebano (*Tebaida* e *Epígonos*). Assim, Clístenes teria proibido as *performances* rapsódicas em Sícion com vistas a impedir que esses poemas especialmente voltados para o louvor de Argos — seus heróis e habitantes — circulassem livremente e influenciassem o povo em sua atitude para com os adversários de então.

Vale notar que a diferença nos destinos reservados à execução rapsódica dos poemas "homéricos" e à execução coral dos versos mélicos parece indicar uma diferença fundamental entre esses tipos de poesia arcaica. Graziosi e Haubold (2009, 106) afirmam que, se a linguagem tradicional dos poemas épicos, por um lado, oferece-lhes maior estabilidade, por outro, impõe-lhes certa inflexibilidade diante de mudanças contextuais (o que pode fazer com que sejam tratados com atitudes drásticas como a que foi tomada por Clístenes ao suspendê-los completamente). A poesia de natureza mélica, ao contrário, comporta certa margem de adaptabilidade segundo o contexto de *performance*, e é natural que os coros trágicos não tenham sido simplesmente banidos de Sícion, mas incorporados ao culto de outra divindade — isto é, Dioniso —, provavelmente depois de sofrerem algumas adaptações do ponto de vista do conteúdo e, talvez, da forma.

A relação entre poesia e política revela-se claramente em atitudes autoritárias de interferência na cultura — bem como nos cultos — ao longo da história helênica, e a narrativa herodoteia sobre Clístenes é um caso emblemático disso. É de destacar que uma divisão entre as dimensões cultual, poético-cultural e política não é tão claramente definida daquilo que se encontra em relatos históricos de autores helênicos, e o culto dos heróis — como é o caso do culto a Adrasto em Sícion — não poderia ser diferente. Diante desse grau de indeterminação, a presente investigação sobre o papel e a natureza dos cantos corais mencionados por Heródoto talvez devesse passar a indagar sobre o significado da palavra "trágicos", adjetivo com o qual esses coros são qualificados na passagem analisada.

A posição dos estudiosos com relação a esse ponto varia profundamente. Marie Delcourt (1992, 39), por exemplo, acredita que o historiador de Halicarnasso estaria se referindo ao modo como os coros das tragédias contemporâneas a ele seriam executados: grave, triste e seriamente. Por outro lado, Ettore Cingano (1985, 39) sugere a possibilidade de que Heródoto estivesse empregando termos mais antigos, de sua possível fonte de Sícion. Essa opinião repousa ainda na autoridade de Jacoby (1913, col. 439), o pai da crítica às fontes herodoteias, segundo o qual seria provável que o historiador tenha tido acesso "a fontes desconhecidas a partir do tirano sicionense Clístenes [*aus unbestimmter Quelle von dem sikyonischen Tyrannen Kleisthenes*]" e estivesse replicando uma expressão mais antiga. Um último posicionamento — algo radical — diante dessa questão é aquele que Matthew Wellenbach (2015, 134) adota em sua tese sobre o ditirambo. Para esse autor, a expressão "coros trágicos" não sugeriria nenhuma relação formal entre as *performances* corais então executadas em Sícion e a tragédia ateniense, mas seria o resultado de uma tradução cultural, na qual Heródoto estaria colocando em termos compreensíveis a seus contemporâneos aquilo que envolveria nomes e práticas tanto anteriores quanto estranhos a eles. O que leva o estudioso a tentar arruinar os dois entendimentos anteriormente propostos é sua intenção de defender que, por trás da expressão herodoteia, poderia estar presente uma sugestão do próprio Heródoto de entender os ditirambos arcaicos como a possível origem do coro trágico entre os povos helênicos. Em outras palavras, o autor tenta sugerir — por meio de muita especulação que se vale do silêncio das fontes tanto para questionar as sugestões mais evidentes (propostas anteriormente) quanto para desenvolver uma série de argumentos hipotéticos — que Heródoto seria a fonte da teoria aristotélica sobre a origem ditirâmbica da tragédia (Arist. *Poet.* 4.1449a10). Sua argumentação, contudo, constrói-se de forma pouco convincente — em que pese seu bom conhecimento das fontes — e tenta impor ao trecho de Heródoto um significado que só pode ser extraído à luz da leitura do trecho aristotélico, para enxergar no historiador de Halicarnasso o precursor da teoria poética do filósofo: a estratégia de leitura é claramente tautológica e só pode ser executada por meio de um curto-circuito responsável por minar a validade de suas conclusões.

A questão sobre o significado do adjetivo "trágicos" empregado como qualificação dos tipos de coro presentes nas *performances* poéticas de cultos públicos em Sícion deve ser deixada em aberto diante da escassez de detalhes em sua descrição. É certo que algo na forma como vieram a ser descritos esses coros antigos — estabelecidos cerca de um século e meio antes dos escritos de Heródoto — fez com que o historiador os qualificasse como "trágicos": que seu modo de execução fosse grave, triste e sério, ou seja, que sua ocasião de *performance* já contivesse algo dos concursos poéticos posteriormente instituídos em Atenas com o nome de concursos *trágicos* (como querem Delcourt e Dabdab Trabulsi), ou, ainda, que o próprio nome já contivesse a palavra "trágico" desde possíveis fontes mais antigas (como querem Jacoby e Cingano). Posteriormente, os coros executados em Sícion foram transferidos a Dioniso.

A passagem herodoteia oferece um exemplo claro de superposição do culto de um deus ao culto de um herói, conforme um padrão comum em outros lugares na Hélade: conforme Heródoto, em Sícion o culto de Dioniso é *sobreposto* ao culto de Adrasto. Vale observar que essa sobreposição indica — paradoxalmente — a importância dos cultos de heróis, na medida em que neles havia santuários, festividades e cantos considerados dignos de um deus (DELCOURT, 1992, 40). Havia, portanto, elementos coincidentes entre ambos os tipos de culto, seja em seus elementos rituais básicos, seja em sua incidência sobre o cotidiano da comunidade, posto que ambos contribuíam para a formação de uma identidade comum. Ainda assim, inúmeros elementos do ritual indicavam uma diferença de detalhe considerável, na concepção dos próprios helenos, entre o culto olímpico aos deuses e o culto ctônico aos heróis e mortos, tal como indicam diferenças na nomenclatura dos rituais (sacrificar para os deuses é chamado *thyeîn* e, para os heróis e mortos, *enagízein*; o altar de honra daqueles chama-se *bômos*, enquanto o destes, *eskhára*), variações no horário do culto (dia para aqueles, noite para estes) e no tipo de ritual de libação (*spondaí* para aqueles, *khoaí* para estes) e oferenda (para aqueles, por meio da queima dos ossos e da gordura de certos animais, para estes, pela oferenda do sangue e queima da carne)[9].

Assim instaura-se sua relação complementar,

> pois trata-se claramente de uma polaridade na qual um polo não pode existir sem o outro e apenas a partir do outro pode se completar seu próprio sentido. Alto e baixo, céu e terra, constroem o todo. [...] Não há aurora que não tenha sido precedida por uma noite. Assim também estão conectados um ao outro o ritual ctônico e o ritual olímpico. O calendário sagrado começa com a noite e o dia se segue à madrugada; assim os sacrifícios olímpicos seguem logo após os sacrifícios ctônicos prévios. Muitos santuários têm perto do altar e do templo um outro altar para sacrifícios, ctônico, e que no mito é identificado como o túmulo de um herói (BURKERT, 2011, 309).

Há, portanto, diferenças sensíveis entre o culto de um herói e o de um deus. Heródoto afirma que o culto de Dioniso se sobrepôs ao de Adrasto em Sícion, mas isso não significa que Dioniso só tenha chegado a essa região do Peloponeso na época dos eventos relatados pelo historiador sobre a tirania de Clístenes. Ao contrário do que afirmam Ridgeway (1910, 28) e Jeanmaire (1970, 314), nada impede que um culto a Dioniso mais antigo dessa mesma região tenha demorado a ser oficialmente reconhecido — fato que confirmaria o padrão habitual de resistência ao deus, comum a vários dos mitos de fundação dos cultos

---

9. Para mais detalhes, cf. DELCOURT, 1992, 55; BURKERT, 2011, 305-306; NAGY, 1999, 114-115; SEAFORD, 1994, 114. Para uma visão diferente, cf. EKROTH, 1998; BREMMER, 2006.

dionisíacos — até que finalmente viesse a receber de volta os coros trágicos que lhe eram devidos. Aqui é necessário atentar para a estranheza das opções sintáticas e semânticas de Heródoto em sua afirmação:

Mas, com efeito, os sicionenses honravam Adrasto em outras coisas e até celebravam-no — por seus sofrimentos — com coros trágicos, honrando não Dioniso [tòn mèn Diónyson ou timôntes], mas Adrasto. Clístenes devolveu [apédōke] os coros a Dioniso e o resto da cerimônia a Melanipo (Hdt. 5.67.5).

É possível que o verbo *apodídōmi* [devolver; dar de volta], empregado para descrever a ação de Clístenes, tenha sido escolhido até mesmo para atenuar a gravidade do ato do tirano: sua atitude deixa de parecer em ruptura com a tradição de Sícion, mas em consonância com uma tradição religiosa que ele apenas estaria restaurando. Nesse sentido, as decisões políticas de Clístenes seriam representadas sob uma ótica positiva e em conformidade com suas pretensões possivelmente populares — tal como é comum em tiranias —, ainda mais quando se leva em conta o caráter dos cultos dionisíacos.

Nesse sentido, o fato de que o deus beneficiado por essa devolução dos coros trágicos para sua esfera cultual seja Dioniso não é nem um pouco indiferente de uma perspectiva mais eminentemente política. Tal como sugerido quando foram analisados os empreendimentos do tirano de Atenas, Pisístrato, o apelo popular do culto a Dioniso sem dúvida terá sido um fator importante das reformas empreendidas por Clístenes, tirano de Sícion. A assimilação do culto de Dioniso, um deus preponderantemente popular, a uma data religiosa oficial e comemorada com cantos poéticos em que participa grande parte da comunidade propicia um considerável sentimento de coesão social — sentimento imprescindível para a manutenção de qualquer regime apoiado no povo.

2.3. Tiranos e Dioniso: ditirambos de Aríon, coros de golfinhos, Hinos homéricos

No caso de Sícion, em que os coros trágicos foram "devolvidos" a Dioniso — deus habitualmente honrado por meio de um tipo específico de poesia mélica coral, qual seja, o ditirambo —, o sentimento de identidade comunitária criada em torno da figura popular do deus do vinho certamente foi reforçado pela animosidade manifestada contra os vizinhos de Argos, que eles combatiam física e simbolicamente (tanto nos campos de batalha quanto nos santuários e festividades religiosas). Conforme um importante estudioso do ditirambo,

> A função cultual do ditirambo, em conexão com os heróis e com a função criadora de identidade, oferecia múltiplas possibilidades de associação no campo político. Destaca-se, sem dúvida, o fato de que no princípio do século VI o culto dionisíaco vem instrumentalizado politicamente. (ZIMMERMANN, 2000, §12)

Atentando para as nuances políticas de tal período, esse mesmo estudioso sugere — na sequência de seu argumento — de que forma o gênero poético do ditirambo poderia estar relacionado aos cultos religiosos mais populares, responsáveis por assimilar em quadros abrangentes os cultos locais de menor capacidade de integração política:

> Se ora se confrontam ditirambos, culto dos heróis e Dioniso, sobressai o fato de que — ao contrário do culto dos heróis — no ditirambo dionisíaco há um chamado a um grupo mais vasto: a *phylé*, os efebos ou a *pólis*. Prestando-se um pouco de atenção ao fato, isso poderia significar que os tiranos e mais tarde os políticos democráticos subjugaram de modo refinado os cultos locais dos heróis; não os extinguiram, mas os integraram no novo programa das festas e numa nova forma, o ditirambo, subtraindo de tal modo aos nobres locais sua base cultual e, com isso, sua influência cultual sobre a população (ZIMMERMANN, 2000, §14).

A importância de Dioniso para muito do que se encontra em jogo em termos de desenvolvimento poético para esse período — como as várias associações entre o deus, cultos populares e embriaguez — encontra reforço na relação entre ele e as diferentes regiões para as quais são testemunhadas as origens da poesia dramática. Não bastasse o que

2. DRAMA (ANTES DO DRAMA)

já foi sugerido para Atenas, na Ática, e Sícion, no Peloponeso, outro testemunho — de João Diácono, autor de data imprecisa — vem oferecer nova expansão dos horizontes geográficos dessa malha de relações:

Aríon, de Metimna, introduziu o primeiro drama da tragédia [*tês tragōidías prôton drâma Aríōn ho Mēthymnaîos eisḗgagen*], como Sólon em suas elegias anotadas ensinou [*hósper Sólōn en taîs epigraphoménais elegeíais edídaxe*]. Dracon, de Lâmpsaco, diz que o drama primeiramente foi ensinado aos atenienses por Téspis, que poetava (Jo. Diac. *Comentário sobre Hermógenes*).

Levando em conta a visão negativa de Sólon sobre a atuação de Téspis numa tragédia, conforme Plutarco (*Sol.* 29.4-5), seria possível pensar — se o legislador ateniense de fato mencionou, em suas elegias, Aríon de Metimna como o primeiro a introduzir o drama da tragédia (conforme o testemunho de João Diácono) — que Sólon responsabilizava Aríon, em última instância, pelo gênero poético em que muito se mentia despropositadamente. O que mais interessa nesse possível testemunho, contudo, independentemente da restrição que intérpretes modernos tenham desejado lhe impor com base em argumentos filológicos, diz respeito à indicação da figura — algo lendária — de Aríon em relação com a instituição de algum tipo de *performance* cuja descrição dava margem ao emprego da expressão "drama da tragédia [*tês tragōidías ... drâma*]".

A sugestão se vê reforçada por outro testemunho bizantino, cuja precisão em termos de informação é bastante superior:

Aríon, de Metimna, lírico, filho de Cicleu, nasceu na 38ª Olimpíada [628-625]. Alguns o testemunham como discípulo de Álcman. Escreveu cânticos: dois proêmios a poemas épicos. Diz-se ter sido o descobridor do tropo trágico [*tragikoû trópou heuretḕs*] e primeiramente ter instituído o coro [*prôtos khorṑn stêsai*] e ter cantado o ditirambo [*dithýrambon âisai*] e ter nomeado o [que era] cantado pelo coro e ter introduzido sátiros falando em versos [*onomásai tò aidómenon hypò toû khoroû kai Satýrous eisenenkeîn émmetra légontas*] (*Suda*, a. 3886, s.v. Aríon).

Essa passagem prestou-se a diversas leituras de intérpretes interessados nas origens da tragédia. Convém passar em revista alguns dos mais influentes posicionamentos sobre a questão da invenção do ditirambo

95

por Aríon, em Corinto, a fim de avançar na sequência uma interpretação sobre esses testemunhos que se encaixe na presente argumentação[10].

Wilamowitz (1907, 81), por exemplo, sugere que esse ditirambo de Aríon — uma manifestação arcaica da poesia mélica coral — seria o mesmo a que Aristóteles aludiria em sua *Poética* como origem da tragédia, mas afirma que ele deveria ser mimético e, portanto, diverso do ditirambo do período clássico. Ainda que reconheça nesse coro "um canto de festa dionisíaco particularmente orgiástico", a hipótese do filólogo alemão é que o coro de sátiros teria sido responsável pelo surgimento do coro trágico (em Sícion, por exemplo) e, posteriormente, de todo o gênero trágico (em Atenas), enquanto o elemento ditirâmbico arcaico teria sido responsável apenas pelo surgimento do ditirambo clássico. Assim, mesmo admitindo que a origem da tragédia ateniense tenha estado próxima a elementos típicos do culto de Dioniso — qual seja, o ditirambo arcaico —, sua origem verdadeira estaria nos coros de sátiros, os quais, conforme sua argumentação, não seriam dionisíacos.

Por outro lado, Pickard-Cambridge tenta compreender se as informações oferecidas pela *Suda* referem-se a um único tipo de *performance* ou a três tipos diferentes. Depois de algumas considerações, o autor sugere o seguinte:

> Parece muito mais provável que a *Suda* tenha encontrado tradições atribuindo três diferentes coisas a Aríon. Ele inventou o modo musical que foi posteriormente adotado pela tragédia — possivelmente em conexão com algum tipo de "coros trágicos", como se encontra em Sícion; confinou o ditirambo a certa ordem, tornando seus ditirambos poemas com assuntos definidos e nomes; e modificou as danças satíricas, que provavelmente já encontrara existindo, fazendo os sátiros falarem versos (PICKARD-CAMBRIDGE, 1962, 99).

Ainda que essas conclusões delineadas em conformidade com o tom habitualmente cauteloso do estudioso britânico não neguem de

---

10. Um importante testemunho tardio é o de Proclo (*Crestomatia* 43), na medida em que encontra respaldo em fontes dos séculos V e IV, quando afirma: "Píndaro diz que o ditirambo foi descoberto em Corinto [Pind. *Ol.* 13.25], e Aristóteles [*Pol.* 8.7, 1342b7] fala que o inaugurador desse canto é Aríon, quem primeiro conduziu um coro em círculo [*prôtos tòn kýklion égage khorón*]". A questão dos coros circulares será considerada adiante.

todo a possível importância de Aríon para o desenvolvimento da tragédia — na medida em que o "trágico" de seus poemas estaria ligado ao modo musical inventado por ele —, sua proposta viu-se suplementada pelos comentários de Webster. Na nova edição do livro de Pickard-Cambridge (1962, 100), Webster tentou reforçar a importância do papel desempenhado pelo poeta de Metimna no esboço das primeiras *performances* trágicas:

> É possível aceitar com alguma confiança que Aríon fez o ditirambo coral e deu-lhe assuntos heroicos, que ou seus cantores eram chamados de *tragoidoí* ou a canção chamada de *tragikòn dráma*, que ele introduziu sátiros e talvez que sua música de alguma maneira prenunciou a música da tragédia. Provavelmente as diferentes correntes na sentença da *Suda* alcançaram o escritor por meio de diferentes intermediários, mas isso não impossibilita que elas reflitam um único tipo de *performance*, um ditirambo dançado e cantado por homens representando "sátiros" (WEBSTER *in*: PICKARD-CAMBRIDGE, 1962, 100).

Gerald Else (1965, 16-17), empregando um expediente que é característico de sua abordagem mais cética com relação às fontes antigas, questiona fundamentalmente o valor documental do testemunho. O estudioso sugere que a quantidade de informações imprecisas nesse trecho é grande a ponto de torná-lo completamente inútil. Ainda assim, esforçando-se por extrair daí algo aceitável de uma perspectiva crítica, Else (1965, 14-15) indica Aríon como o possível responsável por despojar o ditirambo de seu caráter especificamente dionisíaco e torná-lo — por meio de suas inovações com a escrita e com a titulação — um poema de narrativa heroica.

Em todas essas interpretações ressalta-se a relação entre Aríon e Dioniso, principalmente por meio do hino que é tradicionalmente considerado próprio a esse deus, o ditirambo. Outros testemunhos tardios poderiam reforçar essa relação, como o que se encontra em escólios à peça *As aves*, de Aristófanes:

> 1403. PROFESSOR-DO-CORO-CÍCLICO: ao invés de poeta-de-ditirambos. E é dito que ensinam ciclicamente. Antípatro e Eufrônio em seus [livros] "hipomnemáticos" dizem que o primeiro a instituir coros cíclicos [*phasi toùs kyklíos khoroùs stêsai prôton*] foi Laso; mas os mais antigos, Helânico e Dicearco,

[dizem que foi] Aríon de Metimna: Dicearco em *Sobre os Concursos das Artes das Musas*; Helânico em *Vencedores das Carneias* (Schol. Ar. *Av.* 1403).

Os mais antigos testemunhos citados pelo escoliasta — um deles remontando ao final do século V — indicam Aríon como "o primeiro a instituir coros cíclicos", numa referência justamente ao gênero mélico arcaico representado pelo ditirambo. Embora os estudiosos contemporâneos não sejam absolutamente concordes acerca de uma equiparação simples entre ditirambo e coro circular — preferindo enxergar no *kýklios khorós* uma forma de execução coral *característica* do ditirambo, mas não *exclusiva* dele nem de festivais dionisíacos —, o valor do testemunho que liga Aríon à primeira instituição de ditirambos é considerável.

Essas informações são reforçadas ainda por um testemunho antigo — muito famoso e recorrente em discussões sobre o ditirambo arcaico — cujo valor repousa na autoridade de Heródoto (1.23-4), em que pesem os traços fantásticos da narrativa:

23. Periandro era aquele filho de Cípselo que, tendo revelado o oráculo para Trasíbulo, era tirano de Corinto. Para o qual, com efeito, dizem os coríntios — e confirmam-no os lésbios — ter ocorrido em vida uma grande maravilha: Aríon, de Metimna, sendo um citaredo que não ficava em segundo para nenhum dentre os citaredos de então e a primeira pessoa dentre as que nós conhecemos a ter feito e nomeado um ditirambo e a ensiná-lo em Corinto [*dithýrambon prôton anthrốpōn tôn hēmeîs ídmen poiḗsantá te kai onomásanta kai didáxanta en Korínthōi*], ter sido portado sobre um golfinho até o Tênaro.
24. [1] Dizem que esse Aríon, tendo passado grande parte do tempo junto de Periandro, teve vontade de navegar para a Itália e para a Sicília. Tendo acumulado grandes riquezas, desejou retornar a Corinto. [2] Partiu naquele momento de Tarento e, não tendo maior confiança em ninguém que não nos coríntios, contratou um navio de homens coríntios. Eles, uma vez no mar, planejaram jogar Aríon fora do navio e tomar suas riquezas. Percebendo isso, rogou para se apossarem das riquezas, mas lhe poupassem a vida. [3] De modo algum, contudo, foi capaz de persuadi-los e os marujos ordenaram-lhe matar-se — para que fosse sepultado em terra — ou a atirar-se no mar imediatamente. [4] Aterrorizado por não ter saída, Aríon suplicou-lhes — uma vez que por deliberação deles as coisas certamente seriam assim — para exibir-se em traje completo e, de pé no tombadilho, cantar: uma vez tendo cantado, prometia dar cabo de si. [5] E, como haveria prazer para eles se viessem a escutar o melhor aedo dentre todas as pessoas, afastaram-se da popa e foram para o meio do navio.

Vestindo traje completo e segurando a cítara, ficou de pé no tombadilho e executou um nomo órtio. Terminado o nomo, atirou-se para o mar ele próprio, tal como estava, com o traje completo. [6] Dizem que, enquanto aqueles navegaram até Corinto, um golfinho o transportou sobre si até o Tênaro. Desmontando aí, ele avançou até Corinto com o traje e, chegando lá, relatou todo o ocorrido. [7] Periandro, por desconfiança de Aríon, manteve-o em custódia para não se livrar de modo algum, enquanto tratava de cuidar dos marujos. Assim que então eles apareceram, tendo sido convocados a reportar se algo diriam sobre Aríon, disseram aqueles que estava saudável Itália afora e que o haviam deixado bem de vida em Tarento. Surgiu para eles então Aríon, tal como estava ao lançar-se do navio e eles — tomados de temor — já não mais ousaram negar o opróbrio. [8] Essas coisas dizem atualmente os coríntios e os lésbios, e Aríon tem uma estátua de bronze não muito grande no Tênaro de uma pessoa montada sobre um golfinho (Hdt. 1.23-4).

O testemunho herodoteio é, mais uma vez, cheio de implicações para aquilo que tem sido desenvolvido pela presente argumentação e será desdobrado pouco a pouco naquilo que aporta a várias teorias sobre a origem do drama — em suas relações com o ditirambo. Um primeiro fato digno de nota é que o historiador de Halicarnasso menciona Aríon como o primeiro homem a ter feito um ditirambo [*dithýrambon prôton anthrõ´pōn ... poiḗsantá*], dando-lhe um nome [*onomásanta*] e ensinando-o em Corinto [*didáxanta en Korínthōi*], ainda que restrinja o valor de seu testemunho aos limites do próprio conhecimento ("o primeiro homem dentre os que nós conhecemos [*prôton anthrṓpōn tôn hēmeîs ídmen*]"). Ainda que essas informações reforcem parcialmente o testemunho antes analisado da *Suda* (a. 3886, s.v. Aríon), os intérpretes atentaram para o fato de que Heródoto foi cuidadoso ao evitar a afirmação de que Aríon "inventou [*heúrēke*]" o ditirambo, limitando-se a atribuir-lhe a inovação de nomear como "*dithýrambos* [ditirambo]" sua nova composição coral de uma narrativa heroica (ZIMMERMANN, 2000, §7). Nesse sentido, o citaredo de Metimna teria enquadrado na antiga forma de canto coral típico do culto a Dioniso uma nova manifestação narrativa composta a partir das figuras míticas dos heróis.

A dedução de que Aríon teria composto ditirambos com conteúdo mítico está ligada à discussão do significado do verbo "*onomásanta* [nomear]" no testemunho de Heródoto, que a princípio parece significar que Aríon foi o primeiro a dar títulos aos seus ditirambos, como a tradição posterior de Simônides, Píndaro e Baquílides, de quem há notícias dos ditirambos *Mêmnon* [Simon. *PMG* 539], *Cérbero* [Pi. fr. 70b Maehler] ou *Teseu* [B. 17 Maehler] (OLIVEIRA, 2012, 26).

Essa interpretação tenta evitar a contradição entre o que afirma Heródoto sobre o papel primordial de Aríon na constituição dos coros ditirâmbicos e o fato de que, algumas décadas antes dele, Arquíloco já tinha composto um poema em tetrâmetros datílicos nos quais dizia saber conduzir o adorável canto ao senhor Dioniso, o ditirambo (no fr. 120 W, anteriormente já citado e a ser retomado ainda na sequência da presente argumentação). Conforme os estudiosos do ditirambo, não haveria contradição entre essas afirmações, mas Aríon teria sido o responsável por desenvolver um canto coral tratando de episódios míticos e heroicos em narrativas, tendo partido de uma forma de canto cultual anteriormente cultivada por Arquíloco (ZIMMERMANN, 2000, §7; NOBILI, 2009, 19).

Outro dado digno de nota presente na narrativa de Heródoto, e para o qual atenta Herington (1985, 16) em seu estudo sobre características formais das *performances* poéticas nos períodos arcaico e clássico, é a reiterada menção ao fato de que Aríon, ao longo dos eventos fantásticos ocorridos em sua viagem de retorno a Corinto, sempre esteja "em traje completo [*in all his outfit*]": *sýn têi skeuêi pásēi*. Sugerindo que a execução da citaródia contaria com uma pompa característica do *status* desfrutado por seus praticantes ao longo desse período, o estudioso comenta ser significativo que o único outro trecho em que Heródoto emprega a expressão "em traje completo [*sýn têi skeuêi pásēi*]" seja em sua descrição da roupa cerimonial empregada pelo rei persa, em Hdt. 7.15.3.

Da perspectiva da rede de associações geográficas presentes no trecho do historiador de Halicarnasso sobre Aríon, importa notar também as implicações econômico-sociais de práticas culturais que começavam a ser instauradas em meados do período arcaico, dando continuidade a um movimento iniciado alguns séculos antes ao longo de uma parte considerável da bacia do Mediterrâneo.

Acerca desse trecho, uma estudiosa recente do ditirambo afirmou o seguinte:

2. DRAMA (ANTES DO DRAMA)

A prodigiosa história encaixa-se no padrão narrativo que ecoa teias de comunicação econômica pelo mar. A geografia da biografia de Aríon já conecta três centros de comércio marítimo numa trajetória pelo mar, Metimna — em Lesbos —, Corinto e Tarento. Que ele devesse embarcar especificamente num navio coríntio é emblemático do contexto social em que se desenvolve a história, como é o da navegação regular entre os entrepostos ocidentais da cidade e a Grécia continental, indicando as jornadas imbricadas com diversas cargas viajando em rotas marítimas, tão características do antigo comércio mediterrânico (KOWALZIG, 2013, 33).

Essas interessantes associações estão presentes nos mais diversos testemunhos antigos sobre o poeta de Metimna[11], e seria interessante evocar um trecho especialmente indicativo disso, com implicações poéticas consideráveis para aquilo que ora se sugere. Trata-se do testemunho de Cláudio Eliano, autor romano que escreveu em grego entre os séculos II e III E.C., em sua obra *Da Natureza dos Animais* (12.45):

O quanto a raça dos golfinhos gosta de cantos e de *auloí* pode testemunhar o bastante Aríon, de Metimna, a partir de sua estátua no Tênaro e do epigrama escrito em cima dela. O epigrama é:
"Para os cortejos dos imortais, Aríon, filho de Cicleu,
a partir do mar siciliano, este transporte o salvou."
Um hino de agradecimento a Posêidon, testemunho do amor pela arte das Musas que os golfinhos têm, como se Aríon também para eles tivesse escrito uma recompensa, quitando-se pela vida salva. O hino é este:
"Excelso dos deuses,
Senhor, Tridente-d'ouro, Posêidon,
Treme-terra, ao longo da prenhe água salina.
Com barbatanas em torno de ti, os nadadores animais
dançam num coro circular, com suaves batidas dos pés
levemente balançando-se, narigudos, de rugoso pescoço, velozes
cãezinhos do mar, amantes da arte das Musas,
golfinhos, criaturas marinhas das deusas moças — Nereidas —
as quais gerou Anfitrite. Eles para a terra de Pélops, ao longo do
promontório do Tênaro, transportaram-me quando eu vagava pelo mar
[siciliano

---

11. Outros testemunhos são, por exemplo: Strab. 13.2.4; Hyg. *Astr.* 2.17; Plut. *Septem* 18.160f-162b; Luc. *DMar.* 5 (8); Paus. 3.25.7; Ael. *N. A.* 12.45; Solinus 7.6; Euseb. *Ol.* 40.4.

carregando-me em suas costas arqueadas,
talhando um sulco na planura de Nereu — impercorrível via —, quando
[homens perversos
a mim, da funda e marítima nau,
para o inchaço púrpura-marítimo da água lançaram."
Certamente o amor pela arte das Musas também é próprio dos golfinhos, dos quais se falou acima (Ael. *N. A.* 12.45).

Ainda que o poema seja considerado tardio — por razões de estilo e métrica (CSAPO, 2003, 75) —, a existência de tal tradição em torno a Aríon parece apontar para uma série de fatores socioculturais que podem ser explorados pelo estudioso interessado em compreender melhor o período em que essas histórias lendárias foram criadas e transmitidas. As implicações religiosas e cultuais dessa tradição foram explicitadas com razão por Csapo (2003, 91-92) — num artigo cujas propostas serão retomadas na sequência da presente argumentação —, e a isso seria possível acrescentar ainda aquelas de ordem econômico-social, na linha do que argumenta Barbara Kowalzig (2013, 49).

Como se vê, por trás dos relatos fantásticos envolvendo as viagens marítimas de Aríon e seu resgate incrível no dorso de um golfinho, revela-se uma série de associações relativas às mudanças econômico-sociais de fins do período arcaico, tais como a difusão do comércio marítimo, a ascensão de classes responsáveis por oferecer novos tipos de serviço, o desenvolvimento de um mercado consumidor de produtos culturais — como o ditirambo e o vinho, ambos em suas implicações dionisíacas —, a expansão de cultos religiosos mais populares, entre outras.

Atentando para essas associações, uma estudiosa propõe as seguintes considerações sobre o valor simbólico das lendas em torno da figura de Aríon:

> Sua lenda integra um mito de resistência a Dioniso — o qual está ligado com o suposto estabelecimento do ditirambo coral — em meio aos acasos do comércio mediterrânico. Dioniso regularmente introduz a si mesmo e a seu culto para um grupo de veneração por meio de uma rejeição inicial e de uma aceitação posterior pela comunidade em questão, tal como é mais paradigmaticamente o caso nas *Bacantes* de Eurípides. Uma comunidade local resiste a seus ritos extáticos e expulsa o deus, frequentemente para o mar; sua reemergência e epifania

tipicamente levam à adoção de seus ritos corais pela cidade. Na história de Aríon, os marinheiros do navio, percorrendo sua rota costumeira no que parece ser uma forma de "comércio direto" entre Corinto e o "Novo Mundo", assim que percebem a celebridade da presa em seu navio se transformam no mais oposto extremo representante do comércio mediterrânico: o oportunista pirata que explora a fundo a precariedade da viagem marítima e cujas atividades são tão características da redistribuição mediterrânica quanto os padrões comerciais regulares (KOWALZIG, 2013, 33).

Nesse sentido, vale a pena evocar ainda um hino que provavelmente remonta ao período arcaico e que reforça as associações já sugeridas por inúmeros dos testemunhos acima mencionados. Trata-se do célebre *Hino homérico a Dioniso* (*h.Hom. 7* ou *h.Bacch.*), no qual se constata um padrão muito semelhante ao que foi visto para as narrativas em torno de Aríon e do desenvolvimento do ditirambo — sendo digno de nota que esse hino homérico tenha sido tradicionalmente interpretado como uma versão para os mitos etiológicos sobre o canto ditirâmbico. O ambiente marítimo — conectado com o desenvolvimento do comércio e da pirataria ao longo do Mediterrâneo — é o mesmo, bem como o padrão narrativo: um grupo desejando aproveitar-se de um estrangeiro em situação aparentemente delicada para obter lucro; ausência de respeito diante de valores tradicionais; intervenção de um elemento fantástico em favor de uma violenta manifestação do sobrenatural; punição dos resistentes e estabelecimento de uma nova conduta cultual relacionada a uma modalidade de canto com coros de movimentos cíclicos. Em tradução integral, o *Hino homérico a Dioniso* afirma o seguinte:

[1] Acerca de Dioniso, filho mui célebre de Sêmele,
lembrar-me-ei, como apareceu junto à margem do mar infértil,
sobre um promontório saliente, semelhante a um jovem homem,
adolescente: belos sacudiam em torno os cabelos,
[5] azul-marinhos, e um tecido tinha em torno aos fortes ombros,
purpúreo. Depressa homens de uma nau de bons bancos,
piratas, avançaram rapidamente sobre o víneo mar,
tirrenos — os quais conduzia um mau fado — eles, vendo-o
anuíram uns aos outros, depressa saltaram e, súbito raptando-o,
[10] sentaram-se à sua nau, agraciados no coração.
Pois ele parecia filho de reis alimentados por Zeus

ser e em correntes desejavam acorrentá-lo, dolorosas.
E a ele não detinham correntes, mas as amarras para longe caíam
das mãos e dos pés — e ele sorrindo sentava-se
[15] com olhos azul-marinhos. O piloto, percebendo-o,
logo aos companheiros chamava e dizia:
"Desgraçados, qual é este deus que acorrentastes, capturando-o,
poderoso? Não pode transportá-lo sequer uma nave bem-feita.
Pois ou é Zeus este aí ou arco-de-prata, Apolo,
[20] ou Poseidon, já que não aos perecíveis mortais
é semelhante, mas aos deuses, que têm a morada Olímpica.
Mas eia, deixemo-lo em terra firme negra
logo e não lanceis as mãos sobre ele, para que, em nada encolerizado,
não levante dolorosos ventos e furacão imenso."
[25] Assim falou; a ele o chefe com odiosa palavra reprovou:
"Desgraçado, olha o vento bom e, junto, iça a vela da nau,
toda a parafernália recolhendo; pois este, ao contrário, importa aos homens.
Tenho esperança de que ele chegará ou ao Egito, ou a Chipre,
ou aos hiperbóreos, ou ainda mais longe; até que ao fim
[30] então mencionará os amigos dele e as riquezas todas
e os irmãos, pois para nós lançou-o um nume."
Assim dizendo, içou o mastro e a vela da nau.
Soprou um vento no meio da vela; em torno o cordame
distendeu-se; e depressa apareceram-lhes prodigiosas obras.
[35] Vinho primeirissimamente sobre a veloz nau negra,
suave bebida, jorrava odorosa e levantava-se um odor
ambrosíaco; e aos nautas o estupor tomou, a todos que viam.
Logo, junto da vela distendeu-se uma altíssima
videira, aqui e ali, e suspendiam-se muitos
[40] cachos; em torno ao mastro, enroscava-se uma negra hera,
em flores rebentando, e acima um gracioso fruto erguia-se;
todas as cavilhas tinham coroas; e os que viam,
imploravam já ao piloto que então a nau
da terra achegasse; e ele, para eles leão, apareceu no interior da nau,
[45] terrível, do alto, e fortemente urrava, no meio, então,
uma ursa fez de pescoço peludo, mostrando sinais:
estava enfurecida, enquanto o leão, no alto do convés,
terrível encarava ameaçador. E eles — em direção à proa — temiam,
em torno ao piloto — que tinha o ânimo temperado —
[50] e se punham tresloucados. E ele, de súbito avançando,
pegou o chefe, enquanto os outros, escapando do mau fado,

todos em conjunto passaram, depois do que viram, ao mar divino,
e golfinhos tornaram-se. Do piloto tendo piedade,
preservou-o, pôs-lhe bem-aventurado e disse uma palavra:
[55] "Aguenta, divino Hecátor, agradável a meu ânimo.
Sou eu, Dioniso, altissonante, ao qual pariu a mãe
Sêmele Cadmeia, amalgamada em amor a Zeus."
Salve, prole de Sêmele bem-apessoada! De modo algum é possível,
esquecendo-te, ordenar um doce canto.
(*h.Hom.* 7.1-59)

A leitura integral desse hino demonstra que os paralelos sugeridos entre os eventos narrados por ele e as aventuras de Aríon em alto-mar com os piratas coríntios são significativos para uma compreensão do desenvolvimento dos gêneros poéticos relacionados a Dioniso no período arcaico, ainda mais quando se leva em conta a importância de Corinto para tal. Além das coincidências anteriormente mencionadas — ganância humana pretendendo obter lucro por meio de práticas cruéis; impiedade; intervenção de elementos fantásticos em favor de uma violenta manifestação do sobrenatural; punição dos resistentes e estabelecimento de uma nova prática cultual —, há ainda a sugestão de que ambas as narrativas culminem em epifanias: Aríon aparece [*epiphanênaí*] "em traje completo" — "tal como estava ao lançar-se [do navio] [*hósper ékhōn exepédēse*]" (Hdt. 1.24.7); Dioniso revela-se como deus, filho de Zeus, depois de já "ter feito aparecerem prodigiosas obras [*epháineto thaumatà érga*]" (*h.Hom.* 7.34). Chama a atenção a importância do elemento visual nessas narrativas — com a repetição de inúmeras palavras que remetem à aparência física (bela, fantástica ou aterradora) de tudo que se refere a Aríon e Dioniso —, não sendo de estranhar que os verbos relacionados à visão (*horáō* [ver] e sua forma de aoristo, *eîdon*) cumpram uma importante função nessas narrativas relacionadas à revelação de uma manifestação divina. Conforme a argumentação de um estudioso que vê nos hinos homéricos uma função ritual básica de propiciar a presença do deus, o reconhecimento de Dioniso (quando ele assume formas bestiais e dá início ao castigo dos impiedosos) revela algo que a princípio esteve velado — não apenas dos piratas, mas do público do próprio hino —, presentificando o deus por meio de sua *performance*.

Levando em conta a importância dessa dimensão visual, não é de somenos importância o fato de que certas imagens gravadas em cerâmica no período arcaico tenham sido tradicionalmente interpretadas como representações dos eventos em torno de Dioniso, Aríon, golfinhos, viagens marítimas, piratas e ditirambos. Um estudioso responsável por uma série de análises influentes para a compreensão dessa iconografia — sobretudo em sua relação com *performances* dramáticas no período arcaico (tal como é o caso para o ditirambo arcaico) — afirma o seguinte:

> Não é com frequência o bastante que se pensa no ditirambo como um gênero teatral como a tragédia. Originalmente, uma coreografia coral de dimensão cultual, cantada em procissões ou em sacrifícios em honra a Dioniso, o ditirambo veio a ser associado no século V com o Teatro de Dioniso em Atenas, onde a cada festival das Dionísias vinte ditirambos eram executados por coros de cinquenta homens ou de cinquenta garotos, todos dançando para a música dos *auloí* em círculos em torno do altar de Dioniso (CSAPO, 2003, 70).

Ainda será necessário estudar atentamente as análises que Eric Csapo propõe à iconografia referente a esse gênero poético, principalmente durante o período arcaico, mas por ora convém expandir ainda mais o horizonte de relações existentes entre os gêneros poéticos desenvolvidos nessa época e seus aspectos socioculturais, religiosos e econômicos mais característicos. A sugestão de que as narrativas acerca de Dioniso e Aríon — relacionando viagens marítimas, um mercado comercial interligado em expansão e possibilidades de obter grandes lucros com risco da própria vida — façam parte dos mitos etiológicos do ditirambo pode ser ainda reforçada por uma terceira narrativa: o mito que narra a fundação do santuário de Apolo em Delfos, no *Hino homérico a Apolo* (*h.Hom.* 3.388-517). Ainda que o trecho todo seja longo demais para ser citado na íntegra, vale a pena conferir pelo menos os primeiros versos da passagem em que o mito é narrado:

> E então com efeito em seu ânimo cogitava Febo Apolo
> quais pessoas como sacerdotes iniciaria,
> [390] para servirem em Pitos, pedregosa.
> Isso então revolvendo, percebeu sobre o víneo mar
> uma nau veloz: nela estavam muitos homens e nobres,
> cretenses da Cnossos de Minos, os quais então para o senhor

hão de realizar oferendas e anunciar as disposições
[395] de Febo Apolo, espada d'ouro, aquilo que se diga
vaticinando a partir do loureiro das grutas sob o Parnaso.

Eles — por seus negócios e riquezas na nau negra
para Pilos arenosa e para as pessoas nascidas de Pilos —
navegavam, mas de encontro a eles ia Febo Apolo:
[400] no mar, assomou, em corpo semelhante a um golfinho,
sobre a nau veloz e quedou-se aí, um monstro grande e terrível.
Dentre eles, quem quer que no ânimo cogitasse como percebê-lo,
por todos os lados o sacudiria e estremeceria o lenho naval.
E eles, silenciando-se, na nau sentavam-se temerosos
[405] e não soltavam o cordame sobre a côncava nau negra,
nem soltavam a vela da nau de proa azul-marinho,
mas como primeirissimamente a fixaram com os cabos,
assim navegavam. O violento Noto por trás impelia
a nau veloz: primeiro deixaram Maleia,
[410] junto da terra lacônica, e a uma cidadela coroada de mar
chegaram — região de Hélio, júbilo dos mortais,
Tênaro, onde os rebanhos de lã pesada pastam sempre,
de Hélio senhor, que tem a rejubilante região.
E eles então lá queriam atracar a nau, desembarcar,
[415] observar os grandes prodígios e ver com os próprios olhos
se o monstro permaneceria no piso da nau oca
ou se acometeria de novo às ondas do mar piscoso.
Mas não obedecia ao leme a nau bem-feita
e para além do opulento Peloponeso mantendo-se,
[420] seguia caminho: com o sopro, o senhor arqueiro Apolo
facilmente a dirigia. [...] (*h.Hom.* 3.388-421).

Nesse mito, Apolo assimila a forma de golfinho antes de entrar na nau que pretende desviar de seu caminho a fim de conduzi-la até Delfos para a fundação do próprio santuário. Depois de chegar à região desejada, o deus instrui os marinheiros a acompanharem-no cantando "Ié Peã" (*h.Hom.* 3.500), onde eles se tornarão sacerdotes do novo santuário apolíneo. Conforme outro estudioso que já apontara a relação entre as histórias sobre Aríon, Dioniso e Apolo:

> O *Hino a Apolo* revela uma importante dimensão do padrão que indiscutivelmente informa todas as três histórias, porque explicitamente associa a epifania

de Apolo — em forma de golfinho — com a criação de um gênero coral. As origens da canção coral e da dança são remontadas a um encontro miraculoso com um golfinho ou à transformação de um deus ou de um homem num golfinho (HEDREEN, 2007, 187).

Como se vê, as associações existentes entre esses diferentes mitos do período arcaico e a instituição de novos gêneros poéticos corais — respectivamente o ditirambo para Dioniso e o peã para Apolo — trazem implicações bastante evidentes de ordem cultural, poética e religiosa. A elas poderia ser acrescentado o fato de que cada um desses deuses desempenha um papel fundamental em experiências religiosas extáticas — características de certas manifestações próprias a seus cultos, ainda que possivelmente complementares. Conforme um estudioso que defendeu isso:

> Em Apolo, todo o esplendor dos Olímpicos converge e confronta os reinos do eterno devir e da eterna passagem. Apolo com Dioniso, o líder intoxicado da dança coral da esfera terrestre — isso daria a total dimensão do mundo. Nessa união, a dualidade dionisíaca mundana seria elevada a uma nova e mais alta dualidade, o eterno contraste entre uma infatigável e turbilhonante vida e um permanente e previdente espírito (OTTO, 1965, 208).

Por outro lado, segundo sugestão já avançada anteriormente, subjazem a essas narrativas questões socioeconômicas fundamentais para o período em questão, como a difusão do comércio marítimo por uma extensão geográfica mais ampla, com maior mobilidade de riquezas e criação de novos mercados, além da ascensão de novas classes sociais ligadas a esse movimento. Em todo caso, as coincidências que se evidenciam a partir de um cotejo rápido dessas narrativas envolvendo Aríon, Dioniso e Apolo — para além das possíveis diferenças (que poderiam ser bastante significativas também) — sugerem existir um padrão no imaginário antigo responsável por interessantes representações do mesmo período: as representações pictográficas.

Inúmeras imagens dos séculos VI e V foram interpretadas por especialistas, como o já citado Eric Csapo (2003, 78-95) ou ainda Jeffrey Rusten (2006), com consequências surpreendentes para a compreensão do ditirambo no período em questão. Colocando-se contra as interpretações tradicionais que veriam nessas imagens meras representações pictóricas do mito narrado no *Hino homérico a Dioniso*, Csapo (2003, 80) defende as seguintes ideias: "Para o estudioso contemporâneo, o *Hino homérico* é de grande importância, já que é a mais antiga e completa versão desse mito. Na Antiguidade, contudo, essa versão parece nunca ter sido canônica. As versões literária e artística diferem de modos interessantes". E o próprio estudioso conclui o seguinte: "Os artefatos arcaicos e clássicos relevantes não narram mitos. Eles extraem inspiração da mesma fonte como narrativa mítica. Eles apresentam símbolos — nesse caso, ideias enraizadas no ritual do culto" (CSAPO, 2003, 81)[12].

Ainda que uma análise mais detida dos artefatos arqueológicos pertinentes para a presente discussão deva ser deixada para o capítulo 4, vale a pena parafrasear a síntese que Wellenbach (2015, 47) propõe ao trabalho recente desses autores dedicados a reinterpretar a pintura sem partir de preconcepções filológico-literárias. Em seu trabalho, esses estudiosos sugerem que tais imagens seriam representações de *performances* protocômicas ou, mais precisamente, ditirâmbicas arcaicas. Eric Csapo (2003) foi o primeiro a defender de forma ampla essa ideia, analisando justamente os vasos que representam golfinhos e seus "cavaleiros". Ele documenta a tendência na arte, na poesia, no mito e no culto da civilização helênica de se relacionarem golfinhos com dançarinos prototípicos de Dioniso, e sua conclusão é que esses vasos extraem inspiração de uma matriz cultural — dionisíaca, de dança coral e afim à aparição de golfinhos — para representar *performances* ditirâmbicas. Rusten (2006), por sua vez, deu continuidade ao trabalho de Csapo ao reinterpretar outros vasos representando tipos diferentes de coro animalesco (com ou sem cavaleiros) como evidência de uma linha negligenciada de *performances* ditirâmbicas que se valiam de assuntos não sérios e de elementos humorísticos como sua matéria de excelência.

Analisando o trabalho desses estudiosos — e de outros, como Barbara Kowalzig (2013) e o próprio Matthew Wellenbach (2015) —, seria possível atentar ainda para a frequência com que nessas imagens as

---

12. Esses comentários dizem respeito especialmente às imagens desta cerâmica: figuras negras numa hídria etrusca, c. 510. Toledo, Museum of Art, inv. 82.134 (*BAPD* 1001529).

representações de soldados, normalmente armados e organizados em falanges de disposição hoplítica, sugerem uma relação entre a instituição de coros ditirâmbicos e a organização cívica e militar da *pólis*. O treino para uma boa *performance* coral não pareceria, sob essa ótica, tão diverso daquele que um exército de hoplitas deveria cumprir, quando buscasse atuar com precisão em combate: a novidade tanto na execução de ditirambos quanto na prática guerreira parece ter um papel preponderante de suscitar uma coesão cívica durante grande parte desse período. Que a relação com o consumo de vinho seja detectável nessas mesmas imagens militarescas é um fato que apenas reforça uma associação já sugerida por antropólogos e mesmo por classicistas, tal como sugere Murray (1991, 83).

Esses dados indicam a importância política que a instituição de coros desempenhou durante a maior parte da Antiguidade helênica. Não é por acaso que — tal como aconteceu com Téspis, junto a Pisístrato em Atenas, e com os coros trágicos talvez treinados por Epígenes, perante Clístenes em Sícion — o poeta Aríon parece ter recebido algum tipo de incentivo por parte de Periandro, o tirano de Corinto, uma *pólis* de comércio florescente. Ainda que as fontes não sejam absolutamente claras com relação a esse ponto, a narrativa de Heródoto parece reforçar esse padrão de colaboração entre tirano e poeta também para o caso de Aríon: essas relações simbióticas entre tirania e poesia, desde fins do período arcaico até meados do período clássico, foram estudadas por Gentili (1988, 155-176) e tornaram-se lugar-comum entre muitos dos estudos posteriores sobre o assunto.

As relações aqui sugeridas — entre coros ditirâmbicos, coesão social, reforma hoplítica, mudanças políticas e religiosas, ascensão das tiranias — são reforçadas por um fato que, da perspectiva de uma "arqueologia do drama", é de grande interesse: tendo remontado até um poeta do século VII, cuja área de atuação seria a bacia do Egeu — embora centrada em Corinto —, a investigação pode traçar uma conexão direta entre essa cidade e a Atenas do mesmo período. A informação vem mais uma vez das *Histórias* de Heródoto: Hipoclides, filho de Tisandro, era aparentado [*prosékōn*] aos Cipsélidas, tiranos de Corinto (Hdt. 6.128.2). Que esse Hipoclides tenha sido um dos pretendentes à filha de Clistenes, tirano de Sícion — outra cidade que também reclamava o título de berço da tragédia, como já foi apontado —, é um detalhe importante que se torna ainda mais sugestivo quando se leva em conta a razão "dionisíaca" de seu insucesso final no cortejo a Aglaura, filha de Clístenes: no dia da festividade em que o tirano revelaria a longamente meditada decisão sobre qual dos pretendentes seria escolhido para se casar com sua filha, Hipoclides — destacando-se de todos os outros pela bebedeira — chamou um aulista, dançou sobre uma mesa ao modo lacônio, ao modo ático, e, apoiando a cabeça sobre a mesa, colocou as pernas para cima, gesticulando com elas. Não é de admirar que Clístenes — apesar de sua política favorável a Dioniso — não quisesse como genro um ateniense dado a excessos de vinho, de danças ao som do *aulós* e de desbragada insolência. Em todo caso, esse mesmo Hipoclides será arconte epônimo de Atenas em 566/565, mesmo ano em que supostamente o festival das Panateneias teria sido reorganizado. Se essas informações são verdadeiras, não seria errôneo sugerir uma conexão profunda entre esses diferentes eventos.

Outro dado reforça ainda, e de forma mais profunda, a conexão entre Sícion e Corinto, da perspectiva do culto dionisíaco. Assim como o deus era cultuado em Sícion durante um festival em que uma procissão levava duas de suas estátuas (nomeadas *Lýsios* e *Bákkheios*), conforme Pausânias (7.5-6), o mesmo autor informa o seguinte:

[6] Coisas dignas de menção na cidade [de Corinto] são as restantes ainda dos tempos antigos, embora a maior parte delas tenha sido feita durante o apogeu de uma época posterior. Na ágora — onde está a maior parte dos santuários — há uma Ártemis, de alcunha Efésia, e imagens de madeira [*xóana*] de Dioniso, cobertas de ouro à exceção dos rostos: os rostos foram ornamentados com uma pasta vermelha. Chamam uma de Libertador [*Lýsios*], a outra de Báqueo [*Bákkheios*].
[7] Eu anoto o que se diz das imagens de madeira. Dizem que Penteu fora violento com Dioniso e ousara fazer outras coisas, até o cúmulo de ir ao Citéron para espionar as mulheres, subindo em uma árvore para contemplar o que faziam. Mas elas, ao notá-lo, arrastaram Penteu de volta para o chão e dilaceraram-no ainda vivo, membro por membro. Depois, conforme o que dizem os coríntios, a Pítia aconselhou-os a encontrar aquela árvore e honrá-la juntamente ao deus: por causa disso, fizeram a partir dela essas imagens (Paus. 2.2.6-7).

Essa informação deve ser lida à luz da indicação de que o culto de Dioniso era seguramente ativo em Corinto, desde pelo menos a época dos Baquíades — em meados do século VIII. Segundo uma tradição perpetuada por esses, o nome do fundador da linhagem, Báquis, estava entre a descendência que podia ser remontada ao próprio Dioniso[13]. A rede de associações entre essas importantes figuras do período arcaico apenas reforça o que tem sido aqui sugerido e permite que se defenda o seguinte:

> Em todo caso, parece evidente que os tiranos não introduziram nas cidades o culto de Dioniso, mas ampliaram o alcance daquele já existente, inserindo-o no contexto de festividades pan-helênicas nas quais um papel de primeiro plano era recoberto pela *performance* poética. O caso de Sícion é particularmente interessante, porque — por causa da vizinhança cultural que a liga a Corinto, também no culto de Dioniso — atesta a existência de festividades dionisíacas compreendendo concursos poéticos: o mesmo *background* no interior do qual parece possível inserir também o ditirambo de Aríon e o *Hino a Dioniso* (NOBILI, 2009, 22).

A julgar pelos testemunhos, Aríon — além de ter atuado na Magna Grécia e em Corinto (conforme os eventos narrados por Heródoto) — esteve em atividade frequente também no Peloponeso: Helânico, o historiador do final do século V mencionado pelo escoliasta em *As aves*, de Aristófanes (Schol. Ar. *Av.* 1403), cita seu nome em *Karneonîkai* — uma lista de vencedores das competições poéticas realizadas durante as festas espartanas chamadas Carneias —, fato que pode ligá-lo à mélica coral de Álcman (século VII), como seu pupilo (*Suda, a.* 3886, s.v. Aríon), ou ainda à citaródia de Terpandro (primeira metade do século VII), como seu adversário e competidor (Procl. *Chr.* 45). Em todo caso, sendo ele originário de Metimna, é preciso evocar também sua formação na ilha de Lesbos, em meio a um ambiente vibrante de inovação musical que certamente terá sido fundamental para seu desenvolvimento futuro — assim como para o próprio Terpandro, antes dele, e para Safo e Alceu, pouco depois.

---

13. Cf. NOBILI, 2009, 21. Em nota, a autora indica as seguintes fontes: Schol. Ap. Rhod. 4.1212-1214a; Satyr. *P.Oxy.* 2465, fr. 2 col. ii.

A fim de resumir as múltiplas associações tecidas com base nas narrativas em torno de Aríon — e da fundação de gêneros mélicos corais como o ditirambo e o peã —, levando em conta a rica complexidade desse momento histórico, seria possível recorrer às palavras de uma importante estudiosa sobre o assunto:

> Enquanto reflete um mundo conectado de entrelaçamento musical, social e mudança econômica por todo o Mediterrâneo helênico, a lenda de Aríon é, além disso, central para o desenvolvimento da música helênica mais amplamente. Ela implica a transição para a mercantilização da música e da poesia, ou seja, a sua transformação num objeto de valor e de demanda do mercado. É possível sugerir que isso teria sido o início do desenvolvimento de algo como "música popular", a democratização da música e de sua *performance* que se tornariam tão características da cultura helênica da *performance* no esplendor do século V. Isso, por sua vez, vai de mãos dadas com o deslocamento do ditirambo de um contexto geográfico específico e sua homogeneização num estágio inicial. O ditirambo parece tornar-se uma forma de *performance* "global", um modo musical "transcultural" no interior do mundo helênico, alçando-se além da conexão cívica de um mundo da *performance* em sua conectividade marítima. Longe de estar ligado a uma comunidade particular, ele suplantou formas corais de cultura musical numa região ou *pólis* individual e talvez possa ser nomeado a primeira forma de *performance* deliberadamente helênica (KOWALZIG, 2013, 32).

A partir dessa contextualização geral do ditirambo no período em que Aríon teria estado ativo, cabe a pergunta sobre as mudanças que devem ter se dado nesse gênero poético a fim de tornar possível sua adaptação a essas novas circunstâncias histórico-sociais. Se, por um lado, é lícito admitir que o ditirambo existia numa forma menos desenvolvida antes desse período — e ainda será necessário levar em consideração essa forma mais arcaica —, por outro, é preciso atentar para as nuances pretensamente introduzidas por Aríon na execução de seus ditirambos. Ainda que não seja imprescindível postular a existência de um indivíduo histórico que atendesse pelo nome de Aríon para justificar e compreender as mudanças por que passou o ditirambo em meados do século VII — posto que os testemunhos podem muito bem ter trabalhado com fontes que atribuíam a uma figura lendária os desenvolvimentos efetivamente levados a cabo por uma série de músicos e poetas anônimos nas várias ocasiões de *performance* ao longo de um considerável lapso de tempo —, seria importante considerar as informações que constam nos testemunhos, a fim de harmonizá-las da forma mais coerente possível. Segundo um estudioso do ditirambo,

> o novo conteúdo e a nova forma que Aríon deve ter introduzido no gênero ditirambo consiste no fato de que ele abriu o conteúdo meramente dionisíaco dos ditirambos como cantos cultuais em honra a Dioniso — no retorno da vegetação na primavera — e de que recebeu no gênero histórias mitológicas, histórias de heróis, ou seja, de que ampliou o hino e a *narratio* (ZIMMERMANN, 2000, §11).

Levando essas sugestões em conta, será necessário refletir sobre a forma do ditirambo antes que Aríon propusesse suas modificações — ou seja, antes que esse gênero mélico coral fosse adaptado para suas *performances* em Corinto (e em grande parte do mundo helênico de então), nesse amplo movimento cultural cujas implicações foram bastante profundas para todo o desenvolvimento ulterior dos gêneros poéticos helênicos, principalmente para os dramáticos, como é o caso da tragédia.

2.4. Arquíloco e Dioniso: o ditirambo arcaico, o festival e o *kômos*

Ainda que existam representações pictográficas de coreografias circulares desde os períodos mais recuados da história helênica, é difícil identificar com certeza essas representações a fim de relacioná-las com possíveis *performances* arcaicas de coros ditirâmbicos em círculos, sendo necessário conservar a análise no interior de certos limites hermenêuticos. Nesse sentido, um dos mais importantes testemunhos sobre a *performance* de um ditirambo arcaico encontra-se na vasta obra de Ateneu (14.24 Kaibel; 628a-b Gulick), com o famoso fr. 120 W de Arquíloco:

> Filócoro fala que os antigos, ao libar, não cantam sempre ditirambos, mas, quando libam, celebram — dançando e cantando — Dioniso com vinho e embriaguez, Apolo com tranquilidade e ordem. Pelo menos Arquíloco fala: "pois como liderar a bela canção do senhor Dioniso — o ditirambo — eu sei, minhas vísceras fulminadas pelo vinho."
> E Epicarmo no *Filoctetes* dizia:
> "Não há ditirambo quando bebes água."

Escrito em tetrâmetros trocaicos, os dois versos de Arquíloco são a mais antiga menção ao nome do gênero poético ditirâmbico — ausente das grandes "enciclopédias" poéticas que são os poemas homéricos e hesiódicos (CALAME, 1974, 117) —, constituindo um testemunho de incomensurável valor para a compreensão do gênero. Ainda que o fragmento seja curto, algumas informações básicas podem ser extraídas dele e do contexto em que aparece citado por Ateneu: em primeiro lugar, salta aos olhos a relação entre o ditirambo e o consumo exagerado de vinho, numa quantidade que seja capaz de levar à embriaguez — à "fulminação das vísceras" — a fim de abrir as portas da consciência para a manifestação de Dioniso, divindade honrada pelo ditirambo. O reforço obtido pela citação de um verso do *Filoctetes*, de Epicarmo, escrito pelo menos um século e meio depois de Arquíloco, intensifica a associação, na medida em que sugere sua permanência ao longo de um considerável lapso de tempo.

Em segundo lugar, é preciso atentar para os termos "como liderar... eu sei [*hōs... exárxai... oîda*]", que oferecem uma compreensão básica da própria *performance* dessa "canção [*mélos*]". Há a sugestão de que um líder — um *exárkhōn*, como os que são mencionados por Aristóteles — saiba como conduzir um canto coral numa ocasião de culto ou mesmo de simpósio, provavelmente durante uma procissão. Pickard-Cambridge (1962, 9) acredita que a matéria do canto poderia ser improvisada pelo *exárkhōn*, enquanto um refrão tradicional seria cantado por um grupo de "pândegos [*revellers*]". Zimmermann (1999, 487), por outro lado, embora compreenda esse dístico como um testemunho pré-literário, sugere um possível grau de complexidade na execução dessa modalidade tradicional de canto, uma vez que o poeta afirma orgulhosamente saber executar o papel de um *exárkhōn*, ou seja, de um mestre de coro.

Sobre a palavra *exárkhōn*, tão importante para interpretações do fr. 120 W, convém lembrar que ela aparece literalmente num outro fragmento importante do poeta de Paros. No fr. 121 W, Arquíloco afirma o seguinte: "Eu próprio liderando o peã lésbio ao som do *aulós* [*autòs exárkhōn pròs aulòn Lésbion paiēona*]". Ainda que aqui se trate de outro gênero mélico coral — qual seja, o peã, canto propiciatório e retributivo a Apolo —, o imaginário arcaico em torno dele não é de todo estranho àquele que envolve também o ditirambo — como foi sugerido na comparação entre os mitos etiológicos de cada um deles, nos *Hinos homéricos a Apolo* e *a Dioniso* (*h.Hom.* 3 e 7), respectivamente —, além de provavelmente envolver uma ocasião de *performance* comparável, na medida em que se dá durante uma festividade pública de culto à divindade específica por meio de cantos e músicas (como a menção ao *aulós* indica bem). Ainda que esses gêneros mélicos corais não tenham permanecido como exclusividade de Apolo e Dioniso ao longo de toda a Antiguidade, parece seguro considerar que tenham sido exclusivos deles nos períodos mais recuados, como os respectivos mitos etiológicos (acima mencionados) sugerem. É certo que o peã possui especificidades que diferem das características de uma execução do ditirambo, mas vale a pena atentar também para as semelhanças entre eles.

Em ambos os fragmentos, destaca-se a existência de uma primeira pessoa do singular, de uma *persona* poética que enaltece a própria capacidade de liderar a *performance* do poema. Um importante estudioso da poesia arcaica já mencionado, John Herington, atentou para a utilização dessa primeira pessoa do singular em inúmeros poemas da época e — evitando as armadilhas do subjetivismo característico das abordagens românticas (de matriz hegeliana) da poesia helênica, como algumas das propostas por Bruno Snell, por exemplo — esboçou interessantes desdobramentos a partir daí. Herington parte da constatação de que, mesmo tendo sido compostos num momento anterior à ampla difusão da escrita, vários poemas arcaicos de composição oral teriam sobrevivido na memória popular até virem a ser colocados por escrito (no período clássico ou, mais certamente, no período helenístico sob os auspícios dos filólogos alexandrinos). Segundo o autor, isso só teria sido possível por meio de "re-performances" constantes dos mesmos poemas, mantidos assim vivos por meio da repetição — ainda que sempre *em diferença* — na memória oral dessa cultura da canção.

O argumento do autor avança ainda mais quando ele considera a presença constante da primeira pessoa do singular em grande parte desses poemas retomados em "re-performances" — algo que já estava presente em *Os trabalhos e os dias*, de Hesíodo, por exemplo —, fato que sugere necessariamente um grau de dramatização inicial e, nas "re-performances" consecutivas não mais executadas pelo "próprio poeta", um grau ainda maior de personificação — ou seja, identificação com a *persona* desenvolvida por ele no poema[14]. E a comparação poderia ser estendida à iniciação no "amável dom das Musas [*Mouséēn eratòn dôron*]", fato de que ambos se vangloriam de certa forma em seus poemas.

Sobre a presença da *persona* poética de Arquíloco, notem-se poemas como:

Na lança, para mim, pão sovado; na lança, vinho
Ismárico; e bebo, na lança reclinado.
(Archil. fr. 2 W)

[...] mas vai, com a caneca, através dos bancos da veloz nau
corre e das bojudas jarras arranca as tampas,
toma o vinho tinto desde a borra, pois nós já não mais
sóbrios nesta vigília poderemos permanecer.
(Archil. fr. 4 W v. 6-9)

Em ambos há a presença de uma primeira pessoa — no fr. 2 W, no singular; no fr. 4 W, no plural — que, além de reforçar a associação já suscitada em vários dos poemas aqui analisados entre vinho e poesia no período arcaico, indica que em suas respectivas ocasiões de *performance* o poeta se incorporava à *persona* poética guerreira de Arquíloco — cujo nome, "líder [*arkhí-*] da companhia [*-lokhos*]", traz aristocráticas associações bélicas —, evocando a dramatização de uma situação fática de guerra que pareceria pouco apta à execução frequente e efetiva desses cantos de caráter tão abertamente simposiástico. Ainda que esses poemas deem uma ideia básica do tipo de ocasião em que os cantos arqui-

---

14. O fato de que Hesíodo e Arquíloco fizessem parte do repertório tradicional de um rapsodo no fim do século V e início do século IV (como indicado por Platão, *Ion* 531a1-2; 531c2; 532a5-6) sugere a longa continuidade das execuções de suas poesias, com a consequência de que a primeira pessoa do singular adotada em inúmeras passagens desses poetas necessariamente envolveria algum grau de dramatização por parte dos rapsodos (principalmente quando há autonomeação do poeta no próprio poema). Isso pode ser afirmado mesmo partindo da premissa hipotética — e altamente questionável do ponto de vista das pesquisas contemporâneas sobre composição oral — de que *indivíduos* chamados Hesíodo e Arquíloco teriam composto poemas para se expressar a partir de suas experiências pessoais.

lóquios podem ter sido executados — sugerindo até a possibilidade de celebrações repentinas em meio a bebedeiras informais em momentos de relaxamento durante alguma campanha bélica —, vale a pena retomar aquilo que considerava John Herington ao pensar nas possíveis "reperformances" de poemas como esses:

> Se Arquíloco sentia-se — e tinha o intuito de se fazer sentir por sua audiência — como se incorporasse outra personagem ou simplesmente como o poeta Arquíloco, quando estava executando um poema em que o "eu" não era identificado, essa é uma questão intrigante: tais poemas deveriam ser tomados como marcas autobiográficas, um tipo de *Confissões verdadeiras* do século VII? Essa questão, independentemente de como cada um se sinta inclinado a responder, provavelmente é insolúvel segundo um método estrito. Certo é que qualquer *performance* de tal poema não executada por Arquíloco em pessoa (como as *performances* rapsódicas aparentemente referidas por Heráclito e Platão mais de um e dois séculos respectivamente depois da morte do poeta) será necessariamente uma personificação dramática (HERINGTON, 1985, 54).

Não se pretende oferecer aqui uma interpretação de toda a obra de Arquíloco — nem sequer de cada um desses poemas que acabam de ser citados —, pois o interesse da presente argumentação se concentra no ditirambo arcaico. Assim, o que sobressai desses versos — e que poderia ser reforçado por fragmentos de ditirambos posteriores (como o de Píndaro, fr. 70b Snell) — é a manifestação de um canto enérgico e extático, certamente executado já em meados do período arcaico. Nesse sentido, o ditirambo — e, de forma mais geral, a poesia mélica — revelava-se, em combinação com o vinho, uma forma especialmente eficaz de alterar os estados de consciência do público, distanciando-o de certo modo do *hic et nunc* de suas vidas cotidianas, induzindo-o ao "oblívio das penas" (Hes. *Teogonia* 55) e transportando-o a novos estados de euforia e bem-estar.

Voltando ao fr. 120 W, outra expressão importante para uma compreensão mais profunda do que se encontra em jogo nessas relações é: "as vísceras fulminadas pelo vinho [*oínōi synkeraunōtheìs phrénas*]". O fragmento, empregando o particípio de um verbo que deriva da palavra "*keraunós* [raio]", traz uma provável referência a um evento mítico do nascimento de Dioniso que está, de certa forma, implícito no próprio nome desse gênero poético[15]. O evento é referido em inúmeros poemas e passagens relacionados ao deus, como num fragmento ditirâmbico de Píndaro (fr. 70b Snell), numa passagem da *Biblioteca* de Pseudo-Apolodoro (3.4.3), na *Biblioteca Histórica* de Diodoro Sículo (4.2.3), entre muitos outros, mas é significativo que seja mencionado na abertura da peça de Eurípides, *As Bacantes* (1-9):

> **Dioniso**
> Chego, filho de Zeus, à terra dos tebanos,
> Dioniso, ao qual gerou a filha de Cadmo,
> Sêmele, auxiliada no parto pelo reluzente fogo.
> Cambiando a forma de deus pela mortal,
> achego às correntes de Dirce, à água do Ismeno.
> Vejo o memorial da mãe fulminada,
> ali perto da morada, e as ruínas do palácio
> fumegantes do fogo de Zeus — ainda viva a chama —,
> imortal ultraje de Hera contra minha mãe.

Outras passagens dessa tragédia poderiam ser aduzidas a fim de reforçar a importância da ideia de que o nascimento de Dioniso por meio da fulminação de sua mãe, Sêmele, sob os esplendores radiantes de Zeus, conforme o plano ardiloso de Hera, é fundamental para que se compreenda a própria experiência de contato com essa divindade (por exemplo, *Bacch.* 88-98; 242-4; 519-29). O ato de "ser fulminado [pelo raio]", em seu mimetismo daquilo que teria acontecido com o próprio Dioniso, pode ser compreendido como parte inerente à própria *performance* do ditirambo — à chegada da inspiração poética necessária para conduzir o canto em honra dessa divindade do êxtase báquico:

> É possível deduzir que o domínio da poesia ditirâmbica só pode advir de uma rememoração performativa do nascimento de Dioniso, o que inicia o poeta na revelação do deus Ditirambo. Consequentemente, cantar o ditirambo pressu-

---

15. Segundo o verbete *dithýrambos*, do *Etymologicum Magnum*, além de ser epíteto de Dioniso, o nome "ditirambo" designa o hino em honra a esse deus, "seja por entrar a partir de duas portas [*apò toû dýo thýras baínein*], seja por ter nascido uma segunda vez (a partir da mãe e a partir da coxa de Zeus), de modo a ser o que passou duas vezes pela porta [*ho dìs thýraze bebēkṓs*]".

põe a evocação de, e assimilação a, Sêmele e Dioniso: "tendo sido fulminado pelo raio", o poeta ditirâmbico torna-se, por um lado, como Sêmele, dando à luz Dioniso-Ditirambo; por outro, ele assimila-se a Dioniso, cujo nascimento e manifestação como Ditirambo são causados pelo raio de Zeus. O cantor de ditirambos, se almeja produzir um ditirambo encarado como autêntico em sua inspiração religiosa e poética, deve "ditirambizar-se", ou seja, tornar-se como o deus Ditirambo: a poesia ditirâmbica só pode assumir sua forma se o poeta atravessa um processo de dionisação (LAVECCHIA, 2013, 60-61).

Esse mesmo estudioso sugere ainda as implicações místicas envolvidas na ideia de "ser fulminado por um raio" (LAVECCHIA, 2013, 60-63), mas não é preciso aprofundar essas reflexões aqui. Do que se delineia a partir dos testemunhos relativos a Dioniso, ao ditirambo, ao raio e à embriaguez — além das várias implicações socioeconômicas anteriormente colocadas em relação com a difusão do culto dionisíaco e das *performances* ditirâmbicas ao longo desse período —, sobressai o padrão tradicional de resistência a essas mudanças que o repertório dionisíaco estava aberto a receber em seu seio e a empregar como meio da própria difusão.

O exemplo paradigmático dessas resistências a Dioniso poderia vir da própria tragédia *As Bacantes*, na qual Eurípides representa o destino brutal que aguarda Penteu e Ágave — membros da família real tebana, primo e tia de Dioniso respectivamente — por se oporem de maneira tão impiedosa quanto intransigente ao advento do culto dionisíaco a Tebas. Em que pesem os argumentos sobre os traços deliberadamente arcaizantes empregados pelo tragediógrafo ateniense — a fim, talvez, de remontar ele próprio às origens da tragédia tal como as entendia —, convém notar a amplitude da disseminação desses mitos de resistência a Dioniso, desde relatos do período helenístico até os recuados primórdios da história helênica: na narrativa sobre Icário e a introdução da vinha na Ática ([Apollod.] 2.191-2; Ael. *N.A.* 7.28); no próprio mito sobre Penteu e Ágave, resistindo ao deus (Eur. *Bacch.*); no relato de Heródoto sobre Aríon e os piratas (Hdt. 1.23-4); no *Hino homérico a Dioniso*, em que piratas tentam resistir aos poderes da divindade (*h.Hom.* 7); no mito que Diomedes conta a Glauco, sobre o rei trácio Licurgo, que teria perseguido Dioniso e suas bacantes, na *Ilíada* (6.128-44). Sem mencionar as inúmeras representações pictóricas, será necessário ainda acrescentar um último relato a essa breve lista (que poderia incluir muitos outros): inscrito em mármore no século III, o mito menciona o poeta Arquíloco como responsável pela introdução de um culto dionisíaco em sua ilha natal, Paros, contrapondo-se à resistência inicial de seus concidadãos.

O monumento de Mnesíepes, cuja localização original não pode ser definida com absoluta precisão e certeza, possivelmente foi colocado a princípio no *Archilocheion* de Paros, ou seja, no túmulo monumental de culto heroico [*hērôion*], com fosso ritual [*bóthros*] e altar [*eskhára*], onde Arquíloco era honrado como herói, talvez desde o século VI. Os textos desse monumento foram originalmente publicados por Kontoleon em 1952. Embora o estado das inscrições seja bastante fragmentário, é possível ler na segunda coluna do monumento (E_1II) alguns oráculos dados a Mnesíepes, sancionando a construção do templo com prescrições cultuais específicas, além de certas informações "biográficas". Entre elas há um interessante relato mítico sobre a iniciação poética de Arquíloco, a partir de seu encontro com as Musas, cujo arranjo evoca um evento semelhante narrado por Hesíodo nos versos iniciais da *Teogonia*.

Em todo caso, o que mais interessa à discussão aqui proposta é o conteúdo da terceira coluna (E_1III), cujo texto só se torna relativamente legível a partir do verso 14:

lira
[15] Arquílo[co
no começ[o
durante a festi[vidade
junto de nós[
dizem que Ar[quíloco
[20] improvis[ando
alguns dos c[idadãos
ensinando[
o que havia sido leg[ado
ordenand[o
[25] arauto até P[aros
[?]
e acompan[ha
e dos outros[... prepar-]

tendo cantado os[
[30] os companheiro[s
Dioniso[
espigas de cevada
uvas verdes[
figos mel[ados
[35] ao lúbrico[
Ditas [essas palavras
como as tomaram mal os ouv[intes
muito iâmbico[
não compreend[endo
[40] era dos frutos[
o que foi dito para a[
no julgamento [... não depois de muito]
tempo tornar[em-se ... os homens infirmes]
na genitália. [... ter enviado]
[45] a cidade alguns [mensageiros para consultar o oráculo sobre es-]
sas coisas, o deus [ter dito em oráculo isto:]
"Por que com sentenças inj[ustas
vindes até Pi[to
não há [remédio] antes que[
[50] a Arquíl[oco, servo das Musas, honras sejam ofertadas.]
Proclam[adas essas palavras
lembran[do-se ... dos]
di[tos] daquele[
mui se enga[nand-
[55] Dion[iso"

A partir do que se reconstitui dessa narrativa fragmentária é possível afirmar que Arquíloco — o "muito iâmbico" "servo das Musas" — promove uma *performance* improvisada (talvez nos moldes do que fica implícito em Archil. fr. 120 W), na qual pode ser que coordenasse um coro [*didáxanta*], durante uma festividade em honra a Dioniso, "o lúbrico [*oipholíōi*]" — cultuado com espigas de cevada, uvas verdes e figos melados. A julgar pelo adjetivo "*iambikṓteron* [muito iâmbico]", provavelmente atribuído ao próprio Arquíloco, os cidadãos de Paros não receberam bem o tipo de poesia que ouviam — as menções aos frutos poderiam implicar metonimicamente questões de fertilidade em geral e da natureza em específico, ou, mais provavelmente, revelarem-se metáforas sexuais obscenas — e decidiram puni-lo. Mas a injustiça cometida contra o poeta foi reparada: os cidadãos de Paros foram afligidos por uma enfermidade da genitália e, depois de consultarem o oráculo de Delfos, viram-se constrangidos a restabelecer os cantos de Arquíloco e o culto a Dioniso.

Paula da Cunha Corrêa, em seu estudo sobre a guerra na poesia de Arquíloco, mostra pouco interesse pelas inscrições que aqui se discutem. A estudiosa afirma o seguinte:

> Não há muito o que comentar do início da terceira coluna (E_1III). Parece haver menção a uma festa (17) e algumas citações dos jambos de Arquíloco referentes a Dioniso (31-35). Depois, provavelmente, narra-se em prosa a seguinte lenda e oráculo: os pários, que recusavam uma nova forma de culto a Dioniso que Arquíloco procurava introduzir, ficaram impotentes quando abriram contra o poeta um processo público. Ao consultar Apolo (36-46), souberam que deveriam retirar as acusações contra Arquíloco e respeitar o novo culto (47-50); o que pode ter sido considerado a causa orginária (*aítion*) deste culto dionisíaco em Paros (Parke, 1958, 94) (CORRÊA, 2009, 199).

O desinteresse da estudiosa pelas inscrições presentes na terceira coluna do monumento de Mnesíepes talvez se deva ao enfoque de sua leitura (qual seja, a *guerra* na poesia de Arquíloco)[16], mas aqui convém desenvolver um pouco mais detidamente aquilo que fica implícito nessa passagem. Tal como sugerido na reconstrução obtida diretamente a partir dos fragmentos, Arquíloco parece assumir um papel condizente

---

16. Outras razões poderiam ser aduzidas para explicar a reticência de Corrêa perante a relação entre Arquíloco e Dioniso ao longo de seu livro. Escamotear a presença de Dioniso na obra de certos autores antigos tornou-se um expediente comumente adotado por pesquisadores contemporâneos desejosos de se contrapôr à influência do dionisismo nietzschiano — valendo notar que a autora emblematicamente cita o filólogo/filósofo alemão num momento importante de sua argumentação (CORRÊA, 2009, 69), ainda que somente *en passant*. De modo algo paradoxal, Corrêa avança uma interpretação relativamente "apolínea" da poesia de Arquíloco, clareada do que há de perturbador ou incômodo em seus versos, e, para isso, o ceticismo que emprega ao confrontar as fontes e os testemunhos dos mais diversos períodos lhe oferece meios de colocar em dúvida o escárnio, o riso e a vivacidade proverbialmente dionisíacos dos versos da obra arquilóquia. Sua abordagem antibiografizante é sinal de certa cautela no tratamento dos textos, mas é difícil definir a partir de que ponto o excesso de cautela pode revelar-se uma limitação do horizonte de certas leituras.

com aquele de quem se responsabiliza por treinar e executar uma *performance* coral, relativamente improvisada, num contexto cultual de honra a Dioniso. Essas ideias reforçam a imagem que já havia sido esboçada para o poeta de Paros a partir da leitura do fr. 120 W. Ademais, cumpre observar que o relato sobre a resistência à poesia iâmbica do poeta inscreve-o na mesma linhagem de figuras dionisíacas reprimidas por uma moralidade muito estrita — da qual obtém sua desforra por meio de uma manifestação divina violenta. Essas considerações iniciais, tornadas possíveis a partir da leitura do relato fragmentário da terceira coluna (E_1III), não são de pouca importância para as relações entre Arquíloco, Dioniso, o desenvolvimento do ditirambo e as *performances* mélicas corais — mesmo para o período arcaico, pois, em que pese a posteridade da fonte direta (século III), ela pode remontar a tradições da ilha de Paros consideravelmente mais antigas (PARKE, 1958, 94).

É possível aprofundar ainda mais essas considerações, recorrendo às conexões sugeridas entre ditirambos e *performances* miméticas — a partir das representações de silenos em vasos de cerâmica dos séculos VII e VI —, segundo as especulações de Guy Hedreen:

> Outra afinidade possível entre o ditirambo arcaico e as imagens de silenos é a obscenidade. Na biografia helenística que se ligou a Arquíloco — a partir do santuário ao poeta em Paros —, há traços de um poema de Arquíloco que foi julgado "iâmbico demais" pelos cidadãos de Paros. Apenas a primeira palavra de cada linha do poema ofensivo sobrevive na pedra, mas o que é legível parece quase com certeza ser obsceno. Porque Arquíloco ensinou o poema a um coro (test. 2, col. III, linhas 21-2), ele fica apartado dos iambos do poeta, que não parecem ter sido apresentados por coros (HEDREEN, 2007, 186).

A sugestão é que o ditirambo arcaico poderia também conter traços de obscenidade. Assumindo tal hipótese, esse tipo de *performance* improvisada e lúdica — como presente no fr. 120 W — constituiria o tipo de ambiente perfeito para excessos sexuais e abusos no consumo de vinho, que, embora condenáveis da perspectiva de uma moralidade muito estrita, foram imprescindíveis para o desenvolvimento da sociedade arcaica (como, aliás, de inúmeras sociedades ao longo da história humana). Nesse sentido, seria possível imaginar que a ocasião de *performance* desses cantos executados em honra a Dioniso — desde pelo menos o período em que Arquíloco viveu, mas provavelmente muito antes disso — conteria elementos típicos das procissões e pândegas que recebiam o nome de *kômos*. Segundo a definição de um estudioso da mélica arcaica,

[o] *kômos* era geralmente um tipo informal de celebração, frequentemente (mas não exclusivamente) associado com os grupos de pândegos que iam, sob a influência da bebida, visitar *sympósia* ou cantar os seres amados (de ambos os sexos). Há boa evidência interna de que essas canções eram (frequentemente) cantadas em banquetes de celebração (CAREY, 2009, 31).

O conceito de *kômos* é algo multifacetado e — conforme Steinhart (2007, 212) — poderia contar também, entre seus sentidos, com o de "ditirambo". A sugestão advém de uma consideração desenvolvida a partir da primeira linha dos *Fasti* atenienses — uma inscrição listando vencedores em disputas musicais das Dionísias, cujas informações para os anos entre 473 e 328 sobrevivem (*I.G.* ii^2.2318) —, na qual se afirma que "primeiro houve *kômoi* para Dioniso, então tragédias...". A inscrição indica não apenas a precedência dos coros ditirâmbicos, com relação aos demais gêneros poéticos, na realização do festival do ano de 473 em honra a Dioniso, mas demonstra que esses coros ditirâmbicos podiam ser também chamados *kômoi*. Segundo Steinhart (2007, 212), o substantivo *kômos* seria um nome arcaizante para ditirambo e, aplicando tal lição para a leitura da palavra "*Komios*", inscrita num vaso coríntio representando comastas (do início do século VI)[17], propõe um reforço da ligação entre ditirambo, dançarinos acolchoados, comastas e *performances* miméticas.

O padrão das representações de *performances* processionais dionisíacas que viriam a se desenvolver a partir de fins do período arcaico em diante — representações em que algum mito relacionado a Dioniso era comumente representado — reforça o caráter processional que o

---

17. Figuras negras numa copa coríntia para mistura do vinho, c. 590-575. Paris, Musée du Louvre CA 3004.

ditirambo de Arquíloco provavelmente já trazia em si, sugerindo ainda relações com os comastas e os dançarinos acolchoados representados em festivais em honra a Dioniso — como o que seguramente foi instituído num momento incerto também em Paros. Embora a ilha de Paros não tenha desenvolvido uma produção de cerâmica capaz de legar um testemunho pictográfico desse tipo de mudança, vale a pena lembrar que as imagens produzidas durante esse período na florescente *pólis* de Corinto reforçam essas mesmas associações.

Segundo Gregory Nagy:

> [A] forma coríntia [de ditirambo] está evidentemente relacionada com a forma de cantar e dançar executada pelos "dançarinos acolchoados [*padded dancers*]" representados na pintura de vasos coríntios arcaicos, que trazem não apenas "dançarinos acolchoados" na companhia de golfinhos, mas até "golfinhos acolchoados [*padded dolphins*]". Um tema comparável na pintura de vasos atenienses é a imagem de membros da *performance* coral cavalgando golfinhos (NAGY, 2007, 123).

Essas associações — entre Dioniso, ditirambo e golfinhos — são reforçadas para a poesia de Arquíloco quando se leva em conta um outro monumento que é fonte importante para seus versos: o monumento de Sóstenes. Essas inscrições — provavelmente também dedicadas no templo em honra a Arquíloco, em Paros, por um ginasiarca do início do século I E.C. chamado Sóstenes — trazem informações baseadas nos relatos históricos de um cronista local, Démeas, cuja obra precede a inscrição em cerca de duzentos anos. As peripécias em torno da descoberta e da publicação dessas inscrições são cheias de detalhes dignos de nota (CORRÊA, 2009, 211-213), embora aqui convenha limitar a abordagem a seu texto inicial, que precede o verso de um interessante epodo de Arquíloco:

> [Registrou], pois, Démeas não apenas sobre Pa[ros, mas também]
> [sobre aquilo que foi] executado por Arquíloco e a piedade [acerca de]
> [todos os deuses] de Arquíloco e o [zelo] acerca da pá-
> [tria. Relembr]a todas as coisas executadas pe[lo poe-]
> [5] [ta], muitos e grandes bens
> [...] divulgador disso para[
> [... re]gistra Démeas cada uma [dessas coisas executa-]

[d]as e escritas por Arquíloco conforme [o arcontado]
cada e começa de quando primeiro foi arconte Eur[... donde]
[10] diz que um navio de cinquenta remos dos milésios, embaixadores
tendo tr[azido até Paros]
e, retornando para Mileto, foi destruíd[o no estreito]
de Naxos e se salvou apenas um deles, cujo [nome é Cera-]
no, carregado no lombo por um golfinho, e desembarcan[do no]
[li]to[ral] dos sírios para certa caverna fu[giu e]
[15] de lá de no[vo veio para] a própria terra; mas a c[averna]
até agora e[xiste e, por causa daque]le, Ceranei[o é chama-
[d]a, e[habita Poseídon Hí]pio ne[la, tal]
com[o o poeta compôs del]e uma lembranç[a, dizendo as-]
[sim]: "de c[inquenta homens poupou a Cera]n[o] o Híp[io Poseí-
[20] [don]".

Apesar do estado fragmentário das inscrições que cobrem o monumento, é possível conhecer algo sobre Démeas, suas motivações para registrar a vida e a obra de Arquíloco, bem como detalhes do primeiro evento "público" (de que tinha notícia o próprio Démeas) a ser mencionado pela obra do poeta de Paros. O cronista local explicita que deseja registrar a piedade religiosa e o zelo patriótico de Arquíloco, narrando suas ações e obras, em ordem cronológica (de acordo com uma lista de arcontes), e começa por contar um evento que muito interessa às associações aqui sugeridas para o ditirambo arcaico a partir de poemas e testemunhos relativos ao poeta de Paros: um certo Cerano — a bordo de "um navio de cinquenta remos [*pentēkóntoron*]" que trouxera embaixadores de Mileto até Paros e que, no retorno para Mileto, foi destruído no estreito de Naxos — veio a ser resgatado no lombo de um golfinho, transportado até o litoral dos sírios, de onde pôde retornar para casa. Como se vê, o relato apresenta estranhos paralelos com aquilo que Heródoto narra sobre a vida de Aríon — ainda mais quando se leva em conta a relação que ambos os poetas parecem ter mantido com o ditirambo —, e, antes de propor qualquer interpretação apressada sobre esse fato, convém consultar algumas das leituras propostas a esse trecho inicial das inscrições de Sóstenes.

Certos estudiosos do início do século XX, como Hiller von Gärtringen e Amédée Hauvette, preocuparam-se sobretudo com a crítica histórica das fontes para a narrativa sobre Cerano sem se voltarem tanto para seus ecos intertextuais. Constatando que outras fontes antigas mencionavam, de forma talvez independente, o evento relativo a ele, tais estudiosos concluíam que provavelmente Démeas teria partido do verso de Arquíloco para desenvolver os traços gerais dessa narrativa fantástica, cujo cunho histórico seria altamente duvidoso (HAUVETTE, 1905, 9-11)[18].

Estudiosos mais recentes, por outro lado, atentaram para a importância das coincidências entre os relatos de Arquíloco e Heródoto, sugerindo considerações que incidem diretamente sobre o contexto histórico em que circulavam as tradições poéticas em questão. Anthony Podlecki, por exemplo, sugere — partindo de reflexões históricas sobre a política externa de Paros, Naxos e Corinto à época de Arquíloco — que o poeta não teria tido relações estreitas com nenhum dos principais santuários apolíneos de então: sua poesia estaria em oposição aberta não apenas à ilha de Naxos (vizinha e inimiga de Paros no Egeu) — responsável por apoiar o santuário de Apolo na ilha de Delos —, mas também à *pólis* de Corinto — responsável por apoiar o santuário de Apolo em Delfos. A oposição específica a Corinto, segundo Podlecki, estaria subjacente às "coincidências" entre os relatos sobre Arquíloco e Aríon, sendo motivada antes por um sentimento de competição entre Paros e Corinto do que por alguma pretensa cooperação:

> Arquíloco fez reivindicações que foram em dois pontos específicos desafiadas pelo poeta da corte de Periandro, Aríon. "Eu sei como liderar a amável canção do Senhor Dioniso, o ditirambo", foi afirmado por Arquíloco [fr. 120 W], mas Heródoto (1.23) engoliu a história de que Aríon tinha sido "o primeiro a compor e nomear e ensinar o ditirambo em Corinto". E parece que todo o episódio do resgate de Aríon pelo golfinho foi inventado por ele para sobrepujar e incrementar a história que Arquíloco contara sobre Cerano (PODLECKI, 1974, 16).

---

18. Dentre as fontes antigas, cumpre mencionar Plutarco (*sol. anim.* 36), que é o único a citar o verso de Arquíloco (fr. 192 W), além de Filarco (81 F 26) e Eliano (*H.A.* 8.3), cujo interesse parece ter se concentrado no aspecto fabular da história (CORRÊA, 2009, 216, n. 17; CORRÊA, 2010, 211-224).

Diante da impossibilidade de definir a data de surgimento do relato acerca do salvamento miraculoso de Cerano por um golfinho — uma vez que o verso de Arquíloco não incide diretamente sobre esse ponto —, vale a pena restringir as considerações apenas àquilo que pode ser seguramente estabelecido a partir da intertextualidade entre a narrativa de Heródoto sobre Aríon e as inscrições de Sóstenes (apoiadas no que escrevera Démeas) em seu relato sobre Cerano. Em primeiro lugar, é de notar a evidente convergência de significado entre cada um dos salvamentos de um desastre acontecido durante uma viagem marítima, a partir da intervenção de um golfinho. O valor que essas representações tinham para o imaginário helênico arcaico e clássico tem sido sugerido a partir de inúmeros testemunhos poéticos, históricos e pictográficos da época, sendo correto ver entre as questões aí implicadas as seguintes relações: a expansão geográfica por meio de viagens marítimas, com seus atritos e relacionamentos; o incremento do contato comercial, com seus riscos e possibilidades; um movimento de difusão cultural, com seus choques e maravilhas. As implicações de tais representações são especialmente significativas — quando se leva em conta a disseminação de produtos tão característicos da civilização helênica da época, como a cerâmica e o vinho — para os cultos que se popularizavam (como os de Dioniso e Apolo) e os gêneros poéticos ligados a eles (como o ditirambo e o peã).

Nesse sentido, não é de ignorar o fato de que um embaixador de Mileto, chamado Cerano — embarcando em Paros, uma ilha onde o ditirambo de Arquíloco provavelmente já era executado em *performances* cujos traços gerais deviam coincidir com aquilo que se vê em certas representações na cerâmica da época —, tenha sofrido um naufrágio no estreito de Naxos — ilha cujas relações com Delos indicam que nela haveria amplo conhecimento dos peãs executados em honra a Apolo — e, após seu resgate por um golfinho (animal relacionado tanto a Dioniso quanto a Apolo, como se averigua em *h.Hom.* 7 e 3, respectivamente), tenha sido levado até o litoral dos sírios, na Palestina, para daí retornar a Mileto. O fato de que um santuário a Poseidon Hípio seja mencionado ainda em existência (pelo menos até a época de Démeas, no século III), no interior da caverna que teria abrigado Cerano depois do salvamento pelo golfinho — e que por isso era chamado Ceraneio —, reforça as implicações religiosas do evento. Em todo caso, o que essa importante narrativa legada pelas inscrições do monumento de Sóstenes indica é a existência de uma rede de contatos culturais — diplomáticos, comerciais, religiosos e poéticos — ao longo de todo o Egeu: de Mileto a Paros e Naxos, chegando até a Palestina.

Acerca dessa rede de contatos culturais, um importante estudioso da mobilidade e do deslocamento na Antiguidade desenvolve considerações que são aqui de grande interesse, ainda mais porque não se baseiam no relato sobre Cerano e em nenhum momento o mencionam, partindo de dados independentes (sobretudo arqueológicos). Segundo o autor:

> A costa do Levante [Palestina] tinha uma geografia humana distintivamente mediterrânica, uma corrente de ecologias interconectadas por transporte marítimo costeiro. O efeito das pressões em direção a uma intensificação de tal sistema conduziria aqueles que o empregavam a estender o número de microrregiões ligadas a um padrão redistributivo, por meio de um alargamento do alcance das comunicações. Em outras palavras, navios fenícios foram mais longe com mais frequência em busca de recursos cada vez mais valiosos. Por terra, tal efeito foi limitado pela inércia da fricção: por mar, as limitações eram consideravelmente menores. O resultado concreto foi o fenômeno que se conhece como a expansão fenícia, a fundação de Gades e Cartago, o desenvolvimento de uma *koiné* através do Mediterrâneo que se está começando a compreender cada vez melhor a partir da evidência arqueológica, sobretudo da costa sul da Espanha e da Sardenha. Ao fim, quando o efeito alcançara sua maior e mais formal extensão, vê-se a frota fenícia como um recurso militar colocado à disposição do poder persa. É difícil resistir à tentação de atribuir à mesma mudança circunstancial de plano de fundo os vigorosos movimentos dos povos helênicos do Egeu através do mesmo mar pelas mesmas rotas, compreendidos nos séculos VIII e VII e responsável por criar o meio da *apoikía* (colonização helênica) (PURCELL, 1990, 39-40).

Como se nota, as "coincidências" entre os relatos sobre os salvamentos miraculosos por golfinhos, tanto de Aríon [*Aríōn*] quanto de Cerano [*Koíranos*], para além de possíveis rivalidades entre as cidades de Corinto e Paros, indicam um movimento cultural mais amplo que envolve diferentes áreas da vida na sociedade arcaica entre povos de regiões tão distantes quanto a Ática (Atenas), o Peloponeso (Sícion, Corinto e Esparta), a Magna Grécia (Siracusa e Tarento), as ilhas do Egeu (Paros, Naxos e Lesbos) e a Jônia (Mileto) até o litoral dos sírios, na Palestina. E todas essas regiões conectam-se a partir de relatos que lidam com a difusão de um produto cultural, o ditirambo, a partir de suas associações religiosas (com Dioniso), comerciais (com o vinho e a cerâmica) e poéticas (com outras *performances* corais, como o peã). O resultado dessa rede de associações culturais através de vastas regiões geográficas necessariamente pressupõe a mobilidade de poetas — como Téspis de Atenas, Epígenes de Sícion, Aríon de Metimna, Álcman de Esparta, Terpandro de Lesbos, Arquíloco de Paros e (por que não?) Cerano de Mileto —, além do estabelecimento de festivais musicais e santuários sagrados, nos quais vários poetas e comunidades se manifestavam e entravam em contato. Todos esses fatores certamente contribuíram, desde pelo menos meados do século VII, para formar uma espécie de *koiné* poética, que desenvolveu uma dicção cada vez menos local e mais pan-helênica.

Ainda que muitos estudiosos se mostrem céticos quanto à possibilidade de estabelecer liames históricos entre os diferentes gêneros poéticos — principalmente entre as personalidades responsáveis por seu desenvolvimento no período arcaico, como é o caso de muitos dos poetas aqui estudados —, é possível atentar para determinados padrões e "coincidências" nos mais diversos poemas, fragmentos e testemunhos dessa época a fim de sugerir associações significativas para a compreensão dessa realidade e seu contexto social. Nesse sentido, vale a pena levar em conta o que afirma Mark Griffith, depois de ter mencionado vários poetas — mais ou menos lendários — que poderiam estar relacionados às origens do drama trágico:

> Em cada um desses casos, será prontamente acordado que o poeta em questão provavelmente nunca compôs um drama que atenienses do século V, ou Aristóteles no século IV, se eles por ventura o vissem ou o lessem, chamariam de uma verdadeira *tragōidía*. Um arconte ateniense poderia "não conceder um coro" para nenhum deles. Por outro lado, é bastante provável que vários deles tenham composto e dirigido — uma hora ou outra — *performances* sobre assuntos míticos ou históricos e locais durante um festival ou na corte de uma elite proeminente, segundo um modo que envolvia um coro e um "líder [*exárkhōn* ou *khoragós*]", e talvez também um "ator/ respondedor/ intérprete [*hypokrités*]", quer algum tipo de execução mimética de cenas, diálogos e ações tenha tido lugar ou não. Certamente nenhum desses poemas/ dramas (como

deveriam ser nomeadas tais *performances*?) envolvia a combinação requerida de alternações regulares de passagens faladas e cantadas, um auleta paramentado, máscaras, entradas e saídas etc., tudo aquilo que as qualificaria como (verdadeiras) *tragōidíai*. Talvez elas pudessem ser chamadas de "lírica coral dramática" ou "lírica mimética" — mas tais termos não existiam no sistema classificatório helênico: apenas "ditirambo", "tragédia" e "comédia". Para autoridades tardias, contudo, tais textos ou *performances* aparentemente se assemelhavam a uma "tragédia", pelo menos em algum sentido geral o bastante para serem assim classificadas (GRIFFITH, 2008, 65).

Na "arqueologia do drama" que tem sido aqui proposta, a partir de inúmeros testemunhos antigos e suas interpretações modernas, sobressaem as associações entre as *performances* mélicas corais — certamente miméticas, num sentido lato, e provavelmente também num sentido estrito —, a difusão dos cultos populares, a ampliação das atividades comerciais, a ascensão de novas camadas sociais, a mudança nos regimes políticos, a abertura para novas manifestações culturais, bem como os amplos movimentos de resistência que tentaram reagir a essas mudanças. Não é por acaso que, em inúmeros desses testemunhos antigos, tais movimentos de abertura e alargamento dos limites culturais tradicionais tenham sido acompanhados por manifestações declaradas de oposição a eles. A dinâmica de todo desenvolvimento cultural se dá de forma dialética entre as forças opostas da tradição e da inovação, de modo que a tensão percebida no interior de muitos desses testemunhos — em suas manifestações tanto poéticas e textuais quanto pictográficas e monumentais — se deve em parte à própria lógica do contato entre várias culturas (e subculturas) que, cooperando mutuamente ou digladiando-se, tentam se desenvolver e se afirmar.

Para além dessas razões de ordem sociológica, a frequência com que se manifesta a oposição a inúmeros pontos relacionados ao movimento aqui delineado, sobretudo em suas múltiplas relações com Dioniso, pode ser explicada a partir de motivações morais e psicológicas. Os mitos de resistência a Dioniso parecem trabalhar a difícil relação dialética implícita em fenômenos dúbios da alçada do deus — a embriaguez (levando à sociabilidade ou à dissensão social), a sexualidade (como signo da fertilidade ou da imoralidade) e o êxtase (como manifestação de piedade religiosa ou de descontrole irracional), entre outros. Nesse sentido, tais mitos ofereceriam representações paradoxais de algo inerente à mentalidade dividida e hesitante dos membros dessa sociedade como um todo. Isso provavelmente também explica o caráter forasteiro de Dioniso, na medida em que esse *status* se revela uma condição importante para os mitos representando a resistência a um culto tão estranho — e, ainda assim, tão imprescindível — quanto o desse deus que vem sempre de fora[19].

O padrão de uma divindade forasteira, sendo introduzida numa dada região contra a vontade de seus habitantes anteriores, será repetido em inúmeras outras narrativas relacionadas a Dioniso, seu culto e figuras afins a eles. Isso, contudo, não quer dizer, como acreditaram alguns estudiosos modernos do assunto, desde Erwin Rohde (1894, 295-326), que essa divindade seria necessariamente estrangeira — de origem trácia ou oriental —, e sim que seu culto "autóctone" deve ter se desenvolvido em contraposição à resistência apresentada por aqueles que não tinham interesse em sua disseminação e aumento de influência. Tal como já sugeria Walter Otto (1965, 58), antes da decifração do linear B e da descoberta de que di-wo-ny-so-jo [Dioniso] encontrava-se entre os nomes listados pelos tabletes micênicos (Xa 06), o culto a essa divindade possuía uma série de características fundamentalmente helênicas (PALMER, 1965, xx-xxi).

Levando isso em conta, as perguntas colocadas por Dabdab Trabulsi no início de seu estudo sobre o fenômeno do dionisismo entre os povos helênicos até o fim do período clássico podem ser aqui retomadas com proveito:

> [S]erá que desejar jogar Dioniso do lado "bárbaro" seria uma vontade da *pólis* de afastar um certo lado irracional? Ou ainda: Dioniso teria forçado seu caminho no mundo divino que se (re)organizava durante o arcaísmo por meio da luta dos camponeses que, salvando suas crenças de cair do lado "bárbaro", salvavam-se a si mesmos de cair no campo (em formação) dos estrangeiros-bárbaros-

---

[19]. Para mais detalhes desse caráter ambíguo, cf. OTTO, 1965; DODDS, 1963, xl-l; OSBORNE, 1987, 189-192; SEAFORD, 1994, 251-257; CSAPO, 1997, 255, 264; SOURVINOU-INWOOD, 2003, 152-154; ROTHWELL, 2007, 15-17.

escravos, resistindo assim à tentativa dos *áristoi* de afastá-los da cidadania? De que maneira e em que medida o dionisismo pode funcionar como uma religião popular? (DABDAB TRABULSI, 2004, 35-36)

Diante da série de associações aqui delineadas, tudo indica ser permitido considerar que linhas gerais para um esboço de resposta a tais indagações tenham sido propostas de maneira articulada a partir das fontes antigas e de sua interpretação com considerável apoio na bibliografia secundária. O maior interesse da presente investigação diz respeito ao desenvolvimento de uma forma de drama anterior à instituição dos concursos dramáticos, e, nesse sentido, visitar a tradição de *performances* corais na Ática, no Peloponeso, na Magna Grécia e nas ilhas do Egeu foi uma das maneiras de sugerir de que modo a poesia arcaica pôde se desenvolver de maneira interconexa — ao longo das várias regiões de cultura helênica —, como se constatou em inúmeros testemunhos poéticos, textuais e pictóricos analisados.

2.5. Homero e as origens da poesia helênica

As *performances* corais não esgotam a lista dos candidatos a predecessores dos gêneros dramáticos para algumas das teorias sobre suas origens. Segundo indicações de pensadores refletindo sobre isso na própria Antiguidade, como Platão e Aristóteles, talvez fosse necessário remontar para além do ditirambo e do fenômeno do dionisismo a fim de esboçar outra arqueologia possível do drama. Não causa surpresa o fato de que tais teorias pretendam apontar Homero e suas longas epopeias cantadas em hexâmetros como os verdadeiros predecessores não apenas do drama, mas de tudo aquilo que veio a ser criado pelos poetas helênicos posteriores.

Sócrates — num aparente deslocamento terminológico que se tornou um dos mais famosos da *República*, de Platão, em seu décimo livro — passa a falar de Homero e dos poetas trágicos genericamente, como se fossem todos comparáveis sob uma etiqueta de "poetas miméticos", e sugere que, no tocante à tragédia [*tragōidían*], Homero seria "seu comandante [tòn hēgemóna autês Hómēron]" (Rep. 10.598e). Na derradeira acusação que o filósofo faz contra a poesia mimética de modo geral, Homero é mais uma vez destacado como "o primeiro dos tragediógrafos" e está destinado a ser definitivamente evitado pelos praticantes da dialética socrática (nos moldes do que é proposto ao longo da *República*):

> Então, ó Glauco, quando acaso te encontrares com admiradores de Homero, afirmando que esse poeta foi o educador da Hélade e que, com relação à administração e à educação das ações humanas, é digno tomá-lo, aprendê-lo e viver dispondo toda a vida em conformidade a esse poeta, é preciso beijá-los e saudá-los como pessoas que são tão excelentes quanto possível, e conceder-lhes que Homero é o maior dos poetas [*poiētikṓtaton*] e o primeiro dos tragediógrafos [*prôton tôn tragōidopoiôn*], mas saber que somente se devem receber de poesia na cidade os hinos aos deuses [*hýmnous theoîs*] e os encômios aos homens de bem [*enkṓmia toîs agathoîs*]. Se, ao contrário, admitires a Musa prazerosa [*hēdysménēn Moûsan*] na mélica ou na épica [*en mélesin è épesin*], prazer [*hēdonḕ*] e dor [*lýpē*] serão os reis de tua *pólis*, em lugar da lei e deste princípio que, por comum acordo, sempre foi considerado o melhor, o *lógos* (*Rep.* 10.606e-607a).

Aristóteles, embora apresente uma perspectiva muito mais moderada sobre a relação entre a poesia mimética e a filosofia (*Poet.* 9.1451a36) — atentando, inclusive, para a possível importância prática que os poetas podem desempenhar —, também afirma a precedência de Homero sobre os desenvolvimentos dramáticos posteriores. É interessante notar que, mesmo dividindo a poesia entre o sério [*tò spoudaîon*] e o cômico [*tò geloîon*], o Estagirita fala de Homero como um poeta "completo", representante de ambas as modalidades poéticas:

> Assim, tanto com relação a poemas sérios [*spoudaîa*] Homero foi o maior poeta [*málista poiētḕs*] — pois não apenas fez poemas, mas também mimeses dramáticas [*miméseis dramatikàs*] — como também primeiro delineou o arranjo da comédia — dramatizando não a invectiva, mas o cômico. Pois o *Margites* é algo análogo: assim como a *Ilíada* e a *Odisseia* estão para as tragédias, assim também aquele está para as comédias (*Poet.* 4.1448b33-1449a1).

Nessa linha aberta por Aristóteles, seria possível apontar uma série de paralelos do ponto de vista da construção do *mýthos* [enredo], do emprego de estratégias narrativas e de elementos lendários, como alguns estudiosos modernos sugerem com razão. Rutherford (1982), por exemplo, levando em consideração alguns pontos da *Poética*, demonstra a importância dos momentos épicos em que as personagens tomam conhecimento — prévio, súbito ou posterior — dos eventos irreversíveis de uma trama e suas implicações trágicas, sugerindo que a epopeia compartilharia elementos fundamentais do enredo trágico. Nessa mesma linha, Herington (1985, 141-142) explicita outros elementos compartilhados por ambos os gêneros poéticos, tais como a seriedade, uma ação concentrada no *hic et nunc* do enredo e o emprego do suspense, por meio do ritmo da ação. Na opinião desse estudioso:

> [...] parece provável que a origem da tragédia *como ela é conhecida* (tragédia como exemplificada nos dramas supérstites, o que até um ponto considerável, embora não completamente, coincide com o tipo de tragédia recomendada por Aristóteles) deva ser datável do momento em que algum tragediógrafo decidiu adaptar técnicas homéricas, ainda que hesitantemente, para a realização dramática da herança mitológica helênica de modo geral (HERINGTON, 1985, 138).

Ainda assim, outras correntes de interpretação antiga poderiam ser acrescentadas àquelas iniciadas na Academia e no Liceu, como aquela que esboça Díon Crisóstomo (33.11), ao atentar para a função modelar de Homero, fundamental para tudo aquilo que viria a se ligar a uma forma encomiástica de poesia, enquanto Arquíloco seria o verdadeiro modelo das invectivas cômicas. Por outro lado, há também Evâncio (*De fabula* 1.5), que via na *Ilíada* um poema modelar para as tragédias e, na *Odisseia*, um poema modelar para as comédias. Desenvolvendo uma compreensão afinada a um entendimento próximo a esse, Pseudo-Longino, em *Sobre o sublime* (9.1), considera que a qualidade de Homero na *Ilíada* seria uma grandeza natural [*tò megalophyés*], enquanto na *Odisseia* demonstraria um gosto por histórias típico da velhice [*en gḗrai tò philómython*], fato que aproximaria esse poema de uma espécie de comédia de costumes [*kōmōidía tís estin ēthologouménē*] ([Longin.] 9.11; 9.15).

Em todo caso, será necessário compreender quais aspectos da poesia homérica teriam levado esses e outros pensadores — alguns bastante próximos historicamente do fenômeno sobre o qual se propunham a pensar, como é o caso de Platão e Aristóteles — a considerar Homero um poeta trágico, ou antes, o primeiro dos poetas trágicos. Um aspecto importante, presente já no famoso argumento do livro 3 da *República*, de Platão (392c-394b), é o emprego de mimese nas partes dialogadas da *Ilíada* e da *Odisseia*, quando o próprio poeta assume a palavra e a postura de uma das personagens. Essa característica da poesia homérica é relativamente condenável da perspectiva apresentada por Sócrates na passagem supracitada, uma vez que aproxima demais o público das ações mimetizadas, só podendo ser admitida em pequenas quantidades e na representação do "homem bom [*agathós*]" (*Rep.* 3.397e). O que aparece condenável dessa perspectiva é compreendido por Aristóteles como um dos grandes méritos da poesia de Homero: embora esse poeta empregue tanto mimese quanto narrações (*Poet.* 3.1448b-20-22), ele restringe a própria fala ao mínimo possível, dando a precedência à expressão das personagens (*Poet.* 24.1460a5-11). Conforme um estudioso das *performances* poéticas antigas:

> Platão, Aristóteles e outros habitualmente pareiam a arte do rapsodo e a do ator, assim como eles habitualmente pareiam a épica homérica com a tragédia. Uma semelhança óbvia entre as duas artes é que ambas envolvem uma talentosa apresentação de versos trazidos de memória, de um modo que pudesse ser audível a grandes multidões de pessoas; até certo ponto, a apresentação era reforçada por movimento corporal, embora os rapsodos de todos os tempos naturalmente devam ter feito muito menos uso disso do que o ator (HERINGTON, 1985, 51).

Da perspectiva formal das *performances*, não há dúvida de que ambos os gêneros poéticos — a poesia épica de Homero, apresentada por rapsodos, e a poesia dramática da tragédia, apresentada por atores e por um coro — envolviam um grau de mimese comparável, na expressão tanto oral quanto gestual das personagens, sendo compreensível a razão pela qual os pensadores antigos sugeriram suas primeiras analogias. Partindo dessas indicações, contudo, seria necessário indagar até que ponto — da perspectiva também do conteúdo — as tragédias seriam "fatias dos grandes banquetes de Homero [*temákhē ... tôn Homérou megálōn deípnōn*]", conforme a emblemática expressão que remontaria a Ésquilo, segundo Ateneu (8.39 Kaibel; 347e Gulick).

Entre os estudiosos que pretenderam enxergar na tragédia uma manifestação poética relacionada ao culto dos mortos, foi uma estratégia comum atentar para a presença de elementos fúnebres em Homero, por exemplo, o *agṓn* em honra de Pátroclo no canto 23 da *Ilíada* (257-897). Um autor como Ridgeway (1910, 32-39) verá nessas competições em honra ao morto — competições que, na passagem aludida da *Ilíada*, assumiam um caráter atlético, embora pudessem ser também poéticas, conforme o estudioso — as primeiras manifestações daquilo que viria a ser institucionalizado posteriormente como as competições dramáticas, durante o festival das Grandes Dionísias em Atenas, por exemplo. Analisando essa mesma cena, Nagy (1999, 116-117) atenta para elementos que poderiam ser interpretados como rastros de rituais constitutivos de um pan-helenismo ainda incipiente — como indicam as canções de lamentação (*Il.* 23.12-7), a oferta de mel e óleo (*Il.* 23.170) e a libação de vinho (*Il.* 23.218-21) —, sugerindo uma possível relação deles até mesmo com cultos a heróis. Segundo o autor, esse tipo de *agṓn* durante uma celebração fúnebre estaria na base não apenas de competições poéticas, mas inclusive dos próprios jogos pan-helênicos.

Além disso, certas considerações sobre a perspectiva adotada nos poemas homéricos acerca da poesia em geral tentaram notar a presença das mais diversas *performances* poéticas aí retratadas. Essas considerações partiram — umas mais, outras menos — da ideia de que outros gêneros poéticos estariam subjacentes às epopeias homéricas, e, nesse sentido, lidavam com a seguinte ideia:

> Uma forma épica única teria se desenvolvido a partir de múltiplas formas líricas no interior de um quadro *social* de interação entre o responsável pela *performance* e a audiência. No ápice dessa forma épica — assim vai o raciocínio — deveríamos esperar que vários estágios dessa evolução estivessem visíveis nas várias referências ao quadro social. O ponto é o seguinte: quando a épica encara a épica, ela é forçada a falar sobre si mesma em termos que são ao mesmo tempo ainda cabíveis para a lírica também (NAGY, 1974, 10-11).

Levando em conta essa presença "silenciosa" de gêneros líricos na própria epopeia — em termos de conteúdo e representação —, uma primeira classificação foi proposta e desenvolvida por Diehl (1940,

106-114), servindo de ponto de partida também para o arranjo delineado por Calame (1974, 116-117). Em ambas encontra-se um gênero mélico coral — chamado na Antiguidade de *thrênos* — que recebeu uma razoável importância em vários tratamentos sobre as origens da tragédia. *Performances* dessa modalidade coral estão presentes tanto na *Ilíada*, durante as cerimônias fúnebres de Héctor (24.720-776), quanto na *Odisseia*, quando se mencionam os cantos fúnebres em honra de Aquiles (24.50-75). Considerando o interesse de uma "arqueologia do drama", foi sugerido que o *thrênos* em honra a Héctor continha traços de uma *performance* cantada em que certas personagens assumiam sua liderança, sendo, por isso, descritas com palavras relacionadas ao campo semântico de *exárkhōn*: "*thrḗnōn exárkhous* [líderes dos *thrênoi*]" (*Il.* 24.720-1). Da mesma forma, o *góos* [lamentação] entoado em honra de Pátroclo, também na *Ilíada* (18.49-51; 18.314-6), é executado numa *performance* que tem por líder Tétis — entre as náiades — e Aquiles — entre os demais aqueus.

A importância da palavra *exárkhōn* (e outras afins) — notada já por Aristóteles (*Poet.* 4.1449a10), provavelmente em conexão com Arquíloco (fr. 120-1 W) — ganha um relevo ainda maior quando se levam em conta tais passagens da *Ilíada* para que se compreendam essas apresentações arcaicas de poesia coral, potencialmente relacionadas à origem do drama. Além disso, não é de somenos importância o fato de que, na passagem em que o *thrênos* em honra a Aquiles é mencionado, as cinzas do herói venham a ser depositadas numa "ânfora dourada [*khrýseon amphiphorêa*]", dada a Tétis como "um presente de Dioniso [*Diōnýsoio dè dôron*]" (*Od.* 24.73-5): a óbvia associação presente nessa passagem é entre o deus do vinho e a morte, tal como se tornará emblemático para os séculos vindouros da evolução na imagem de Dioniso[20]. A ambiguidade comum a manifestações do deus está, sem dúvida,

---

20. Cf. SEAFORD, 2006, 16. Note-se a presença desse tipo de associação (bem como de implicações anteriormente já sugeridas) no seguinte fragmento de Heráclito (fr. 15 DK): "Pois, se não para Dioniso fizessem a procissão e o hino entoado com as vergonhas [*aidoíoisin*], cumpririam a coisa mais sem-vergonha [*anaidéstata*]. Mas Hades [*Aídēs*] é também Dioniso, em honra do qual enlouquecem e deliram [celebram as Leneias]". Ou, ainda, neste dístico elegíaco de Teógnis (1041-2): "Aqui com um auleta! Junto a quem chora, ridentes/

presente nesse detalhe, que encontra reflexos até em sua representação no vaso François[21].

Outros estudiosos, menos ligados à teoria de que a tragédia teria alguma relação essencial com cultos aos mortos, atentaram para a presença de outros gêneros poéticos nos poemas de Homero. Um primeiro ponto a ser destacado das classificações supracitadas — de Diehl (1940, 106-114) e Calame (1974, 116-117) — é, como os próprios estudiosos fazem questão de ressaltar, a ausência de menção a ditirambos na poesia homérica. Por outro lado, parece digno de nota que sejam representadas duas *performances* de um gênero mélico coral possivelmente relacionado ao desenvolvimento do ditirambo: trata-se do peã. Ele é executado no início da *Ilíada* (1.472), após a devolução de Criseida a seu pai, com o consequente apaziguamento da fúria de Apolo e agradecimento em honra ao deus. O outro momento é após a morte de Héctor por Aquiles (*Il.* 22.391), com a manifestação do júbilo aqueu por meio desse canto coral que celebra tanto seu *kýdos* [glória no combate] quanto os *álgea* [sofrimentos] para os troianos (*Il.* 22.422). Sobre a possível relação — em suas modalidades arcaicas — entre o ditirambo e o peã, não custa lembrar que posteriormente o próprio Dioniso seria honrado com o peã, bem como Apolo com o ditirambo (DIEHL, 1940, 110).

Outra passagem com possíveis implicações para imaginar o que seriam as *performances* poéticas arcaicas — em sua importância potencial para o desenvolvimento dos gêneros dramáticos — seria aquela do segundo canto de Demódoco, na *Odisseia* (8.257-369). Ainda que não seja necessário citar a longa passagem para sugerir as possíveis implicações apresentadas por ela a todo estudo da execução de poesia arcaica, valeria a pena notar os seguintes elementos cênicos que ela traz: a presença de juízes [*kritoí*] para orientar as disputas [*agônas*] e um espaço aplainado para o coro [*khorón*], que é composto de jovens experientes na dança [*koûroi ... daémones orkhēthmoîo*] (*Od.* 8.257-64). Além disso, essa

---

bebamos, regozijando com seu pranto". Para um desenvolvimento teórico dessas associações, cf. OTTO, 1965, 115-118; JEANMAIRE, 1970, 268-278.

21. Figuras negras numa cratera de voluta ática, c. 575. Florence, Museo Archeologico Etrusco 4209 (*BAPD* 300000).

performance aparentemente improvisada e de conteúdo tanto cômico quanto sexual — na medida em que lida com os amores proibidos entre Ares e Afrodite, deusa casada com Hefesto — tem interessantes efeitos sobre o público: ela é responsável por trazer júbilo ao peito de Odisseu e de todos os demais feácios (*Od*. 8.367-9). Informações análogas a essas foram vistas para os ditirambos arcaicos, principalmente no que poderia dizer respeito às apresentações executadas por Arquíloco.

Nesse mesmo sentido, vale a pena citar uma fala de Odisseu que aporta outro elemento importante às associações anteriormente delineadas entre vinho, canto e júbilo.

> Escutai agora, Eumeu e todos os outros companheiros,
> tendo orado, conto uma história [*épos eréō*]: o vinho ordena
> desvairado, ele que atiça até o mais sensato a cantar,
> bem como ao frouxo rir, e estimula a dançar
> e despacha a história [*épos*], que seria melhor não dizer. [...]
> (*Od*. 14.462-6)

Essas relações entre consumo do vinho, êxtase, canto, júbilo e dança — levando à expressão de um *épos* — já haviam sido sugeridas em várias das considerações acerca do ditirambo. Mesmo a ideia de falar "algo que seria melhor não ser falado [*hó per t' árrhēton ámeinon*]" indica a impropriedade normalmente assumida por comportamentos guiados pelo consumo excessivo do vinho, sendo por isso moralmente reprováveis (no caso de Odisseu, ele inventa uma narrativa como pretexto para pedir a Eumeu um manto, a fim de passar a noite de modo um pouco mais confortável e protegido do mau tempo).

Em todo caso, esse componente de impropriedade comportamental — visto anteriormente em associação frequente com Dioniso e o ditirambo — encontra a reação mais emblemática nos mitos de resistência, que também não estão ausentes dos poemas homéricos (ainda que se apresentem em versões cujas diferenças não são negligenciáveis). Na famosa passagem em que Diomedes se dirige a Glauco, no canto 6 da *Ilíada* (130-40), empregando um mito para explicar a própria hesitação, é narrada uma das primeiras versões dos mitos de resistência ao culto dionisíaco:

> Pois nem o filho poderoso de Drias, Licurgo,
> muito durou, depois de querelar contra os deuses celestes:
> certa vez, as amas do enlouquecido Dioniso
> ele perseguiu até o sacro Niseio — e elas todas
> deixaram cair ao chão os tirsos, enquanto pelo facínora Licurgo
> eram surradas pelo açoite. Dioniso, posto para correr,
> mergulhou nas ondas do mar e Tétis acolheu-o no regaço,
> amedrontado: grande tremor o tinha, pela ameaça do homem.
> A ele depois odiaram os deuses de vida tranquila
> e pôs-lhe cego o filho de Cronos e, então, não muito
> durou, pois era detestado por todos os deuses imortais.
> (*Il.* 6.130-40)

Essa versão do mito chama a atenção por mostrar um rei humano que derrota o deus e apenas vem a ser vingado por Zeus, pai de Dioniso. Essa passagem está de acordo com a pouca atenção que é concedida ao deus do vinho por Homero, mencionado em apenas quatro passagens[22] e representado como uma divindade *fraca*. Conforme a argumentação de Seaford (2006, 27), a marginalidade de Dioniso em Homero tem fundamento ideológico, sendo devida em grande parte aos interesses de um grupo social aristocrático cujos ideais de heroísmo e glória estariam muito distantes do que era representado por ele ou seu culto. Seria possível pensar, portanto, num apagamento da figura de Dioniso ligado também a razões socioeconômicas. Esses aspectos foram ressaltados por vários estudos dedicados ao assunto: Jeanmaire (1970, 8), Dabdab Trabulsi (2004, 43) e Seaford (2006, 27).

Como se vê, da perspectiva da representação e do conteúdo, vários gêneros poéticos encontram uma manifestação detectável já em Homero, e suas implicações para uma "arqueologia do drama" não são poucas. A questão, no entanto — contrariando aquilo que a princípio parecia estar sugerido —, não é que a épica homérica, entendida como *corpus*

---

22. Além da passagem aqui citada, outra menção breve na *Ilíada* (14.325), como "alegria dos mortais [*khárma brotoîsin*]"; a passagem do "catálogo de mulheres ilustres", no canto 11 da *Odisseia* (321-5), em sua relação com Sêmele e Teseu; além da já mencionada passagem sobre o *thrênos* em honra a Aquiles, no final da *Odisseia* (24.74-6). Para uma interpretação dessas passagens, em sua relação com o dionisismo na Antiguidade, cf. DABDAB TRABULSI, 2004, 37-43; SEAFORD, 2006, 15-16.

preexistente a toda a produção poética de matriz helênica, teria levado ao surgimento e desenvolvimento desses outros gêneros, mas imaginar que, mais até do que meramente coexistirem, esses outros gêneros e *performances* de poesia presentes em Homero teriam precedido seu desenvolvimento e sua criação. O próprio Aristóteles já indicava algo nesse sentido quando afirmava que — embora não pudesse citar poemas dos que viveram antes de Homero — lhe parecia verossímil que muitos desses poetas tivessem existido (*Poet*. 4.1448b28-30). Que a influência da tradição homérica — uma vez constituída, com toda a multiplicidade de narrativas ramificadas a partir dela — tenha sido enorme, a ponto de se revelar determinante para a produção de muitos outros gêneros poéticos pertencentes àquilo que se poderia considerar uma poesia de caráter pan-helênico, ninguém contesta. Mas é preciso não confundir a influência dessa tradição com sua pretensa prioridade cronológica.

Uma das principais vias seguidas pelos desejosos de colocar em xeque a precedência temporal da poesia de Homero parte de uma investigação métrica. O hexâmetro — verso empregado pela tradição tanto homérica quanto hesiódica — é um mistério para os estudiosos da métrica helênica. Não encontrando paralelos para seu arranjo métrico nos versos de nenhuma das outras culturas com as quais os povos helênicos poderiam ter estabelecido contatos culturais, os estudiosos ofereceram diferentes soluções a esse enigma que até hoje não alcançou uma elucidação consensual.

Uma das mais antigas sugestões foi proposta por Antoine Meillet (1923, 43-47), cuja teoria parte da constatação de que a equiparação métrica de duas sílabas breves a uma longa é um fenômeno historicamente verificado pela primeira vez entre povos helênicos. O autor sugere que um verso como o hexâmetro datílico — composto de dátilos [-◡◡] cujas sílabas breves podiam, à exceção daquele que se encontra no quinto pé, passar a uma longa — seria uma inovação poética helênica dificilmente explicável por meio da comparação com a métrica de outras línguas indo-europeias (MEILLET, 1923, 57-58). A hipótese para compreendê-lo seria a da adoção de um modelo estrangeiro bem adaptado às exigências da língua helênica (MEILLET, 1923, 60-70). O único problema, contudo — como indicam os autores que criticam a teoria do estudioso francês, como Nagy (1974, 5) e Gripp (2015, 153) —, é que nunca se descobriram pistas da cultura estrangeira que teria fornecido tal modelo para o hexâmetro datílico empregado por Homero.

Outra hipótese foi proposta por Gregory Nagy (1974). O autor parte das bases estabelecidas pelo próprio Meillet, mas tenta desenvolver pontos que teriam sido negligenciados por ele. A hipótese do estudioso é que, a partir de unidades métricas básicas — normalmente muito antigas, com o início do verso mais livre e seu fim mais fixo, em conformidade com o que se constata na base eólica e nos mais antigos metros índicos —, surgiram expansões internas, com a inserção de pés métricos entre a abertura mais livre do verso e seu fim mais rígido. A ideia de Nagy (1974, 47) é que, tal como o verso glicônico passou por expansões coriâmbicas internas, também o verso ferecrático [*pher*] pode ter se expandido a partir de seu meio pela inclusão de dátilos internos. Nesse sentido, o verso ferecrático inicial — após receber quatro dátilos intermediários [B, B'] — já teria desenvolvido o metro que, potencialmente, continha as capacidades plásticas e rítmicas necessárias para a narração das grandes epopeias homéricas. Em outros termos, segundo essa reconstrução teórica, o verso hexamétrico poderia ter vindo de expansões datílicas internas ao verso ferecrático. O esquema empregado para explicar esse desenvolvimento, cujas várias etapas teriam coexistido durante um considerável lapso de tempo, é o seguinte (NAGY, 1974, 47):

$$\text{pher} = \underset{}{\smile}\,\underset{}{\smile}\,\overset{B'}{\overbrace{-\smile\smile\,-}}\,\underset{}{\smile}$$
$$\text{pher}^d = \underset{}{\smile}\,\underset{}{\smile}\,\overset{B}{\overbrace{-\smile\smile}}\,\overset{B'}{\overbrace{-\smile\smile}}\,-\underset{}{\smile}$$
$$\text{pher}^{2d} = \underset{}{\smile}\,\underset{}{\smile}\,\overset{B}{\overbrace{-\smile\smile}}\,\overset{B}{\overbrace{-\smile\smile}}\,\overset{B'}{\overbrace{-\smile\smile}}\,-\underset{}{\smile}$$
$$\text{pher}^{3d} = \underset{}{\smile}\,\underset{}{\smile}\,\overset{B}{\overbrace{-\smile\smile}}\,\overset{B}{\overbrace{-\smile\smile}}\,\overset{B}{\overbrace{-\smile\smile}}\,\overset{B'}{\overbrace{-\smile\smile}}\,-\underset{}{\smile}$$

Figura 1

Essa hipótese parte de um metro historicamente verificável — isto é, do que se encontra no seguinte dístico de Alceu (fr. 368 V): "peço para que alguém chame o agradável Menon/ se é para que eu tenha prazer no simpósio" —, que teria se desdobrado nos seguintes momentos: a princípio, a abertura à possibilidade de resolução dos dátilos em espondeus e, na sequência, a substituição das duas ancípites iniciais por um espondeu, opcionalmente substituível por um dátilo (NAGY, 1974, 49-50). Ainda que o estudioso se esforce por defender essas sugestões, sua teoria recebeu críticas contundentes — reunidas por Gentili (1977, 29-32) — e não desfruta de grande prestígio entre os metricistas atualmente.

Outras teorias que buscam explicar a origem do hexâmetro poderiam ser mencionadas, como a de Martin West (1973), que sugere uma junção entre dois metros independentes (o hemiepes [−∪ ∪−∪ ∪−] e o paremíaco [ˣ−∪ ∪−∪ ∪−]), ou, ainda, a de Bruno Gentili (1977), que, evitando as soluções monogenéticas (como as de Nagy e West), avança uma hipótese em que as mais diversas disposições métricas da tradição dátilo-epitrítica[23] — encontráveis em fórmulas de inscrições muito antigas, cujas medidas equivalem àquelas de todas as fórmulas encontradas em hexâmetros por Milman Parry (1928, 50-51) — teriam coexistido de maneira relativamente livre, a princípio, para só posteriormente se fixar na forma constante do verso [katà stíkhon]. Ainda que não seja possível fazer aqui uma apreciação profunda dessas hipóteses, interessa destacar que a ausência de consenso sobre a origem do metro sobre o qual se fundam os poemas de Homero é indicação de que esse verso parece ser mais recente do que muitos outros empregados na poesia helênica, sobretudo aqueles de base eólica, cujos correlatos indo-europeus são capazes de atestar sua antiguidade e permanência cultural muito mais longa.

A complexidade desse diversificado panorama poético deve ser levada em conta por toda tentativa de estabelecer a relação entre os diversos gêneros de poesia desenvolvidos e executados ao longo do período em questão. É preciso ter em mente que:

> [o]s gêneros não são estáticos. O jambo, por exemplo, entre outras formas, deve ter perdido pouco a pouco seus elementos rituais. A dificuldade surge quando se procura um desenvolvimento nessas transformações. Um grande número de helenistas deste século (e do passado) concentrou seus esforços em mapear

---

23. Arranjos formados por combinações de dátilos [−∪ ∪] e dipodias trocaicas, com o pé par normalmente alongado (ou seja, formando um espondeu) [−∪−].

o "desenrolar" do pensamento e da cultura grega desde suas "origens" (isto é, Homero) até seu ponto mais alto que, segundo a maioria, foi o período clássico (século V a.C.) (CORRÊA, 2009, 62).

Na sequência do argumento, a própria estudiosa menciona alguns dos helenistas interessados nesse mapeamento "arqueológico" do "pensamento e da cultura grega": Werner Jaeger, Bruno Snell e Hermann Fränkel. A importância dos modelos diacrônicos de compreensão "total" da cultura helênica estabelecidos por esses pensadores foi enorme para os Estudos Clássicos, e sua influência se faz sentir até hoje em inúmeros autores e livros fundamentais. Porém o fato de que eles tenham sido construídos teleologicamente, a fim de desenhar uma espécie de manifestação final do "espírito" do Ocidente — cuja base hegeliana é aqui inconfundível —, tornou-os alvos de críticas contumazes no século XX, levando-os a um relativo ostracismo desde então.

Apesar da implausibilidade de modelos diacrônicos como os mencionados acima — nos quais se tenta acompanhar uma espécie de paulatina "descoberta do espírito [*Entdeckung der Geistes*]", para citar aqui o título do famoso livro de Snell (1946) —, questões relativas às diferenças e coincidências entre os gêneros poéticos, rivalidades e dependências entre determinados tipos de *performance*, além de desenvolvimentos experimentados paralelamente tanto pela épica quanto pela poesia mélica permanecem em aberto. O entendimento mais comum entre os estudiosos contemporâneos tende a sugerir a existência de um escopo consideravelmente pan-helênico para a poesia desenvolvida nesse período — e mesmo antes dele —, em conformidade com um modelo de intertextualidade que só viria a obter, pouco a pouco, alguma estabilidade textual *escrita*.

Questionando a precedência dos poemas épicos homéricos — tanto da perspectiva temporal quanto da perspectiva axiológica — para a produção poética do período arcaico, esses estudos contemporâneos tentam considerar de que modo a poesia mélica teria contribuído para a formação da épica, em termos de estratégias composicionais e retóricas, imaginando que a relação entre esses gêneros poéticos deveria ser antes pensada segundo a lógica de um intercâmbio enriquecedor, não de uma influência unilateral. A tradição poética helênica desse período

— fundamentalmente oral — não era composta de um *corpus* fechado e estático, mas estava aberta a inovações em vocabulário, técnica formular e estratégias composicionais que cada poeta podia introduzir para adaptar suas canções às necessidades particulares das *performances* em diferentes ocasiões e perante audiências com expectativas diferentes.

Ainda que estudiosos mais antigos tenham vez por outra intuído uma opção alternativa mais interessante para compreender o desenvolvimento poético da tradição helênica, o rol dos estudiosos contemporâneos que têm questionado as interpretações "homerocêntricas" dessa tradição é bastante considerável — contando com Nagy, Gentili, Janko, Corrêa, Irwin, entre outros —, e seus argumentos ganham paulatinamente mais consistência à medida que os estudos avançam. Nesse sentido, as propostas de Havelock (1963, 61-86) sobre a função pedagógica da poesia arcaica, embora se concentrassem excessivamente na importância de Homero e exagerassem o papel da escrita como fator revolucionário a partir de Platão, abriram as portas para uma compreensão de que todos os gêneros poéticos desse período exercem papel fundamental na *paideía* [formação] dos jovens, sendo necessário jamais perder de vista essa dimensão de sua produção e *performance*. Da mesma forma, a hipótese de uma *koiné* poética de base micênica — contendo tanto formas eólicas quanto jônicas —, sugerida por Gentili (1988, 60), encontra reforço em estudos sobre fórmulas decifradas a partir do micênico, como sugere Janko (1994, 10-12). Nessa mesma linha de questionamento, a pretensa "influência" de Homero sobre certas convenções epigráficas (fúnebres) foi convincentemente afastada pela argumentação de Irwin (2005, 63-67), para quem a poesia homérica apropria-se do epigrama fúnebre como seu material (e não vice-versa).

Os exemplos de desenvolvimentos teóricos recentes que conduzem a uma indagação radical da primazia dos poemas homéricos poderiam ser multiplicados, mas todos eles indicam algo que a mera constatação da presença dos vários gêneros poéticos mélicos em Homero já poderia indicar.

> A convergência que aparece na epopeia de "gêneros literários orais" aparentemente anteriores a ela parece manifestar, como numerosos traços linguísticos observados há muito tempo, que o gênero épico tal como é atestado pela *Ilíada*

e pela *Odisseia* tem atrás de si uma longuíssima tradição. As artes figurativas, mostrando aedos ou pelo menos tocadores de lira desde a época da escultura cicládica, permitem apoiar a tese que faria remontar a constituição da epopeia oral a um período bem anterior ao do século VIII (LÉTOUBLON, 2001, 42-43).

Ainda que não seja possível alcançar a poesia desse período anterior àquilo que sobreviveu como produção de poetas arcaicos conhecidos, por exemplo, sob os nomes de Homero, Hesíodo, Arquíloco, Aríon, Epígenes e Téspis, a complexidade das relações entre as obras e tradições que vieram a se associar a cada um desses nomes é intrincada demais para permitir que todas as interpretações privilegiem uma única dessas arestas como o centro responsável por ordenar todo o arranjo de uma cultura e coordenar cada uma de suas possíveis leituras[24].

Há meio século um estudioso escrevia que a velha ideia — ainda enraizada na tradição dos Estudos Clássicos —, segundo a qual Homero encontra-se na origem da cultura poética dos helenos, estava destinada a morrer (GENTILI, 1977, 7). O fato de que essa frase mantenha — do alto de seu valor performativo (qual seja, de uma constatação almejando *fazer-se* verdadeira) — um grau considerável de pertinência, ainda hoje, indica que certas ideias, justamente por serem tão antigas, precisam de muito mais do que uma argumentação lógica para serem arrancadas da posição central que ocupam no seio de uma tradição. Em todo caso, a pesquisa empreendida ao longo deste capítulo pretende ter oferecido novos dados para que sejam colocados em questão esses arranjos tradicionais e sejam repensados alguns pontos das inúmeras teorias possíveis sobre as origens do drama.

---

24. É certo que mesmo pensadores antigos, como Platão e Aristóteles — isso para não mencionar alguns dos "pré-socráticos", como Heráclito e Xenófanes —, já trabalhavam no interior de um modelo de *paideía* em que os poemas atribuídos a Homero desfrutavam de uma centralidade inquestionável. Donde ser possível defender que a influência pan-helênica de Homero seria um fato cultural incontornável para as épocas arcaica e clássica. Ainda assim, é preciso cuidado para que não se confunda a importância original da poesia de Homero com aquilo que seria da ordem de uma precedência originária.

3. Festivais dionisíacos na Ática

Os testemunhos mais confiáveis sobre as primeiras representações dramáticas, organizadas por Téspis, sugerem que o drama teria começado a ser ensinado na cidade de Atenas a partir de algum momento entre os anos de 538 e 528 (*Marm. Par.* ep. 43), sendo plausível relacionar esse fato às medidas públicas tomadas durante o governo de Pisístrato — tal como se evidencia a partir da análise histórica do período. Que o desenvolvimento da tragédia e dos demais gêneros dramáticos tenha sido possível em conexão com os festivais em honra a Dioniso na Ática é um ponto com relação ao qual os testemunhos do período clássico não dão margem à dúvida, afinal os festivais dionisíacos formam o contexto cultural básico em que se desenvolvem as *performances* dramáticas.

Levando em conta as características de Dioniso e de seu culto — tal como foram delineadas anteriormente —, talvez possa surpreender a informação de que seus festivais aconteciam sobretudo ao longo do inverno, durante um período relativamente curto, que equivaleria a um intervalo entre os meses de dezembro e março. A concentração nessa época do ano, contudo, não é fortuita. Plutarco (*De E apud Delphos* 9.388e-389c) — conquanto ofereça um testemunho tardio, na medida em que escreve no século II E.C. — traz uma informação curiosa sobre o culto délfico (do qual era um profundo conhecedor), ao dizer que em Delfos havia uma espécie de divisão litúrgica entre Apolo e Dioniso, segundo a qual duas porções desiguais do ano lhes eram atribuídas: o serviço a Apolo, caracterizado pela execução dos hinos triunfais que eram os peãs, ocupava a maior parte dos meses; durante o período de inverno, contudo, o serviço de Dioniso ganhava a precedência e o ditirambo, que lhe era próprio, substituía o peã.

O inverno é, em geral, um período de ociosidade no calendário agrícola dos povos helênicos, uma vez que os principais serviços de tratamento da terra e semeadura estão concluídos, enquanto o período propício para a colheita ainda não começou. Trata-se de um momento caracterizado por festas em honra aos mortos, com cultos em que os aspectos festivos de recomeço do ciclo natural da terra combinam-se com elementos fúnebres.

Muitos dos festivais helênicos são caracterizados por um elemento típico — a *pompé* [cortejo] —, por meio do qual a divindade é honrada de forma triunfal pelos devotos. No caso de Dioniso e de seus festivais áticos, esse elemento de culto ganha um aspecto ainda mais imediato, uma vez que a presença do deus se dá em seu *xóanon* — *i.e.*, em sua estátua de madeira —, escoltado fisicamente pelo cortejo de devotos, em memória de seu advento àquela terra. Não é uma coincidência que esse deus — caracterizado por seus aspectos estrangeiros e ambíguos — seja tão cultuado por meio de um elemento ritual comemorativo de sua vinda de fora e colocado em conexão com relatos de *xenía* [hospitalidade]. Também não é mera coincidência que essa matriz de ideias tenha se desenvolvido em conjunto com uma série de práticas sociais relacionadas a ritos de passagem: ou seja, processos por meio dos quais certas pessoas — normalmente de *status* ambíguo, no limiar entre duas condições diferentes (especialmente para o caso de jovens às vésperas da iniciação na vida adulta) — são afastadas da comunidade, expostas à marginalidade e, em seguida, reintegradas em seu novo *status*. O elemento lúgubre dos festivais dionisíacos que acontecem nesses meses de inverno está profundamente relacionado a essas ideias.

Os festivais áticos em honra a Dioniso, entretanto, são em grande parte alegres festividades e revelam nessa tensão — entre aspectos fúnebres e divertidos — a contradição inerente a esse deus. Atentando

3. FESTIVAIS DIONISÍACOS NA ÁTICA

para a ambiguidade que consiste em ter uma divindade — cujos mitos principais são violentos e lúgubres — honrada de forma festiva e descontraída, um estudioso escreve:

> Até onde se pode saber, os festivais dionisíacos dos atenienses eram bem distintos: eram ocasião para uma festividade caipira ultrapassada [*old-fashioned country gaiety*] e um pouco de mágica caipira ultrapassada [*little old-fashioned country magic*] como nas Dionísias rurais; ou para uma piedosa e alegre embriaguez, como na Festa das Jarras; ou para uma exposição da grandeza cívica e cultural de Atenas, como nas Dionísias urbanas. Apenas as Leneias talvez tenham mantido algo do fervor original que seu nome sugere e que se pode reconhecer nos chamados "Vasos Leneios". A função desses festivais áticos geniais era, nas palavras de Péricles, oferecer *anápaulai tôn pónōn* [repouso dos trabalhos]: seu valor era mais social do que religioso (DODDS, 1963, xxi).

Ainda que seja necessário modular sua afirmação final — no que tange à ausência de importância religiosa desses festivais —, na medida em que sua relevância político-social não exclui a existência de profundas implicações religiosas, a sugestão de que exista uma diferença fundamental entre os *mitos* dionisíacos e os *ritos* que são dedicados ao deus deve ser levada a sério na análise que se seguirá.

Eis os quatro festivais áticos realizados em honra a Dioniso que serão aqui abordados:

As Dionísias rurais, que aconteciam no mês de *Poseideṓn*, correspondendo, aproximadamente, ao mês de dezembro; as Leneias, em janeiro-fevereiro, no mês de *Gamēliṓn*; as Antestérias, que davam nome ao mês de *Anthestēriṓn* (em fevereiro-março aproximadamente); as Grandes Dionísias, em *Helaphēboliṓn* (março-abril). A antiguidade e a generalidade de pelo menos duas dessas festas são provadas pelo fato de que seu nome está em relação com a designação do mês que lhes corresponde numa grande quantidade de *póleis*. O mês de *Lēnaiṓn* é atestado em cerca de vinte *póleis*, principalmente jônicas; o de *Anthestēriṓn*, em quase tantas outras, principalmente na costa oriental da Ásia menor e no norte do Egeu (JEANMAIRE, 1970, 40).

Além disso, o fato de que o arconte basileu seja responsável não apenas pelos Mistérios mais antigos de Atenas, mas também pela organização das Leneias e das Antestérias — durante as quais sua mulher

151

desempenhava um papel preponderante e excepcional —, reforça a ideia de que esses festivais remontariam a tempos muito antigos. O próprio título de "basileu", atribuído ao arconte responsável por essas funções, parece trazer a memória de um tempo em que Atenas era governada por um rei [*basileús*] — um tempo mítico, portanto, do qual restam apenas relatos lendários.

3.1. Dionísias rurais[1]

O conhecimento sobre esse festival restringe-se a algumas informações provenientes de fontes do século V, responsáveis por mencioná-lo sucintamente. Festividades rústicas, as Dionísias rurais [*tà kat'agroùs Dionýsia*] aconteciam em cada *dêmos* ou comunidade campesina, dividindo-se ao longo de todo o mês de *Poseideõn*, de modo que era possível aos "amantes de espetáculos [*philotheámones*]" e aos "amantes de sons [*philékooi*]" frequentar várias celebrações diferentes durante o período, escutando diversas apresentações corais ao percorrer as diferentes regiões da Ática. Tal é o que se deduz do seguinte comentário de Glauco na *República*, de Platão:

> E Glauco disse: — Então muitos e estranhos [filósofos] serão para ti desse tipo. Pois todos os amantes de espetáculos parecem-me ser — já que se alegram em aprender — desse tipo, e certos amantes de sons são os mais estranhos de colocar entre os filósofos: eles não desejariam vir de bom grado a uma exposição e conversa como esta, mas — como se tivessem alugado as orelhas para ouvir todos os coros — ficam zanzando pelas Dionísias, sem abrir mão nem das que acontecem nas *póleis* nem das que acontecem nos vilarejos [*kõmai*] (Plat. Rep. 5.475d-e).

Para além do caráter polêmico que os comentários da *República* possam ter no tocante à apreciação dos espetáculos poéticos, é certo que essa referência alude a uma prática corrente no período clássico, pois, do contrário, seu tom polêmico de denúncia seria desmentido pela própria

---

1. Bibliografia especificamente dedicada ao assunto e aqui consultada: PICKARD-CAMBRIDGE, 1995, 42-56; JEANMAIRE, 1970, 40-43; DABDAB TRABULSI, 2004, 192-194.

experiência que o leitor pudesse ter dessa realidade. Ademais, é provável que esse tipo de prática seja muito antiga, na medida em que as Dionísias rurais são marcadas por traços de festivais arcaicos de longa duração e estabilidade na cultura helênica.

A cerimônia principal das Dionísias rurais consistia numa *pompḗ* [cortejo], transportando religiosamente o falo — de grandes dimensões —, enquanto entoava uma série de cantos e canções tradicionais. O festival certamente culminava em sacrifícios — que talvez se restringissem apenas a bolos ou cozidos, embora pudessem conter sacrifícios animais também (como as representações em cerâmica costumam sugerir). Em todo caso, o festival tinha provavelmente o caráter de um rito destinado a promover a fertilidade dos campos e dos jardins, bem como a fecundidade das famílias. Aristófanes conservou, de maneira muito representativa, os principais aspectos das Dionísias rurais num trecho de sua comédia, *Acarnenses* (237-278):

> **Diceópolis:** Bendizei! Bendizei!
> **Coro:** Silêncio, todos! Escutaram então, homens, a bênção?
> Ele próprio está aqui, aquele que procuramos. Mas todos aqui,
> saiam do caminho, pois o homem parece ir fazer o sacrifício.
> **Diceópolis:** Bendizei! Bendizei!
> Que prossiga um pouco adiante a portadora do cesto [*kanēphóros*]
> e que Xântias levante direito o falo.
> Deposita o cesto, ó filha, a fim de começarmos.
> **Filha:** Ó mãe, passa-me aqui a concha de caldo,
> a fim de que eu espalhe caldo sobre este bolo aqui.
> **Diceópolis:** Assim está bom! Ó senhor Dioniso,
> agraciadamente nessa procissão para ti, eu,
> realizando-a e fazendo sacrifícios com os de casa,
> lidero afortunadamente as Dionísias Rurais,
> liberado do serviço militar: para que meus tratados de paz
> de trinta anos resistam bem.
> Traze o cesto, ó filha, bela, de modo que belamente
> o carregues fazendo cara boa. Quão bem-aventurado
> é aquele que se casar contigo e te fizer coaxar com nada menos
> do que uma fuinha, assim que já for de manhã cedo.
> Prossegue e toma muito cuidado para que na multidão
> ninguém te surrupie, roubando-te as joias.

Ó Xântias, deve ser segurado direito por ti
o falo, atrás da portadora do cesto —
eu, seguindo, cantarei o canto fálico:
tu, ó mulher, observa-me do alto do telhado. Avante!

— Ó Falê, companheiro de Baco,
pândego noturno vagabundo,
adúltero amante de jovens,
no sexto ano te conclamo
vindo para a comunidade [*dêmos*], feliz,
depois de ter firmado tratados de paz em meu nome,
liberado de trabalhos
e de lutas e de Lámacos!
Pois quão mais doce é, ó Falê — Falê —,
encontrar na flor da idade Tratta, [serva] de Estrimodoro,
roubando lenha do monte Feleu,
pegá-la pela cintura, levantá-la, colocá-la no chão
e chupar até o caroço, ó
Falê — Falê.
Se conosco beberes, durante a bebedeira,
desde a madrugada secarás o cálice da paz.
(Ar. *Ach*. 237-78)

O aspecto doméstico que a representação desse festival tem na comédia de Aristófanes deve-se à situação excepcional em que se encontra a personagem de Diceópolis — um ateniense que firmou um tratado de paz pessoal com os espartanos, apesar da guerra entre Atenas e Esparta —, mas é preciso atentar para vários detalhes interessantes dessa passagem. Em primeiro lugar, a relação entre a chegada de Dioniso ("Ele próprio está aqui, aquele que procuramos [*Hoûtos autós estin hòn zētoûmen*]") e a procissão fálica. Trata-se de uma relação tradicional, como se vê no célebre fragmento de Heráclito:

> Pois, se não para Dioniso fizessem a procissão e o hino entoado com as vergonhas [*aidoíoisin*], cumpririam a coisa mais sem-vergonha [*anaidéstata*]. Mas Hades [*Aídēs*] é também Dioniso, em honra do qual enlouquecem e deliram [*lēnaízousin*] (Heraclit. fr. 15 DK).

Para além do jogo de palavras entre "as vergonhas [*aidoîa*]", "a coisa mais sem-vergonha [*anaidéstata*]" e o nome do deus "Hades [*Aídēs*]"

— com suas implicações nos possíveis aspectos fúnebres também do culto dionisíaco —, Heráclito faz alusão a uma associação que se revelará comum ao longo de toda a Antiguidade, entre Dioniso e as procissões fálicas. Para o caso específico das Dionísias rurais, um segundo testemunho vem reforçar esse aspecto, bem como o caráter rústico de tal celebração. Em seu livro *Sobre o desejo de riquezas* (*de cupid.* div. 8.527d), Plutarco afirma o seguinte: "A festa pátria das Dionísias antigamente enviava, popular e alegremente, ânforas de vinho e um ramo de vinha, depois alguém a puxar um bode e um outro a seguir portando uma cesta de figos secos e, atrás de todos, o falo". Ainda será importante retornar aos elementos citados nessa descrição que Plutarco oferece de uma modalidade arcaica das Dionísias rurais, mas por ora cumpre ressaltar a preponderância que o falo ocupa na *pompḗ* em honra a Dioniso.

A relação entre Dioniso e o falo certamente tem implicações no campo da fertilidade e da procriação: as menções que Diceópolis faz do casamento de sua filha, portadora do cesto na procissão [*kanēphóros*] — um elemento que também é comum ao que menciona Plutarco —, e da virilidade com que seu futuro marido há de "fazê-la coaxar com nada menos do que uma fuinha [*ekpoiḗsetai galâs soû mēdèn éttous bdeîn*]" são referências a essa dimensão da divindade. Sobre a persistência dessas associações, confira-se o trecho em que Agostinho (*De Civ. D.* 7.21), usando Varrão como fonte direta, trata de Líber — um dos nomes de Dioniso em Roma — e da reverência ao falo demonstrada em seu culto: segundo o autor, essa divindade era cultuada de modo que tivesse o domínio reconhecido sobre "as sementes líquidas e, portanto, não apenas o sumo dos frutos — entre os quais o vinho, de certo modo, ocupa o primeiro lugar —, mas também o sêmen dos animais [...]". Além disso, Dioniso era cultuado na Ática e em outras regiões com máscaras fálicas, nomes fálicos e representações fálicas, como nas figuras negras de um lécito ateniense do início do século V e em muitos outros exemplos epigráficos e plásticos[2].

---

2. Figuras negras num lécito, c. 490, de Atenas e atribuídas ao pintor de Atenas 9690. Athens, National Museum N970 (*BAPD* 305482). Para outras referências, cf. CSAPO, 1997, 258-259.

Ainda que fosse possível desenvolver essas associações — considerando outras implicações do falo, como funções de proteção (apotropaicas), provocação obscena (demarcação de território), dominação masculina e agressão —, basta ressaltar aqui o sentido de Dioniso como um deus que simboliza um poder sexual interminável e miraculoso. Na mentalidade helênica, a excitação sexual é um sinal externo de uma condição fisiológica e mental em que se revela a influência de um agente externo — daí a ideia de que os diferentes estados de alteração provocados por Dioniso estivessem no interior de uma mesma esfera da alçada desse deus: vinho, sexo, dança, canto e êxtase.

Levando em conta essa atmosfera reinante no festival das Dionísias rurais, não há de surpreender que Aristóteles tenha sugerido um desenvolvimento da comédia com base em um elemento típico dessas celebrações. Conforme um trecho da *Poética* anteriormente já citado:

> Qualquer que seja seu estado atual, a própria tragédia e a comédia surgiram de um primeiro motivo improvisado [10]: a primeira provém daqueles que conduziam o ditirambo; a outra, dos que conduziam os cantos fálicos [*apò tôn tà phalliká*], composições ainda hoje muito estimadas em nossas *póleis* (Arist. Poet.4.1449a9-31).

Apesar de Jeanmaire (1970, 43) sugerir que Aristóteles teria confundido a *pompé* (de caráter fálico) com aquilo que seria o *kômos* [a pândega], bem como as canções dedicadas ao falo com as mascaradas cômicas, não parece que uma distinção muito rígida entre essas diferentes etapas do ritual fosse sempre mantida, de modo que uma relação entre os cantos fálicos — nos festivais dionisíacos — e o desenvolvimento posterior da comédia é uma sugestão que deve ser levada a sério pelos estudiosos da origem dos gêneros dramáticos entre os povos helênicos. Vale a pena retomar aqui as considerações de uma importante estudiosa do desenvolvimento do drama ático, quando ela afirma que:

> [O]s gregos associavam a comédia com os *phalliká*; segundo Aristóteles [*Poet.* 1449a11-13], a comédia se desenvolveu dos *exarkhóntes* [líderes] dos *phalliká*, *i.e.*, das canções fálicas, que ainda estavam em uso em muitas cidades em seu tempo. Que os *phalliká* devam ser entendidos como envolvendo *phallophoreîn* [portar o falo] pode ser demonstrado em pelo menos um exemplo: segundo

Filomnesto [*FGrH527 F2*], na Rodes do século VI, um escritor cômico apresentou comédias como um *exárkhōn* entre *phallophoroí* [portadores de falo]. Usar o falo ou portar o falo era provavelmente a norma em tudo aquilo que seria percebido como pertencendo à categoria *tà phalliká* (SOURVINOU-INWOOD, 2003, 174).

O modelo básico desse tipo de *performance* foi descrito por uma fonte posterior, reportando-se inicialmente a um costume de Sícion — uma região com amplas conexões com Dioniso e os coros dedicados a ele, como já se viu anteriormente —, e essa descrição pode ser aqui retomada com proveito:

Semos, de Delos, diz no livro *Sobre peãs*: "Os chamados *autokábdaloi*, ficando de pé, coroados de hera, executam discursos". Depois eles, bem como seus poemas, foram nomeados iambos. E ele diz: "São chamados *ithýphalloi* os que têm máscaras de bêbados e se coroam, tendo luvas floridas. Eles usam túnicas meio brancas, cingem-se com um véu tarentino até os tornozelos, vão, entrando em silêncio pelos portões, até o meio da orquestra e viram-se para o público dizendo:
'Levantai, levantai, espaço
fazei. Para o deus quer
o deus direito [*ho theòs orthòs*] envigorado
pelo meio [*dià mésou*] chegar.'
E os falóforos [portadores do falo]", ele diz, "não usam máscara, mas ficam envolvidos numa grinalda de tomilho e de azinheira sobre a qual sobrepõem uma coroa espessa de violetas e hera; e, vestindo-se com caunacas [mantos pesados], achegam-se, uns vindo da lateral, outros das portas centrais, andando em ritmo e dizendo:
'A ti, Baco, acendemos esta música,
fluindo o simples ritmo com fugaz canção,
comum, inapropriada a donzelas, de modo algum
proclamada outrora em cantigas, mas sem mistura
iniciamos o hino.'
Depois, avançando, ridicularizavam os que escolhessem e ficavam de pé, enquanto o falóforo marchava direto, coberto de fumaça" (Semus, *FHG* 4.496 = Ath. 14.16 Kaibel; 622a-d Gulick).

Essa prática de ridicularização dos presentes — numa *performance* de procissão fálica, em meio a uma atmosfera de pândega e confusão — é aludida também no trecho de *Acarnenses* (271-276), em que Diceópolis expõe Tratta (a serva de Estrimodoro) ao ridículo, humilhando-a publicamente: Diceópolis orgulha-se de afirmar que, apanhada numa tentativa de roubar lenha do monte Feleu, a jovem é tomada por ele à força e estuprada. Essa mesma forma de violência sexual é sugerida na advertência ambígua dirigida à própria filha, atuando como *kanēphóros* [portadora do cesto], a fim de que tomasse cuidado na multidão, para que ninguém a surrupiasse, roubando-lhe as joias [*mḗ tis lathṓn sou peraitrágēi tà khrysía*]. Além disso, é também referida — pelo menos indiretamente — pela passagem mencionada por Semos, relativa à canção dos *ithýphalloi* [falos eretos], na qual eles clamam que o público levante e faça espaço para que "o deus direito envigorado" — *i.e.*, uma divindade fálica — possa "pelo meio chegar" até o deus — *i.e.*, Dioniso. A menção a uma passagem que "o deus direito [*ho theòs orthòs*]" faria "pelo meio [*dià mésou*]" tem óbvias conotações sexuais e uma ameaçadora sugestão de penetração forçada, tal como sugere Csapo (1997, 269).

Acerca desse tipo de *performance*, cabe retomar as considerações de Sourvinou-Inwood, segundo a qual:

> A forma literária da zombaria ritual e das obscenidades nos cultos de Dioniso e Demeter é a poesia iâmbica, envolvendo monólogos e canções que incluem ataques a pessoas, ou tipos de pessoas, e obscenidade. Em termos de gênero poético, Aristóteles conectou a comédia com a poesia iâmbica [*Poet.* 1449a4-5]. Que a poesia iâmbica inspirou o desenvolvimento da comédia é também uma percepção moderna e está inquestionavelmente correta.
> Segundo Ateneu, os *performers* que os sicionenses chamam *phallophoroí*, outros chamam *autokábdaloi* (o que significa "improvisadores"); segundo Semos de Delos [*FGrH* 396 F24 = Ath. 14.16; 622b], os *autokábdaloi* recitavam de pé [*stádēn epérainon rḗseis*] e usando coroas de hera; posteriormente, eles e sua poesia foram chamados *íamboi*. Dados os pressupostos helênicos sobre a relação entre *íamboi* e comédia, o que está sendo defendido aqui é que houve um desenvolvimento dos *autokábdaloi* — improvisadores recitando de pé e usando coroas de hera — para os *íamboi*, e desses para a comédia (SOURVINOU-INWOOD, 2003, 174).

No desenvolvimento desse argumento, Sourvinou-Inwood — à luz de sua reconstrução das Dionísias urbanas — entende que os elementos fálicos mencionados por Aristóteles e por Semos de Delos teriam entrado como um aspecto particular do rito de *xenía* [hospitalidade], tal como oferecido a Dioniso pelos atenienses nesse festival específico, em fins do século VI. Com base nessa hipótese, a autora sugere que a comédia teria surgido paulatinamente de um momento preciso do ritual realizado durante as Dionísias urbanas, devendo muito de seu caráter jocoso à atmosfera geral desse momento.

Ainda que essas considerações sejam interessantes — na medida em que tentam explicar a origem dos gêneros dramáticos de um modo geral (incluindo a comédia) a partir de uma relação com os diferentes elementos que fariam parte de seu contexto de *performance* no interior de um único festival, qual seja, o das Dionísias urbanas (a ser estudado logo mais) —, há alguns elementos que se contrapõem à datação tardia aí sugerida para o surgimento das *performances* cômicas (ainda mais quando se leva em conta sua relação com elementos fálicos). Certos indícios levam a crer que tais representações remontam a uma tradição muito mais antiga do que a autora acredita.

Um vaso ateniense produzido por volta do ano de 560, e exposto atualmente em Florença, traz duas imagens — uma de cada lado — de procissões fálicas, nas quais um imenso falo de madeira é carregado, sobre um suporte, por seis homens (ou doze, se houver seis de cada lado do suporte), enquanto figuras cômicas aparecem montadas sobre o falo[3]. A impressão geral de uma *performance* com um coro improvisado, de caráter grotesco, é inevitável, e as imagens foram frequentemente relacionadas ao tipo de evento que deve ter caracterizado as Dionísias rurais.

Uma interpretação recente dessa imagem, oferecida por Csapo (1997, 268-270), desenvolve uma explicação para dois de seus detalhes mais estranhos: atentando para dois homens que estão no nível do chão — além dos outros seis (ou doze) que carregam o suporte do falo —, o estudioso tenta sugerir quais as funções desempenhadas por eles em suas incômodas posições (uma vez que nenhum deles parece estar num local em que poderia ajudar no esforço de carregar o suporte do falo). O que está diante dos demais, de frente para eles, é relacionado por Csapo

---

3. Trata-se do seguinte vaso: figuras negras numa copa ateniense, c. 575-525. Firenze, Museo Archeologico Etrusco 3897 (*BAPD* 547).

àquilo que Aristóteles chama de *exárkhōn* das canções fálicas, ou seja, o indivíduo responsável por liderar o canto dos demais, improvisando versos que são entremeados pelos refrãos corais. Já com relação àquele que está atrás de todos os outros, Csapo imagina que seria o responsável por segurar a corda (que se vê passando por baixo do falo), comandando os movimentos do mecanismo a partir do qual se mexe o falo, sustentado pelo sátiro que tem um homenzinho em suas costas. Para corroborar essa engenhosa interpretação da imagem, o autor recorre à descrição feita por Heródoto (2.48-49) de um mecanismo análogo que ele teria visto no Egito, num festival dedicado a Osíris (cujo valor simbólico é igualado, na narrativa herodoteia, ao de Dioniso).

O trunfo da interpretação de Csapo, contudo, não é o de sugerir explicações pertinentes à imagem em questão, mas o de demonstrar a existência de uma longa tradição cultural em que *performances* fálicas teriam relação não apenas com Dioniso e com canções corais dedicadas a ele, mas com ritos de passagem fundamentais para a manutenção e o desenvolvimento da sociedade helênica. A amplitude do material levado em conta pelo estudioso ultrapassa o escopo da presente discussão — voltada para uma descrição sucinta do festival das Dionísias rurais —, mas dá abertura a considerações que ainda hão de ser levadas em conta quando for necessário refletir sobre a matriz de associações culturais tornadas possíveis a partir dos festivais áticos em honra a Dioniso.

Um último testemunho emblemático do desenrolar das Dionísias rurais é aquele que se encontra entre os escólios à comédia *Riqueza* [*Pluto*], também de Aristófanes. Segundo o escoliasta:

"dance sobre o odre [*askōlíaze*] ali mesmo": Os atenienses realizavam um festival, as Ascólias, no qual saltavam sobre os odres em honra a Dioniso. O animal [*i.e.*, o bode] parece ser odiado pela vinha. Certamente então o epigrama [de Evênio na *A.P.* 9.75] traz o seguinte da vinha diante da cabra, que está assim:
"se acaso me comeres acima da cepa, ainda assim portarei frutos,
tal sobreviverá a ti, bode, quando fores sacrificado".
("dance sobre o odre no lugar do outro": Dançar magistralmente sobre o odre [*askōliázein*] chamavam o saltar sobre odres com o intuito de gracejar. No meio do teatro colocavam os odres inflados e cobertos de óleo, sobre os quais os que saltavam escorregavam, tal como Eubulo, na Damaleia, afirma:
"E, perto dos outros, o odre no meio

colocando, saltai e gargalhai
dos que caírem, desde quando [for dado] o comando.")
[Assim também Dídimo. Diferentemente. Dançar sobre o odre chamavam
o saltar nos odres ou o saltar sobre um pé só. Diferentemente. Ascólias [é] o
festival de Dioniso: pois, enchendo o odre de vinho, pisavam nele com um só
pé: e o que ficasse de pé recebia como prêmio o vinho.]
(Schol. Ar. *Pl.* 1129)

A prática do *askōliasmós* certamente estava entre os divertimentos rústicos das festividades rurais dedicadas a Dioniso e consistia no ato de encher (de ar ou de vinho) um odre — feito com couro de bode —, besuntá-lo de óleo e propor um concurso em que quem conseguisse ficar mais tempo sobre ele — às vezes, tendo de dançar ou saltar sobre um pé só — ganharia o odre de vinho como prêmio. Os elementos míticos que explicam essa prática lúdica são referidos também pelo trecho acima: o bode, depois de ter comido o dom de Dioniso — qual seja, a vinha —, é escorchado como punição e dá azo à brincadeira que terá por prêmio o próprio derivado da vinha — qual seja, o vinho. Trata-se, portanto, de um mito etiológico dessa prática cujo caráter cômico e popular ainda pode ser visto em algumas práticas do interior do Brasil, como no caso do touro mecânico, por exemplo, ou do pau de sebo. Não deixa de ser curioso notar os paralelos iconográficos entre a imagem do Museo Archeologico Etrusco de Firenze 3897 (*BAPD* 547), aludida acima, e a prática do pau de sebo: em ambas, figuras humanas agarram-se a um grande tronco liso e parecem visar algo que se encontra amarrado em seu topo. Naturalmente, contudo, se a interpretação de Csapo (1997, 270) — segundo a qual o falo seria um mecanismo móvel nessa imagem — estiver correta, a sugestão de uma comparação com o pau de sebo deixa de ter sentido.

Aparentemente não há nada que seja dramático ou mimético nessa prática, sendo difícil sugerir que o *askōliasmós* tenha tido alguma relação com o desenvolvimento dos gêneros dramáticos na região da Ática. Ainda assim, ele certamente esteve presente entre as atrações das Dionísias rurais e aparece como um dos elementos que compunham o ambiente rústico e a rede de associações mitológicas em que as primeiras *performances* de Téspis devem ter se desenvolvido.

3.2. Leneias[4]

Há poucas certezas e muito debate em torno das fontes que podem ter relação com esse festival. As Leneias parecem ter sido um festival antigo — como sugere o fato de seu nome estar conectado à forma jônica para se referir ao mês em que aconteciam — e incluíam alguns elementos arcaicos do culto a Dioniso. Na Ática, as Leneias davam-se no mês chamado de *Gamēliṓn* — ou seja, entre janeiro e fevereiro, no auge do inverno —, mês que era chamado pelos jônicos justamente de *Lēnaiṓn* e que Hesíodo (*Os trabalhos e os dias* 504) recomenda evitar, pois seria de "maus dias, todos tosa-gado". A origem do nome da festa é controversa.

> Por um longo período foi assumido que o festival chamado Leneias, o lugar de sua celebração, o *Lēnaíon*, e o deus cultuado, Dioniso Leneu, eram chamados assim por causa de uma conexão com a prensa de vinho, *lēnós*, embora a mera existência de um *lēnós* numa localização sugerida para o santuário *en límnais* [nos brejos] (até então identificado com o *Lēnaíon*), e de outros na mesma vizinhança, fosse obviamente inconclusiva; prensas de vinho são objetos comuns numa região vinícola e a referência especial à prensa do vinho e a seu deus em janeiro ou fevereiro não era obviamente apropriada. Consequentemente, uma derivação alternativa dessas palavras, não de *lēnós*, mas de *lênai*, conhecida como nome de bacantes e mênades, encontrou aceitação mais geral (PICKARD-CAMBRIDGE, 1995, 29).

Justamente o já referido fr. 15 DK de Heráclito fornece argumentos para reforçar essa compreensão da palavra, na medida em que o filósofo afirma que os devotos de Dioniso *maínontai* [enlouquecem] e *lēnaízousin* [deliram/ celebram as Leneias], enquanto um escoliasta anota o seguinte nesta passagem: "*lēnaízousin*: baqueiam [*bakkheúousin*], pois as bacantes [*bákkhai*] são *lênai* [ensandecidas]". Um trecho do *Protréptico* (1.2.2), de Clemente de Alexandria, além dos escólios a essa mesma passagem, e um verbete de Hesíquio (s.v. *lênai*) reforçam essas associações.

---

4. Bibliografia especificamente dedicada ao assunto e aqui consultada: PICKARD-CAMBRIDGE, 1995, 25-42; JEANMAIRE, 1970, 44-47; DABDAB TRABULSI, 2004, 194-196; SEAFORD, 1994, 239-240; SOURVINOU-INWOOD, 2003, 120-123; WILSON, 2000, 27-32.

A localização das Leneias também é uma questão controversa. Tratava-se certamente de uma região agreste, como é possível inferir a partir dos escólios ao v. 202 de *Acarnenses*, no qual Diceópolis afirma: "Conduzirei as Dionísias, entrando nos campos". Com relação a essa referência, o escoliasta especifica o seguinte:

> Escólio. "conduzi-las-ei nos campos": as chamadas Leneias. Aí as Leneias e a disputa da prensagem de vinhas são feitas para Dioniso. Pois *Lḗnaion* é um santuário rural de Dioniso, porque aconteciam †trançagens [†*plektoùs*] lá ou porque colocaram a primeira prensa nesse lugar.

Duas passagens de Hesíquio, combinadas com três de Fócio, sugerem a existência de um cinturão [*períbolon*] em torno desse grande santuário dedicado a Dioniso Leneu, sendo indicado que as *performances* poéticas aconteceriam nesse espaço[5]. Que o templo se encontrava próximo à ágora é o que fica sugerido pelo escoliasta em uma passagem de um discurso de Demóstenes (*Sobre a coroa*, 129), mas sua localização precisa ainda não foi determinada de forma conclusiva: há quem imagine que ele estaria na região dos "Brejos" (segundo Hesíquio, "*Límnai*"), onde uma parte das Antestérias também acontecia, mas outras informações são conflitantes com essa e a arqueologia ainda não chegou a resultados conclusivos.

Em todo caso, parece possível reconstituir alguns dos elementos que compunham o festival. Acontecia uma *pompḗ* [procissão] conduzida pelo arconte basileu — fato que atesta a antiguidade do costume —, e, para a realização dessa tarefa, ele contava com certos ajudantes [*epimelētaí*] (Arist. *Ath.* 57.1). Essa mesma fonte ainda sugere que o arconte basileu seria o responsável por organizar disputas de "corridas de tochas [*tôn lampádōn*]" ao longo do festival, bem como os "sacrifícios tradicionais [*patríous thysías*]". Tais informações são reforçadas por Pólux (*Onomástico* 8.90) e por algumas inscrições que mencionam sacrifícios durante as Leneias. Conforme um escólio ao v. 548 da comédia *Cavaleiros*, alguns carros acompanhavam a *pompḗ* e, de cima desses carros [*epì tôn hama-*

---

5. Hsch. (s.v. *epì Lēnaíōi agôn*; *Límnai*); Phot. (s.v. *íkria*, *Lḗnaion*; *orkhḗstra*). Sourvinou-Inwood (2003, 120-121) contesta o valor das evidências vindas dessas fontes lexicográficas.

xôn], poemas eram cantados em direção aos que seguiam a pé: segundo Fócio, explicando em seu *Léxico* justamente o sentido da expressão *"tà ek tôn hamaxôn* [os de cima dos carros]", esses poemas eram de escárnio e zombaria.

O emprego ritualístico dessa modalidade poética tem sido reconhecido atualmente — sendo que a prática desde a Antiguidade já dispunha de um nome próprio, *"aiskhrología* [discurso feio]", e constituía um tipo de discurso abusivo e obsceno, com objetivos apotropaicos. Parece possível que essas *performances* também tenham incluído elementos tradicionais das procissões fálicas, como sugere Pickard-Cambridge:

> Embora não haja nenhuma evidência direta relacionando uma procissão fálica (como a que é representada por Aristófanes) com as Leneias, mas apenas um tipo de procissão em carros, a partir dos quais os que estavam em cima zombavam dos presentes, é pelo menos provável que um *kômos* [pândega] fálico tenha sido incluído também, como as Dionísias rurais faziam (PICKARD-CAMBRIDGE, 1962, 145).

Em outros momentos de sua obra, o estudioso hesita com relação a esse ponto, mas afirma que, independentemente do que tenha sido a prática histórica, não haveria nada de extraordinário na linguagem de abuso empregada em tais ocasiões de culto a Dioniso: segundo ele, na volta dos místicos de Elêusis, nas Antestérias e em outras situações sem conexão com o rito, haveria emprego de uma linguagem igualmente iâmbica (PICKARD-CAMBRIDGE, 1962, 147). O estudioso, contudo, não dá as fontes para um emprego "cotidiano" da linguagem de abuso, de modo que persiste a ideia de que tal modalidade linguística estaria ligada — na maior parte dos casos — a situações extremas de reversão da ordem, em meio a cultos desestabilizadores das hierarquias cotidianas, na linha do que sugere Csapo (1997).

Acerca disso, os "Vasos Leneios" dão um testemunho importante. Embora a sugestão elaborada por Frickenhaus há mais de um século, segundo a qual esses vasos representariam os mistérios sagrados das Leneias, tenha sido contestada e já não seja recomendável partir dessas imagens para inferir detalhes do rito (PICKARD-CAMBRIDGE, 1995, 34), permanece o fato inegável de que certas indicações presentes neles relacionam ritos femininos secretos com o culto a Dioniso durante seus festivais na Ática: quer representem as Leneias, quer representem as Antestérias, essas cerâmicas suscitam uma rede de associações responsável por formar uma imagem pouco definida, mas muito sugestiva, do que devem ter sido os ritos secretos e sagrados que eram realizados ao longo desses festivais.

Nessas imagens — cujos primeiros exemplos supérstites datam de um período entre os anos de 490 e 480, embora tenham sido elaboradas ao longo de todo o século V —, mênades dançam e executam gestos rituais ao som de uma aulista, enquanto carregam apetrechos do culto dionisíaco, como tirsos, tochas e vasos específicos, em presença de uma imagem do deus. A divindade é representada como um toco alto sobre o qual são colocadas sua distintiva máscara (à guisa de rosto), certas vestimentas (à guisa de corpo) e ramas de vinha ou hera[6]. Rothwell (2007, 15) reconheceu em tais aspectos algo que reforça a relação já sugerida entre Dioniso, seu culto e o desenvolvimento dos gêneros dramáticos.

Nas imagens em que Dioniso está ausente, o gestual característico das mênades — em seus movimentos ao som de um instrumento musical (em geral, o *aulós*) —, bem como o transporte de vasos chamados escifos [*skýphoi*], perante uma mesa sobre a qual se encontra um vaso maior, o estamno [*stámnos*], permite a identificação de um rito análogo[7]. Um escólio ao v. 479 da comédia *As rãs*, explicando o sentido da expressão "Chama o deus [*kálei theón*]!", oferece uma preciosa informação litúrgica acerca desses ritos:

[Q]uanto ao "Chama o deus!", alguns usam-no assim. Nas competições Leneias de Dioniso, o *daidoûkhos* [portador da tocha], carregando um facho, diz "Chamai o deus [*kaleîte theón*]" e os ouvintes presentes gritam "Íaco de Sêmele, doador de riqueza [*Semelēi Íakkhe ploutodóta*]".

---

6. Exemplos dessas imagens poderiam ser: figuras vermelhas sobre uma cílice [*kýlix*], c. 490-480, de Atenas. Berlin, Antikensammlung F2290 (*BAPD* 204730). Ou ainda: figuras vermelhas num estamno [*stámnos*], c. 450-400, de Atenas. Naples, Museo Archeologico Nazionale 81674 (*BAPD* 215254).

7. Um exemplo dessas imagens poderia ser: figuras vermelhas sobre um estamno, c. 475-425, de Atenas. Oxford, Ashmolean Musem G289.7 (*BAPD* 207195).

As celebrações — ao que tudo indica, noturnas — incluíam, portanto, cantos e gritos de invocação ao deus, sob seu título cultual, que pode ter sido o mesmo empregado nos ritos noturnos das Antestérias, segundo Otto (1965, 80). A menção a Sêmele, mãe de Dioniso, traz uma alusão ao mito de nascimento do deus e já foi sugerido que uma das imagens dos "Vasos Leneios" o representaria como criança[8]. O epíteto "doador de riqueza [*ploutodóta*]" reforça as associações anteriormente sugeridas com uma divindade do mundo inferior, como é o caso de Hades. Além disso, o nome Íaco também aparece associado ao culto realizado em Elêusis e, embora não seja possível precisar a relação entre essas festividades (PICKARD-CAMBRIDGE, 1995, 34-35), o caráter sério desses Mistérios aparece de forma inegável. Conforme um estudioso do assunto:

> O orgiasmo das cerimônias do meio do inverno parece ter relação com a evocação de divindades ctônicas cuja reaparição é um penhor do despertar já próximo das forças da natureza. Existe pelo menos a presunção de que as festas das Leneias tenham sido coordenadas pela celebração de mistérios desse tipo (JEANMAIRE, 1970, 46).

A esse respeito, um escólio anteriormente mencionado — comentando uma passagem do *Protréptico* (1.2.2), em que Clemente de Alexandria, despeitado em seu cristianismo, lançava impropérios contra os Mistérios de Dioniso — traz uma sugestão interessante do que poderia ser o conteúdo dos cantos entoados durante as Leneias:

> Escólio, "ensandecidos [*lēnaízontes*]": uma canção agreste era cantada perto da prensa, que também ela própria circundava a dilaceração de Dioniso [*tòn Dionýsou sparagmón*]. Muitíssimo bem e de bom grado acontecia o cingir-se com a hera, tal como aquilo que é mostrado para Dioniso — quando acontecem as Leneias —, assim também isso se dá na embriaguez e eles fazem coisas inconvenientes às pessoas e embriagam-se todos juntos (Schol. Clem. Alex. *Protrept.* 1.2.2).

Seaford (1994, 264) sugeriu a importância que mitos e ritos criados em torno do *sparagmós* [dilaceração] de Dioniso devem ter tido nas fases

---

8. Trata-se da seguinte imagem: figuras vermelhas sobre um estamno, c. 475-425, de Atenas. Warsaw, National Museum 142465 (*BAPD* 214262).

mais arcaicas de seu culto, com implicações inclusive no desenvolvimento posterior dos gêneros dramáticos. Ele menciona algumas passagens referenciando a prática histórica do *sparagmós* entre grupos de mênades mencionadas em testemunhos de períodos posteriores (Plut. *Mor.* 365a; Paus. 10.4.3), imaginando que esses trechos ecoariam práticas mais antigas, e conclui que o ritual representado nos "Vasos Leneios" tem grande chance de envolver histórias e encenações sobre o desmembramento e o renascimento de Dioniso.

Apesar de tantos elementos sugestivos para a história do desenvolvimento do drama, não se sabe quando as *performances* dramáticas tiveram início nas Leneias. Seu reconhecimento cívico formal, tal como aparece registrado em inscrições corégicas, foi posterior ao das Dionísias urbanas, devendo ter se dado por volta do ano de 440 para a comédia e pouco tempo depois para a tragédia.

> [N]ão há evidências do que acontecia antes disso. É possível que as *performances* fossem mais na escala daquelas que aconteciam nas Dionísias rurais, nos *dêmoi* dos campos (nenhum dos quais parece ter celebrado as Leneias), e que foi comparativamente mais tarde que elas se tornaram mais ambiciosas e foram transferidas da ágora para o teatro de Dioniso. [...] Pode ser que as primeiras *performances* cômicas tenham sido mais importantes nesse festival do que as trágicas (o contrário sendo o caso para as Dionísias urbanas) (PICKARD-CAMBRIDGE, 1995, 40-41)

A relação que esse festival veio a estreitar oficialmente com a comédia ao longo do século V pode apontar para uma associação que já existisse anteriormente — embora de forma não oficial — entre esse gênero poético e a realização das Leneias, justificando a importância que ora se dá a esse contexto cultural e a seus possíveis desdobramentos. Um testemunho antigo chega a sugerir que a "trigédia [*trygōidía*]" (um nome usado para se referir à comédia, de forma que parodia o nome da tragédia) teria sido chamada assim a partir do prêmio oferecido àqueles que ganhavam renome nas Leneias, qual seja, o vinho novo (chamado em grego de *trýx*). Tal é a sugestão do autor anônimo de *De Com.* 1.6 Kaibel.

Um testemunho do final do século V e início do século IV alude a uma prática — que certamente poderia remontar a períodos mais antigos — segundo a qual um banquete para aqueles envolvidos no coro (e em seu treinamento) deveria ser oferecido pelo corego após as competições dramáticas (Ar. *Acha*. 1154-61). Essa mesma prática também era comum nas Dionísias urbanas ao longo dos séculos V e IV, sendo de imaginar que suas raízes remontassem a períodos ainda mais recuados da história.

Como se vê, alguns paralelismos entre os dois festivais dramáticos dedicados a Dioniso em Atenas parecem indicar a existência de uma competitividade entre aqueles envolvidos na realização de um e de outro, como se houvesse uma espécie de disputa velada para a aquisição do máximo de reputação possível por meio dessas exibições públicas. Testemunhos que parecem registrar uma alegação especialmente polêmica dessa tradição "leneica" são aqueles oferecidos por lexicógrafos que aludem à existência de competições [*agônes*] ocorrendo no grande santuário de Leneu, antes de o teatro ter sido construído. Os trechos mais relevantes são estes:

> "A competição no Leneu": Há na cidade um Leneu circular tendo um grande santuário de Leneu em si, no qual eram executadas as competições dos atenienses antes de o teatro ter sido construído (Hsch. s.v. *epì Lēnaíōi agṓn* [A competição no Leneu]).

> "Leneu": O grande círculo em Atenas no qual as competições aconteciam, antes de o teatro ter sido construído, era chamado de Leneu. Nele existe também um santuário de Dioniso Leneu (Phot. s.v. *Lḗnaion* [Leneu]).

O teatro ateniense foi construído pela primeira vez por volta do ano de 500, e Sourvinou-Inwood (2003, 120) defende que esses testemunhos não remeteriam necessariamente a um período anterior à instituição dos concursos trágicos (como devem ter se dado nas Dionísias urbanas, cerca de trinta anos antes disso), mas apenas a algum tipo de *performance* que pode ter acontecido por ocasião das Leneias pouco antes do início do século V. A estudiosa tem interesse em refutar a importância que outros festivais (para além das Dionísias urbanas) possam ter tido na história do desenvolvimento dos gêneros dramáticos, na medida em que sua teoria se desenvolve basicamente a partir de uma análise desse festival para sugerir de que forma a tragédia, a comédia e o drama satírico teriam se formado. Vale ressaltar, contudo, que a menção à construção do teatro nesses testemunhos funciona como *terminus ante quem*, indicando que — na opinião desses lexicógrafos tardios, cujas fontes para tais informações não são conhecidas — certas competições poéticas teriam acontecido no grande santuário de Leneu, com a sugestão suplementar de que seu grande cinturão [*períbolos*] poderia fazer as vezes de arquibancada.

Essas sugestões são interessantes — da perspectiva de uma arqueologia do drama —, mas é preciso reconhecer que as informações disponíveis para quem queira formar uma ideia clara do que podem ter sido essas *performances* mais arcaicas não são tão numerosas ou seguras quanto se poderia desejar. Isso talvez se deva à preponderância que as Dionísias urbanas e as Antestérias vieram a ganhar no século V, abafando diretamente nas fontes antigas o atrativo que pôde existir em celebrações anteriores, como no caso das Leneias.

Um indicativo da menor importância que era dispensada a esse festival em Atenas é o que afirma Peter Wilson:

> Pode-se formar alguma ideia do que fazia a produção de um coro nas Leneias distintivo, e o sentido de seu caráter é até certo ponto determinado, como era para os atenienses, por contraste com os arranjos para o festival urbano maior. A primazia da comédia nas Leneias parece ir de mãos dadas com um *status* em geral inferior do festival em termos do prestígio a ser conquistado pelo poeta, *performer* ou corego. As Leneias evidentemente serviam de degrau para — e um lugar a ser relegado assim que se alcançassem — as mais prestigiosas competições das Grandes Dionísias (WILSON, 2000, 28).

A legislação sobre a participação e o recrutamento de membros do coro para cada um desses festivais dionisíacos indica algo análogo. Conforme o escoliasta ao v. 954 da comédia *Riqueza* [*Pluto*]: "Não era permitido a um estrangeiro dançar [*khoreúein*] no coro citadino. [...] [N]as Leneias era permitido: pois também os metecos [estrangeiros residentes] lideravam os coros". Isso significa que a legislação era mais flexível no que tangia à participação de indivíduos tradicionalmente considerados de *status* inferior na escala de valores sociais da *pólis*: enquanto apenas cidadãos podiam participar de coros treinados para festivais urbanos, no caso de coros para as Leneias, metecos podiam fazer

169

as vezes de corego (ou seja, estrangeiros residentes podiam liderar as *performances* corais), enquanto até mesmo estrangeiros não residentes podiam participar do coro.

Está inteiramente de acordo com a hierarquia de prestígio entre os dois festivais dramáticos que houvesse uma grande distinção legal concernente ao recrutamento de membros do coro para as Leneias. Metecos podiam servir como *khorēgoí* [líderes do coro] e *khoroí* [coros] podiam incluir estrangeiros. É preciso ressaltar o significado desse envolvimento na cultura coral da *pólis* por parte daqueles que não eram completamente membros da comunidade política, especialmente quando se leva em conta a importância da *khorēgía* [sistema corégico] como um meio primário de autodefinição comunal. O comentador, ao qual se devem esses detalhes, explicitamente os conecta de forma causal: estrangeiros podiam participar num *khorós* leneio, já que metecos também serviam como *khorēgoí*. Essa associação entre *liderança* coral estrangeira e *pertencimento* coral é um exemplo de uma recorrente associação profunda, em termos práticos e ideológicos, entre *khorós* e *khorēgós* [...] (WILSON, 2000, 29).

Para além das implicações socioculturais apontadas pelo estudioso nesse trecho — entre os cantos corais e o desenvolvimento de uma identidade cívica coletiva, tal como tem sido visto a partir de exemplos atenienses, sicionenses, coríntios, entre tantos outros —, convém atentar para um aspecto prático que pode ter sido determinante no desenvolvimento desigual da importância conferida a cada um dos festivais áticos dedicados a Dioniso: trata-se da época do ano em que cada um deles era realizado. Enquanto as Dionísias urbanas aconteciam no início da primavera, quando os mares já estavam abertos à navegação e a *pólis* enchia-se de visitantes estrangeiros, as Leneias aconteciam no auge do inverno, quando os mares eram perigosos e o público das celebrações restringia-se basicamente àqueles que residiam na Ática. É a isso que se refere Diceópolis, num trecho de *Acarnenses* (496-508):

Diceópolis: Não vos enfureceis, ó homens espectadores,
se, mesmo sendo um mendigo, ainda assim entre atenienses ouso
falar sobre a *pólis*, fazendo trigédia [comédia].
Pois o justo conhece também a trigédia.
Eu direi coisas terríveis, mas ainda assim justas.
Pois Cleonte não me difamará agora por

falar mal da *pólis* na presença de estrangeiros.
Pois nós estamos sós na competição das Leneias
e os estrangeiros ainda não estão presentes: pois nem os impostos
chegam, nem — vindos das *póleis* — os aliados;
mas estamos sós agora, descascados do resto.
Pois digo que os metecos são a casca dos cidadãos.
(Ar. *Ach.* 496-508).

As implicações desse trecho são explicitadas por escólios anotados às margens[9], mas já estão suficientemente claras a partir do que foi dito. Resta, contudo, ressalvar, que — mesmo desfrutando de menos renome e esplendor do que as Dionísias urbanas de modo geral — as Leneias eram altamente consideradas pelos atenienses e pelos povos helênicos, como atestam as palavras de Hipóloco (citadas por Ath. 4.5 Kaibel; 4.130d Gulick) ou de um aticista como Alcifronte (*Epist.* 1.4; 4.18.10). Em ambos, as Leneias sobressaem como um ambiente refinado não apenas por suas exibições dramáticas, mas também pelo *status* e pela riqueza daqueles que as frequentavam.

Não se sabe até quando o festival das Leneias existiu em Atenas. Sobre as competições poéticas tampouco se tem alguma informação mais precisa. Conforme um estudioso:

> Não é certo quando as disputas chegaram ao fim. O monumento disposto por Xénocles [*I.G.* ii². 3073], como agoneta em 306, prova sua permanência depois da abolição do sistema corégico. A lista de poetas trágicos vitoriosos nas Leneias [*I.G.* ii². 2325] vai apenas até por volta de 320, mas, como a dos atores trágicos vitoriosos vai até o fim do séc. III (e pode ter ido para além disso), as disputas de poetas sem dúvida também continuaram. O restante do registro didascálico [*I.G.* ii². 2319] da comédia nas Leneias terminava pouco depois de

---

9. Eles afirmam o seguinte: "Escólio *(a)*. Sendo final do inverno, nas Leneias acontece o drama, pois para as Dionísias tinha sido definido que as *póleis* levariam até Atenas os impostos, como Êupolis fala em *Póleis* (fr. 240 K). Escólio *(b)*. A competição das Dionísias acontecia duas vezes por ano: a primeira, na primavera, na cidade, quando também os impostos eram trazidos para Atenas; a segunda, nos campos, que era chamada de Leneias, quando os estrangeiros não estavam presentes em Atenas — pois estava no fim do inverno" (Schol. Ar. *Ach.* 506a, 506b).

284, mas a lista de poetas cômicos vitoriosos [*I.G.* ii². 2325] continua para além de 150 (PICKARD-CAMBRIDGE, 1995, 42).

Essa longa duração é mais um testemunho do prestígio de que dispunham as Leneias em Atenas. Outro indicativo disso poderia ser uma inscrição do século III encontrada na *pólis* ática de Ramnunte [*Rhamnoûs*], com uma dedicatória específica a Dioniso Leneu (*I.G.* ii². 2854). A interpretação dessa inscrição, contudo, permanece duvidosa e não é possível empregá-la para sugerir uma disseminação das Leneias para além de Atenas após o período clássico, sendo necessário reconhecer as limitações do que é possível estabelecer aqui sobre a duração e a disseminação desse festival na Antiguidade.

3.3. Antestérias[10]

As Antestérias são mencionadas por Tucídides (2.15.4) como as mais antigas Dionísias, sendo realizadas em honra a Dioniso nos Brejos [*en Límnais*], entre os dias 11, 12 e 13 do mês chamado *Anthestēriṓn* — o que equivale aproximadamente a fevereiro —, não apenas pelos atenienses, mas também pelos demais povos jônicos. A questão do nome do festival — em sua conexão com o nome do próprio período em que acontecia — foi colocada por um estudioso nos seguintes termos:

> À primeira vista, é o nome do mês que foi adotado para a festa. São as palavras *ánthos*, flor, e o verbo *antheîn*, florescer, que a explicariam, em referência ao renascimento do mundo vegetal que se produz no início da primavera. A questão de saber o que é anterior e deu o nome ao outro, o mês ou a festa, já era insolúvel para os Antigos. Os autores modernos propuseram várias soluções, sem que se possa decidir de maneira definitiva (DABDAB TRABULSI, 2004, 196-197).

Outra hipótese seria aquela que levasse em conta uma informação oferecida por Filóstrato, em seu livro *Sobre heróis* (12.2):

---

10. Bibliografia especificamente dedicada ao assunto e aqui consultada: PICKARD-CAMBRIDGE, 1995, 1-25; JEANMAIRE, 1970, 48-56; BURKERT, 2011, 358-364; DABDAB TRABULSI, 2004, 197-201; WILSON, 2000, 32; SOURVINOU-INWOOD, 2003, 104-106.

Escutei de Protesilau, ó hóspede, também essas coisas sobre esse herói [Ájax], que cortou o cabelo junto ao rio Ilisso, em Atenas, e [escutei ainda] que os atenienses em Troia amavam-no e seguiam seu comando, bem como o que dissesse. Acredito que passou para o lado dos áticos, mesmo habitando Salamina — região que os atenienses transformaram num *dêmos* —, e, quando lhe nasceu um filho — que os aqueus chamavam de Eurísaco —, alimentou-o com um alimento diferente — que os atenienses louvavam. Na ocasião em que as crianças com três anos de idade, em Atenas, coroam-se de flores no mês *Anthestē riṓn*, ele ofereceu-lhes crateras e sacrifícios, como no costume dos atenienses. E afirmava também ele próprio lembrar assim dos ritos dionisíacos conforme Teseu (Philostr. *Heroic.* 12.2).

Essa informação encontra respaldo em certas imagens gravadas sobre o tipo de jarra [*khoûs*] que certamente era usada durante as Antestérias — sendo provável que elas representem diferentes momentos desse festival —, onde se veem crianças e jovens com coroas de flores enquanto se divertem em atividades lúdicas[11]. É possível, portanto, que este nome — Antestérias — tenha vindo da prática ritual de se coroarem crianças e jovens com flores, como forma de bênção a quem está prestes a experimentar um rito de passagem.

A conexão de Dioniso com as forças vegetais foi lugar-comum nos estudos de religião e antropologia do início do século XX, tal como sugerido pelos trabalhos de Frazer, Harrison e Nilsson, nos quais as imagens vegetais — muitas vezes ligadas a ritos primaveris — apareciam em conexão com o deus. Ainda que estudos posteriores tenham tendido a refinar a conexão da divindade apenas com certos tipos de vegetais — principalmente a vinha e a hera —, é inegável a importância dessa dimensão natural para a realização das Antestérias e até mesmo das Grandes Dionísias (no mês seguinte). Além disso, o início da primavera era um período especialmente propício para o louvor de Dioniso, pois as uvas colhidas no outono, e deixadas fermentando durante o inverno, finalmente estavam prontas para ser consumidas como *trýx* [vinho novo].

---

11. Exemplos poderiam ser: figuras vermelhas numa jarra [*khoé̌*], c. 450-400, de Atenas. Athens, National Museum 17753 (*BAPD* 16320). Ou ainda: figuras vermelhas numa jarra [*khoé̌*], c. 450-400, de Atenas. Athens, National Museum 17286 (*BAPD* 11082).

A antiguidade desse festival — sugerida por Tucídides (2.15.4) — parece confirmada não apenas pelo fato de que seu nome era o mesmo do mês em inúmeras outras *póleis*, mas também porque era celebrado na Jônia (remontando a um período anterior à lendária migração dos povos jônios da Ática para o outro lado do Egeu) e estava, em Atenas, sob responsabilidade do arconte basileu: a relação especial entre o arconte basileu e Dioniso em certos ritos das Antestérias — como será visto na sequência — reforça essa mesma tese. Ademais, alguns elementos do próprio festival parecem amalgamar-se a uma matriz comum do culto dionisíaco — anteriormente vista em relação com as Dionísias rurais e as Leneias —, sugerindo um mesmo fundamento arcaico desses três festivais para além do historicamente constatável.

Os testemunhos sobre os três dias do festival afirmam que o primeiro deles era chamado *pithoígia* — devido ao tipo de jarro [*píthos*] em que o vinho estava conservado —, sendo o momento em que, após um longo período de fermentação, a bebida poderia vir a ser consumida (Schol. Ar. *Ach.* 961). Os devotos reuniam-se ao fim da tarde perto do santuário de Dioniso *en Límnais* [nos Brejos], abriam os *píthoi* e bebiam o vinho após terem feito as primeiras libações à divindade (Plut. *Quaest. Conv.* 3.655e). Conforme Pickard-Cambridge (1995, 9), o principal objeto desse ritual era remover o tabu da comida e da bebida para que a comunidade pudesse gozar delas sem temor de contaminação. Uma descrição antiga desse primeiro dia de festividades — encontrada entre os escólios aos *Os trabalhos e os dias* (368) — dá uma ideia dos excessos e divertimentos que costumavam acontecer nessa ocasião:

> Entre os costumes pátrios há o Festival dos Jarros [*Pithoígia*], durante o qual não era permitido que nem moradores nem sujeitos assalariados se apartassem do júbilo do vinho, mas sacrificando compartilhassem totalmente do dom de Dioniso. Belamente dizem então ser preciso "saciar-se do vinho aberto" e estar em harmonia no festival: é preciso também cuidado por parte dos tesoureiros durante o júbilo, de modo que ainda exista o bastante para nós outra vez e outra vez. Se a maior parte for desperdiçada, o restante seria pouco, e difícil seria o cuidado — pois, é dito, rapidamente isso mudaria e se tornaria inútil para os cuidadosos (Schol. Hes. *Op.* 368).

Conforme o testemunho de Fanôdemos (325 F 12 Jac.), reportado por Ateneu (11.13 Kaibel; 11.465a Gulick), após a bebedeira havia muita cantoria também e os devotos dançavam, enquanto clamavam nomes como "Evantes", "Ditirambo", "Baqueutas" e "Brômio". A julgar por esses e outros testemunhos antigos, a atmosfera de licenciosidade e embriaguez devia avançar até altas horas da madrugada.

O segundo dia, chamado de *Khóes* [canecas], era celebrado por uma bebedeira ao longo de toda a cidade, na qual o vinho era consumido nesse recipiente específico — arqueologicamente bem atestado e com capacidade para cerca de dois litros da bebida, segundo Burkert (2011, 359). Desse dia participavam escravos — como atestam os alegres versos de Calímaco (fr. 178 Pfeiffer), que fala que "[n]em a aurora do Festival dos Jarros passava despercebida, nem o dia/ em que os jarros de Orestes conduzem brilho aos escravos" —, além de crianças com mais de três anos, já admitidas na vida em comunidade: suas canecas eram menores do que as de tamanho adulto e pareciam motivo de grande orgulho para elas e seus familiares, como indica sua presença em tumbas infantis. Em algum momento desse mesmo dia, anunciada pelo ressoar de um trompete, uma espécie de competição tinha início, na qual quem bebesse mais rápido todo o conteúdo de sua própria caneca era declarado vencedor: o prêmio mais antigo parece ter sido um odre de vinho (Schol. Ar. *Ach.* 1224-5), embora certos relatos sobre o tirano Dionísio — numa celebração das Antestérias — afirmem que ele teria oferecido uma coroa de ouro como prêmio a quem bebesse primeiro o vinho de sua caneca (D.L. 4.2.8; Ath. 10.49 Kaibel; 10.437b-e Gulick).

O mito etiológico para essa prática envolve a chegada de Orestes a Atenas, após ter perpetrado o assassinato da própria mãe. Como ele possuía um miasma terrível, os atenienses não podiam tocar o mesmo vinho que ele sem correr o risco de se contaminar, mas, como não queriam ofender o hóspede [*xénos*], "um certo Pandíon engendrou o seguinte estratagema: colocando uma jarra de vinho para cada um dos convivas, ordenou que bebessem dela sem que se misturassem uns aos outros, de modo que nem Orestes bebesse da cratera [*krátēr*] nem sofresse por beber sozinho" (Schol. Ar. *Ach.* 960-1). Esse mesmo mito etiológico é referido ainda por Eurípides (*IT* 939-60). A julgar por certas passagens de Plutarco (*Quaest. Conv.* 1.613b; 1.643a-b), enquanto o vinho não fosse inteiramente consumido, os convivas — tanto no mito quanto no rito — deviam manter o mais estrito silêncio.

Em todo caso, o santuário de Dioniso *en Límnais* [nos Brejos] devia ficar aberto durante mais tempo, sendo frequentado pelos devotos que continuavam a consumir o vinho e a cultuar a divindade com cantos e danças. A julgar pelo que é afirmado por Aristófanes (*Ra.* 209-20), e pelos escólios à passagem, a pândega embriagada [*kraipalókōmos*] durava até que o terceiro dia do festival — chamado *Khýtroi* [marmitas] — já tivesse começado.

Não se sabe ao certo, mas parece que uma *pompḗ* em honra a Dioniso acontecia em algum momento do segundo dia, escoltando a imagem do deus sobre um carro naval até o *Boukólion* — um lugar vizinho do Pritaneu e especialmente dedicado ao arconte basileu (Arist. *Ath.* 3.5). Fócio, em seu *Léxico* ("O que acontece sobre os carros [*Tà ek tôn hamaxôn*]"), afirma que durante o festival das Jarras "os que escarnecem de sobre os carros zombavam e debochavam dos presentes". Trata-se do mesmo tipo de rito já mencionado nas Leneias, uma vez que versos de caráter iâmbico abusivo e agressivo também aí eram empregados com finalidades apotropaicas. Mas, para o caso das Antestérias, uma imagem talvez ofereça interessantes complementos ao que se pode imaginar sobre esse rito: figuras negras — gravadas num escifo ateniense, por volta do início do século V, e tradicionalmente relacionadas a esse momento do festival — representam homens conduzindo um boi para o sacrifício, ao som do *aulós*, enquanto um carro com características de um navio sobre rodas avança com uma imagem de Dioniso, flanqueada por dois sátiros aulistas[12]. O aspecto iâmbico da *performance* é sugerido pela presença dos sátiros, e a imagem de Dioniso parece ter sido escoltada assim até o lugar em que o sacrifício do boi lhe seria oferecido, antes que as demais etapas do festival tivessem continuidade.

Outra imagem talvez associada a isso é aquela atribuída a Exéquias, que representa Dioniso reclinado num navio com vinhas crescendo pelo

---

12. Trata-se da seguinte imagem: figuras negras num escifo [*skýphos*], c. 500-450, de Atenas. London, British Museum B79 (*BAPD* 4319).

mastro enquanto golfinhos nadam em torno[13]. Houve quem enxergasse nas imagens que relacionam Dioniso com a navegação uma sugestão de sua origem asiática — imaginando que seu culto estrangeiro teria entrado na Hélade por meio de uma travessia histórica do mar Egeu. Contudo, Otto (1965, 163), notando que o mesmo tipo de rito também existia na costa oriental (nas *póleis* jônicas), afirma que esse rito não teria sentido se o carro naval e as representações de Dioniso em ambiente marítimo fossem memória desse evento pretensamente histórico. Nesse sentido, o estudioso sugere:

> Hermipo [Ath. 1.27e] fala das muitas coisas boas que Dioniso traz consigo em seu navio negro desde que ele navega pelo víneo mar. A famosa copa de Exéquias mostra-o no alto-mar num navio equipado com velas e uma poderosa vinha. O carro naval no qual ele faz sua entrada nas Antestérias ainda traz memórias de sua jornada através do mar. Nessa representação de Dioniso como navegador, certamente há algo mais do que apenas a ideia de que ele vem de uma grande distância — ou seja, através do mar. As evidências já citadas indicam quão próxima sua associação com o mar e com a água em geral costumava ser pensada (OTTO, 1965, 163).

Em todo caso, uma vez chegada ao lugar onde o sacrifício seria realizado — provavelmente no *Boukólion* —, a imagem de Dioniso devia ser recebida com mais cantos e danças ao som do *aulós*. Nesse mesmo recinto aconteciam os ritos femininos secretos e o casamento sagrado de Dioniso com a *basilínna* [rainha], mulher do arconte basileu de Atenas (Arist. *Ath.* 3.5). Burkert (2011, 362) imagina que esse momento do ritual estaria representado em alguns dos "Vasos Leneios", devendo antes ter relação com o que se dava no final do segundo dia das Antestérias do que com ritos típicos das Leneias. Essa sugestão ganha em pertinência quando se levam em conta os detalhes do longo testemunho de um orador ateniense do século IV — o chamado pseudo-Demóstenes —, no que tange à realização dos Mistérios femininos nesse festival:

---

13. Trata-se da seguinte imagem: figuras negras numa copa, c. 575-525, de Atenas. Munich, Antikensammlungen 8729 (*BAPD* 310403).

[73] E essa mesma mulher realizava por vós os ritos secretos em nome da *pólis* e via aquilo que não lhe era permitido ver — sendo ela uma estrangeira —, e, apesar de ser assim, ela entrou onde nenhum outro dos atenienses jamais entra (a não ser a mulher do rei [*basiléōs*]), administrou o juramento das sacerdotisas [*geraraí*] responsáveis pelos sacrifícios, foi dada como mulher a Dioniso, realizou em nome da cidade os ritos pátrios para os deuses, ritos muitos, sagrados e secretos. Se eles nem sequer devem ser ouvidos por todos, como há de ser piedoso que sejam realizados por uma oportunista, ainda mais por uma tal mulher e que já executou obras tais?

[74] Mas quero contar-vos mais precisamente acerca dessas coisas de novo, sobre cada uma, a fim de que mais cuidado tenhais com a punição e saibais que não apenas por vós próprios e pelas leis depositareis a sentença, mas também pelo cuidado com os deuses, executando a punição dos impiedosos e castigando os injustos. Pois antigamente, ó homens atenienses, havia soberania na *pólis* e o reinado dos que sempre prevaleciam por serem autóctones, de modo que o rei realizava todos os sacrifícios, mas os mais solenes e secretos sua mulher realizava, sendo a rainha [*basilínna*].

[75] Assim que Teseu uniu as comunidades e fez a democracia — enquanto a *pólis* tornava-se populosa —, o povo não menos continuou a escolher o rei por sua virilidade, a partir de votações públicas, e estabeleceu uma lei segundo a qual a mulher dele seria cidadã e jamais relacionada a outro homem, mas casada virgem, a fim de que — em conformidade aos costumes pátrios — realizasse os ritos sagrados em nome da cidade e as práticas fossem feitas piedosamente para com os deuses, sem que nada as transtornasse ou inovasse.

[76] E, tendo escrito essa lei numa estela de pedra, depositaram-na no santuário de Dioniso junto do altar [*bōmós*] nos Brejos (essa mesma estela ainda agora está aí, mostrando o escrito em apagadas letras áticas). O povo assim dava testemunho sobre sua piedade para com o deus e deixava um penhor aos vindouros de que a mulher dada ao deus e responsável por fazer os ritos deveria ser tal como estimamos. E por causa disso colocaram-na no mais antigo e mais sagrado santuário de Dioniso, nos Brejos, a fim de que muitos conhecessem seu escrito: pois uma vez por ano é aberto, no décimo segundo dia do mês *Anthestēriṓn* [fev./mar.].

[77] Com efeito, em nome dos ritos sagrados e solenes, dos quais cuidaram vossos antepassados tão bela e convenientemente, é digno que também vós sejais sérios, ó homens Atenienses, e é digno punirem tanto os que desprezarem vossas leis quanto os que desrespeitarem vergonhosamente os deuses, e isso por duas razões: a fim de que uns paguem por suas injustiças e outros sejam advertidos e temam prejudicar os deuses e a *pólis*.

[78] Mas quero conclamar até vós o sacro-arauto, que serve à mulher do rei, quando ela administra o juramento às sacerdotisas trazendo os cestos diante

do altar — antes que toquem nas vítimas —, a fim de que também vós escuteis o juramento e as palavras ditas (pelo menos quanto é lícito escutar) e saibais quão solenes, sagrados e antigos os costumes são. "Juramento das Sacerdotisas: vivo sacramente, sou pura e limpa de todas as coisas que não são puras e do comércio com os homens, e honrarei o Festival do Deus do Vinho e de Ióbaco, por Dioniso, conforme os costumes pátrios e nos tempos propícios." ([Dem.] 59.73-8)

O trecho é longo, mas seus detalhes reforçam muito do que foi exposto sobre a realização das Antestérias e corrobora a ideia de que algumas das imagens representadas pelos chamados "Vasos Leneios" dizem respeito aos ritos realizados durante as Antestérias. Em alguns desses vasos temos a representação do que devem ter sido as quatorze sacerdotisas [gerairaí], enquanto se aproximavam do altar com seus apetrechos rituais, antes de prestarem seu juramento solene[14]. Ou ainda seus cantos, danças e gestos no culto secreto a Dioniso, antes que o casamento sagrado entre o deus e a *basilínna* [rainha] acontecesse[15].

Os detalhes desse rito não são conhecidos, mas é certo que ele compunha o ápice de todo o festival. A esse respeito, um estudioso da religião helênica anota o seguinte:

> Durante o festival de Dioniso das Antestérias em Atenas, a mulher do "rei", a *Basilínna*, era dada como mulher ao deus; falava-se de sua união sexual [*symmeîxis*] num local preciso, o *Boukólion*, no mercado. O modo do ato — se uma imagem estava em jogo ou se o "Rei" usando uma máscara do deus surgia —, isso é deixado por conta da imaginação. O espelhamento mítico é com Ariadne, aquela que Teseu — o rei ático prototípico — raptara e que, por ordem dos deuses, abandonara em prol de Dioniso durante a noite. Em torno de Ariadne há ritos orgiásticos e gritos, como também nas Antestérias, e sua exuberância aparece ligada a aspectos sombrios. "Sagrado" é o casamento também nesse exemplo, na medida em que ultrapassa o mero deleite humano (BURKERT, 2011, 171).

---

14. Como em: figuras vermelhas sobre um estamno, c. 475-425, de Atenas. Oxford, Ashmolean Musem G289.7 (*BAPD* 207195). Ou ainda: figuras vermelhas sobre um estamno, c. 475-425, de Atenas. Warsaw, National Museum 142465 (*BAPD* 214262).

15. Exemplos: figuras vermelhas sobre uma cílice [*kýlix*], c. 490-480, de Atenas. Berlin, Antikensammlung F2290 (*BAPD* 204730). Ou ainda: figuras vermelhas num estamno [*stámnos*], c. 450-400, de Atenas. Naples, Museo Archeologico Nazionale 81674 (*BAPD* 215254).

Ao contrário do que acontece nos mitos tradicionais de resistência à chegada de Dioniso, o deus é bem recebido por Atenas durante as Antestérias. Na figura de seu mais alto representante — o arconte basileu —, a *pólis* honra e propicia devidamente o deus, a fim de que ele garanta a fertilidade e o vigor da comunidade ática. A importância de que o exemplo mítico dessa união seja a de Dioniso e Ariadne será demonstrada quando forem analisadas algumas imagens do século VI, cujas implicações para o desenvolvimento dos gêneros dramáticos hão de se mostrar consideráveis.

O terceiro dia do festival, chamado *Khýtroi* [Marmitas], começava ao fim do segundo dia — havendo alguma confusão nos testemunhos acerca das cerimônias que deveriam ser atribuídas a cada um deles, como é o caso de uma passagem de Aristófanes (*Ra.* 217-9) ou duas de Fócio ("Dia poluído [*miarà hēméra*]"; "*Rhamnus* [*Rhámnos*]"). Tais confusões são compreensíveis, na medida em que algumas práticas devem ter se sobreposto e mesmo coexistido em determinados momentos, mas é importante demarcar a diferença de atmosfera entre cada um desses dias: enquanto o festival das Jarras [*Khoés*] era um dia festivo e alegre, com amplo consumo de vinho, cantos, danças e procissões, o festival das Marmitas [*Khýtroi*] era dedicado ao culto dos mortos e tinha um caráter nefasto. Essa mudança abrupta devia marcar o início de um retorno à normalidade, depois de um período de suspensão das amarras sociais mais estritas.

Alguns testemunhos sugerem quais seriam as práticas apotropaicas executadas nesse dia: empregando uma planta (chamada *rhámnos*), mascada desde cedo a fim de que se transformasse numa substância negra pastosa, os atenienses cobriam com ela as portas de suas casas e os próprios corpos a fim de espantarem os espíritos [*daímones*] (Phot. s.v. *Rhamnus*); ao longo do dia lançava-se o grito ritual "Porta afora, *Kêres*, já não é mais Antestérias! [*Thýreze Kêres, oukét' Anthest ria ê*]" (Phot. s.v. *Thýraze Kâres* ...). Burkert (2011, 360) aventa a possibilidade de que, também nessa ocasião, o povo ateniense empregasse máscaras e outras formas de disfarce ritual. As fontes antigas aludem ainda a outra prática de celebração dos mortos: a realização de um cozido no qual se misturavam vários grãos — numa mistura chamada *panspermía* —, não sendo permitido comê-lo ou tocá-lo, pois deveria ser dedicado a Hermes ctônico em meio aos mortos (Schol. Ar. *Ach.* 1076). Uma imagem de figuras vermelhas numa jarra (c. 450-400) talvez ofereça uma representação do que pode ter sido esse terceiro dia de Antestérias, com o fim da algazarra e uma atmosfera mais sóbria de culto aos mortos e ao próprio Hermes[16].

A participação de Dioniso nesse terceiro dia do festival não é diretamente atestada, e Pickard-Cambridge (1995, 13) chegou a sugerir que essa divindade não teria nada a ver com o último dia dessas celebrações. É preciso aventar, contudo, as associações ctônicas de Dioniso ao longo da tradição helênica antes de propor uma interpretação apressada desse momento de encerramento do festival.

O fr. 15 DK de Heráclito já foi citado algumas vezes para dar a ver a associação entre Dioniso e Hades, o deus dos mortos, mas ainda não se destacou o trecho inteiro em que Clemente de Alexandria cita esse fragmento de Heráclito. A passagem é importante por acionar uma rede de associações relativas a aspectos menos divulgados e mais obscuros de Dioniso, embora suas implicações estejam presentes em inúmeros outros mitos e festivais relacionados à divindade ao longo de toda a Antiguidade.

> Dioniso, desejando descer ao Hades, embora ignorasse o caminho, recebeu a promessa de que lho explicaria um certo homem de nome Prósimno, mas não sem um pagamento: o pagamento não era belo, mas para Dioniso era belo — o pagamento era a graça do sexo, o que Dioniso era requisitado a fazer. O pedido encontra o deus favorável e este prometeu-lhe cumpri-lo assim que retornasse, confirmando com um juramento a promessa. Ensinado [o caminho], ele vai. Retorna de volta, mas não encontra Prósimno (pois tinha morrido): Dioniso, desejando quitar a dívida ao amante, lança-se sobre o túmulo e o alivia. Cortando então um ramo qualquer de figueira, molda-o como um membro de homem e senta-se sobre o ramo, cumprindo a promessa ao morto.
> Em memória mística desse sofrimento, falos são carregados para Dioniso pelas *póleis* (Clem. Al. *Protrept.* 2.34.3-5).

---

16. Trata-se da seguinte imagem: figuras vermelhas numa jarra [*khoûs*], c. 450-400, de Atenas. Paris, Musée du Louvre CA1683 (*BAPD* 1556).

Esse mito etiológico parece fundamentar a prática — tradicional, como já foi demonstrado — de se oferecerem procissões fálicas para Dioniso. Além disso, o mito oferece o plano de fundo para festivais que celebram o retorno de Dioniso do mundo dos mortos (a exemplo de Argos), conectando aspectos propriamente fúnebres com um comportamento licencioso — no consumo de vinho e na prática desbragada de sexo, sob os impulsos de seus cantos e danças. O fato de que Hermes fosse cultuado como uma divindade responsável por fazer o caminho entre o mundo dos vivos e o dos mortos ganha um novo sentido no interior das Antestérias, quando se evoca a possibilidade de que Dioniso tenha precisado perfazer esse mesmo caminho — segundo uma versão do mito, em busca da própria mãe mortal (CSAPO, 1997, 286).

Alguns veem no festival das Agriônias, realizadas em Orcômenos na Beócia (Plut. *Quaest. Gr.* 38), o mesmo tipo de associação entre Dioniso e os aspectos fúnebres de sua influência e de seu culto. Além disso, os mitos de resistência ao deus, com seus desfechos trágicos e violentos, reforçam essas mesmas ideias[17].

> Então o festival argivo — cujas fontes chamam de um festival para os mortos — era claramente o mesmo tipo de festival que o beócio, em honra a Dioniso. Diante disso, é óbvio que um festival apelando para experiências tão trágicas e expondo-as assim poderia muito bem ser um festival para os mortos também. Talvez as Agriônias fossem executadas aproximadamente na mesma época do ano que as Antestérias — se, como é provável, elas aconteciam no *Helaphēboliṓn*, ou seja, um mês após as Antestérias (OTTO, 1965, 119).

Um mito relacionado por Burkert (2011, 360) como possível motivação para os traços fúnebres do terceiro dia das Antestérias, depois de toda a liberdade e êxtase que o consumo desmedido do vinho pôde provocar, é aquele sobre Icário: tendo acolhido bem Dioniso, esse ho-

---

17. Além dos vários mitos de resistência a Dioniso já mencionados anteriormente, Otto (1965, 172) menciona os diversos grupos familiares em que três figuras femininas tentam resistir a Dioniso e acabam punidas: as Prótidas (Hes. *fr.* 27), as Miníades (Plut. *Quest. Gr.* 38; Ant. Lib. 10; Ovídio, *Met.* 4.31), além das tebanas do mito de Penteu, as três irmãs de Sêmele (Ino, Ágave e Autónoe). Henrichs (1987, 100) lembra ainda que algumas representações de figuras femininas do tipo *kourotróphos* também são dispostas em tríades, como as *Hôrai*, as *Khárites* e as *Aglaúrides*. Cf. HEDREEN, 1994, 49.

mem recebe o dom do vinho e decide oferecê-lo também a seus vizinhos; esses, contudo, sob efeito da embriaguez, adormecem e, quando acordam, acreditando terem sido envenenados, assassinam Icário e escondem seu corpo. Sua filha, Erígone, procura pelo pai e, depois de encontrar seu cadáver dentro de um poço, enforca-se[18].

Segundo Burkert (2011, 363), os balanços representados em inúmeros vasos dos séculos VI e V seriam um traço do ritual lúgubre executado nesse dia em memória de Erígone e seu pai[19]. Existem outras versões do mito, como aquela em que Erígone é seduzida pelo próprio Dioniso — conforme as *Metamorfoses* (6.125), de Ovídio —, mas em todas elas permanecem os traços fúnebres do destino da garota. Levando isso em conta, esse mito certamente poderia subjazer às histórias narradas em torno dos rituais seguidos nas Antestérias, revelando-se um excelente mito etiológico da atmosfera presente no terceiro dia desse festival (em que pese o silêncio das fontes a esse respeito).

Em todo caso, parece correto afirmar que as diferentes festas dionisíacas de final do inverno e início da primavera — acompanhadas de caça e de ritos violentos — oferecem a ocasião para que os devotos de Dioniso aproximem-se de alguma forma da mais extrema e radical experiência da alteridade, qual seja, a experiência da morte. A proximidade entre o que talvez seja celebrado pelo festival das Jarras [*Khoés*] e os ritos fúnebres de verter o conteúdo de jarras em honra aos mortos — como se vê de forma inesquecível nas *Coéforas*, de Ésquilo — sugere que a distância entre a fase inicial das Antestérias e sua fase final não seria tão grande quanto supunha Pickard-Cambridge (1995, 13).

Da mesma forma, a recusa *a priori* de que esse festival pudesse ter fornecido elementos importantes à matriz de mitos e ritos responsáveis

---

18. Algumas das referências para esse mito são, por exemplo: Schol. *Il.* 22.29; Apollod. 3.14.7; Varr., *R.R.*, 1.2, 19-20; Hyg. *Astr.* 2.4; Schol. Luc. *Deor. conc.* 5 (Rabe, 211-212); Schol. Luc. *D.Mer.* 7.4 (Rabe, 279-281); Nonn. 47.1-265.

19. Para uma referência aos mitos e vasos que fundamentam essa interpretação, cf. BURKERT, 2011, 360, n. 100. Entre os exemplos de vasos citados pelo estudioso, vale a pena ressaltar: figuras negras numa ânfora, c. 550-500, de Atenas. Boston (MA), Museum of Fine Arts 98.918 (*BAPD* 301521). Ou ainda: figuras negras numa ânfora, c. 550-500, de Atenas. Paris, Musée du Louvre F60 (*BAPD* 301554).

pelo desenvolvimento gradual dos gêneros dramáticos na Ática é outra apreciação um tanto ou quanto apressada. Pickard-Cambridge (1995, 15) parece certo em recusar que os *agônes khýtrinoi* [disputas marmíticas], mencionados por pseudo-Plutarco (*Vit. Dec.* 841f) como uma retomada que Licurgo promove de uma tradição antiga deixada de lado, pudessem remontar a um período muito anterior. Ainda assim, há uma interessante evidência para a prática de *performances* corais nas Antestérias, mesmo antes que o deus cultuado pelos atenienses nas Grandes Dionísias tivesse sido recebido na Ática.

É preciso levar em conta aqui a possibilidade de que um fragmento do poema *Hécale*, de Calímaco, implique o conhecimento desse poeta acerca de uma tradição muito antiga de coros para Dioniso nas Antestérias, explicitamente descritos como tendo sido executados num tempo em que a cidade não dançava para Dioniso Eleutério. Tal é o texto do fragmento, na reconstituição de Hollis (1990, fr. 85+ *apud* WILSON, 2000, 320, n. 104): "[Os antigos atenienses] celebravam um festival com danças corais não para Dioniso Negra-égide [*Melanaíx*], que Eleutêr estabeleceu, mas para Dioniso Brejeiro".

O fragmento sugere, sem dúvida, a existência de uma tradição que — tal como leva a crer o testemunho de pseudo-Plutarco acima mencionado — pretenderia reivindicar as Antestérias como o contexto cultual em que certas modalidades poéticas prestigiosas teriam sido executadas pela primeira vez na Ática. Na mesma linha do que já foi sugerido com relação às Leneias, a existência desse fragmento aponta para a existência de polêmicas antigas envolvendo alegações de precedência — temporal e hierárquica — no que tange ao desenvolvimento e à prática de gêneros poéticos e ritos cultuais no interior da própria Ática e dos próprios festivais dedicados a Dioniso nessa região. A evidência, no entanto, é escassa demais para que se possa delinear um quadro mais bem definido do que seriam as motivações para essas polêmicas, e aqui é preciso restringir a análise a algumas sugestões mais gerais em torno desses pontos.

3.4. Dionísias urbanas[20]

As Dionísias urbanas são as mais recentes e tornam-se — com pouco tempo — as mais célebres festividades dedicadas a Dioniso em Atenas. Esse festival adquire tanto esplendor, e de forma tão rápida, que — poucas décadas após ter sido instituído — podia ser equiparado em termos de grandeza apenas ao festival das Grandes Panateneias, celebração quadrienal em honra à deusa protetora da *pólis*, Atena. Algumas razões para o sucesso que as Dionísias urbanas vêm a conhecer — sobretudo no século V — já foram aludidas na argumentação anterior, mas o que interessará à presente abordagem é propor uma discussão sobre os princípios desse festival (ainda no século VI), seus primeiros mitos e ritos, principalmente em sua relação com os outros festivais dionisíacos na Ática e com o desenvolvimento gradual dos gêneros dramáticos. Em português, existem alguns estudos recentes sobre o formato das Dionísias urbanas no período Clássico, sendo possível remeter a esses títulos a fim de evitar a necessidade de uma abordagem dos detalhes relativos a um momento que ultrapassa o escopo da presente análise[21].

Antes de entrar nos testemunhos antigos, porém, cabe explicitar uma ressalva sugerida recentemente com relação ao tipo de abordagem aqui proposta. Em 2009, Bacelar publica um artigo em que chama a atenção para o risco de assumir automaticamente a pertinência original de determinados mitos etiológicos (atestados apenas por fontes tardias), como se eles necessariamente fossem a causa primeira [*aítion*] de ritos antiquíssimos. No caso especificamente tratado pela estudiosa, o questionamento dirige-se à pertinência do mito de Pégaso — transportando a estátua de Dioniso de Eleutéria até Atenas — para explicar os ritos originais das Dionísias urbanas. Sua investigação aponta um caminho que pode ser retomado aqui a fim de que se explicitem as diferentes relações entre os mitos e os ritos envolvidos na celebração desse grande

---

20. Bibliografia especificamente dedicada ao assunto e aqui consultada: PICKARD-CAMBRIDGE, 1995, 57-125; MALHADAS, 1983/1984; GOLDHILL, 1987; DABDAB TRABULSI, 2004, 201-203; SEAFORD, 1994, 240-257; SOURVINOU-INWOOD, 2003, 67-120; WILSON, 2000, 21-25; GERALDO, 2017, 183-205.
21. Cf. MALHADAS, 1983/1984; DABDAB TRABULSI, 2004, 201-203.

festival ateniense — ainda que sua ressalva deva ser mantida sempre em mente e retomada ao longo da argumentação.

O nome do festival encontra alguma flutuação nas fontes antigas: chamado de Dionísias urbanas[22], a ideia parece ser a de diferenciá-las do substrato mais agrário e rústico a partir do qual as demais vieram a se desenvolver; sendo chamadas de Grandes Dionísias[23], a referência parece ser ao esplendor e destaque que elas receberam entre todas as outras festividades em honra a Dioniso; finalmente, reflexo desse prestígio adquirido no século V, elas podiam ser chamadas simplesmente de Dionísias[24], como se tivessem vindo a representar a própria essência desse tipo de festival. Essa confluência de nomes aponta para algo que será verificado quando se compararem as estruturas dos festivais dionisíacos realizados na Ática: há uma grande analogia entre as festas, sendo lícito postular uma matriz comum a partir da qual seus mitos e ritos vieram a se desenvolver e a se amalgamar.

O mito etiológico tradicionalmente empregado pelos estudos sobre as Dionísias urbanas é mencionado por um escoliasta ao v. 243 da comédia *Acarnenses*, no momento em que Diceópolis — celebrando sua versão das Dionísias rurais — recomenda que Xântias segure direito o falo:

> O falo é um pau alongado, tendo as vergonhas de couro penduradas no alto. O falo é erguido para Dioniso, conforme um rito de mistérios. E sobre esse falo o seguinte é contado: Pégaso dos eleutérios — Eleutéria sendo uma *pólis* beócia —, tendo tomado uma estátua de Dioniso, chegou à Ática. E os atenienses não receberam o deus com honra; mas isso não se deu gratuitamente para os que se decidiram por tal. Irando-se o deus, uma doença abateu-se sobre as vergonhas dos homens e o mal era incurável. Como eles não tivessem sucesso [em curá-la], posto que a doença era mais forte do que todas as magias e artes humanas, emissários de oráculos [*theōroí*] foram enviados às pressas. Retornando, eles disseram só haver uma única cura: se eles conduzissem o deus em toda a honra. Obedecendo então aos mensageiros, os atenienses prepara-

---

22. *Dionýsia tà astiká*, Thuc. 5.20; *Dionýsia ta en ástei*, Lei de Evégoros (Dem. 21.10); Aeschin. 3.68, por exemplo, além de *I.G.* ii². 851, 958.

23. *Dionýsia tà megála*, Arist. *Ath*. 56, além, por exemplo, de *I.G.*ii². 654, 682.

24. *Dionýsia*, Thuc. 5.23.4, Dem. 21.1, Arist. *Ath*. 56, por exemplo, além de *I.G.*ii². 1006, 1028.

ram falos em privado e em público e com eles honravam o deus, fazendo uma lembrança de seu sofrimento (Schol. Ar. *Ach.* 243).

Como notado por Bacelar (2009, 146), é curioso que esse relato — considerado uma etiologia das Dionísias urbanas — não mencione o festival nominalmente e, mais do que isso, apareça em escólios a um verso que remete diretamente à realização das Dionísias rurais. Conforme a estudiosa, o objetivo do escoliasta é explicar o verso de Aristófanes e assim o faz recorrendo a um *aítion* [explicação/justificativa] da prática das procissões fálicas. A instituição dessa prática ritual coincide com a instituição de uma festa, mas a identificação dessa festa com as Dionísias urbanas não pode ser feita apenas com base nesse texto. Para isso, é preciso conjugá-lo ainda com outros testemunhos, principalmente com certas passagens de Pausânias. Eis a primeira delas, no que se refere à arquitetura de Atenas:

> Depois do templo de Dioniso há uma construção contendo imagens de argila: Anfictião, de Atenas, recebendo os outros deuses e Dioniso. Aí também está Pégaso, o eleutério, que trouxe o deus para os atenienses. Nisso ele foi auxiliado pelo oráculo de Delfos, lembrando que no tempo de Icário tal era a estadia do deus (Paus. 1.2.5).

Pausânias reforça a ideia de que Pégaso, o eleutério, fosse de fato compreendido por atenienses dos tempos mais recuados — isto é, os responsáveis por fabricar as imagens de argila contidas nesse templo — como o responsável por levar Dioniso para a região da Ática, situando o evento no tempo de Anfictião, rei de Atenas. A menção a Anfictião há de ganhar desdobramentos interessantes quando o mito for colocado em seu contexto, mas por ora convém apenas ressaltar que esse trecho de Pausânias transmite maior fiabilidade às informações mencionadas pelo escoliasta.

Outras passagens de Pausânias confirmam a antiguidade do santuário de Dioniso Eleutério em Atenas[25], aludindo ainda à prática de trans-

---

25. "Há, perto do teatro, o mais antigo santuário de Dioniso. Dentro do círculo existem dois templos e Dionisos: um é o Eleutério e o outro, aquele que Alcamene fez de marfim e de ouro." (Paus. 1.20.3).

portar sua estátua pela *pólis* em dias específicos a cada ano, certamente durante as festividades em sua honra[26]. Outros testemunhos — a serem referidos no desenrolar da presente discussão — poderiam ser aqui citados, mas nenhum deles mudaria o fato de que não há uma relação clara e indubitável entre o mito sobre a vinda de Pégaso — trazendo a estátua de Dioniso — para Atenas e a instituição histórica das Grandes Dionísias nessa *pólis*. Muitos estudiosos — entre eles Pickard-Cambridge e Sourvinou-Inwood — parecem assumir esse ponto como uma evidência, mas é preciso ressaltar que esse mito faz parte de uma matriz comum aos demais festivais dionisíacos e que há muitas influências mútuas no que diz respeito a práticas rituais e a mitos etiológicos. Privilegiar uma das versões — em detrimento de outras — para reconstruir a partir dela o que deve ter sido a forma mais antiga de um festival pode revelar-se um procedimento arbitrário se o estudioso não for capaz de justificar suas escolhas com argumentos sólidos.

A esse respeito, cumpre mencionar ainda uma última passagem de Pausânias, na medida em que ela se prestou a um tipo diferente de reconstrução histórica, com base em um estudo de Connor (1989). Nela, Pausânias informa o seguinte:

> Para os que se voltam de Elêusis para a Beócia está Plateia, na divisa com Atenas. Inicialmente, as fronteiras dos eleutérios eram diante da Ática; quando esses se juntaram aos atenienses, então a fronteira da Beócia passou a ser o Citéron. Os eleutérios juntaram-se a eles não por terem sido submetidos por guerra, mas por desejarem partilhar da constituição dos atenienses e do ódio aos tebanos. Nessa planície há um templo de Dioniso, de onde a antiga imagem de madeira [*xóanon*] foi levada até os atenienses; a que se encontra em Eleutéria em nossos dias foi feita como cópia daquela (Paus. 1.38.8).

Aqui seria possível fazer novas referências à importância das imagens de madeira [*xóana*] para os cultos de Dioniso, sobretudo em sua relação com a natureza vegetal e sua conotação fálica, mas será preciso considerar antes a argumentação mais propriamente histórica e analítica de Connor. Relacionando os mitos acerca de Pégaso e o transporte da

---

26. "Há também um templo — não muito grande —, ao qual trazem a estátua de Dioniso Eleutério a cada ano, em dias específicos." (Paus. 1.29.2).

imagem de Dioniso a partir de Eleutéria com possíveis acontecimentos históricos, o estudioso sugere que a forma clássica das Dionísias urbanas parece ter sido um resultado da anexação *histórica* de Eleutéria por Atenas — fato que teria acontecido, segundo ele, por volta de 506 (CONNOR, 1989, 9). Sua argumentação, no que tange aos possíveis motivos para o início das desavenças entre Atenas e a região da Beócia (a partir de Hdt. 5.77, por exemplo), é convincente e ele parece ter razão sobre isso. Contudo, nada nas narrativas míticas envolvendo Pégaso e o transporte da estátua de Dioniso implica que esse evento tenha se relacionado com um confronto e uma anexação da Eleutéria: na verdade, já foi visto anteriormente que Clístenes de Sícion, por exemplo, trouxe uma estátua de Tebas e instituiu um novo culto em Sícion, segundo as mais estritas regras de cordialidade e hospitalidade (Hdt. 5.67) — na mesma linha do que teriam sido as relações então existentes entre os atenienses e os beócios. Não há razão, portanto, para negar a possibilidade de que os mitos envolvendo Pégaso e a chegada da estátua de Dioniso Eleutério em Atenas tenham sido difundidos num momento anterior a 506, talvez durante o período da tirania (ou mesmo antes).

Uma vez que não existem testemunhos literários explícitos sobre a instituição das Dionísias urbanas — ou de sua reformulação em um substrato mais antigo e rústico —, cabe ao estudioso voltar-se para dados extraídos de outros campos — como a arqueologia — a fim de cotejá-los com outros testemunhos e sugerir os possíveis mitos e ritos relacionados à instituição desse festival. Analisando as evidências arqueológicas de fins do século VI em Atenas, Dabdab Trabulsi (2004, 113) aponta o fato de que as máscaras de Dioniso tornam-se mais numerosas por volta de 530, o que, a seu ver, seria uma indicação tanto do período de instituição de um grande festival em honra a Dioniso quanto do desenvolvimento dos gêneros dramáticos no interior desse festival. O mesmo estudioso — levando em conta a representação em cerâmicas atenienses — argumenta "que as imagens dionisíacas não são numerosas antes de Pisístrato, e que é na segunda metade do século VI que elas se disseminam". Acerca da coincidência entre as imagens do pintor de Amásis e o período de governo do tirano, ele sugere, com relação a esses vasos, ser "impossível não encará-los como um elemento de propaganda das medidas tomadas por Pisístrato para ajudar os pequenos camponeses, em especial a incitação à cultura" (DABDAB TRABULSI, 2004, 117). Outro argumento arqueológico importante diz respeito às evidências de que teria existido um templo de Dioniso próximo de onde viria a ser localizado o próprio teatro posteriormente. Os especialistas, ao analisarem a estrutura desse templo, sugeriram que ele deve ter sido construído entre 550 e 500, ou seja, por volta do mesmo período em que as atividades religiosas em torno de Dioniso parecem ter ganhado uma nova dimensão.

É difícil estipular uma data precisa para a instituição das Dionísias urbanas, mas as fortes relações entre Pisístrato e certas iniciativas para reformular as práticas religiosas na Ática — tal como foi visto no primeiro capítulo deste livro — sugerem o tirano como um forte candidato a ter sido o responsável pelos primeiros movimentos nesse sentido. Os estudiosos da questão, como Pickard-Cambridge (1995, 58) e Dabdab Trabulsi (2004, 201), concordam com essa ideia básica, e — na falta de contra-argumentos sólidos o bastante — parece correto segui-los nessa atribuição a Pisístrato do novo formato dado às Dionísias urbanas.

Uma passagem de Ateneu — baseando-se na autoridade de Idomeneu — reforça essas ideias, quando afirma o seguinte:

> Idomeneu diz que também os Pisistrátidas, Hípias e Hiparco, instituíram festas e pândegas: por esse motivo é evidente que tinham uma quantidade de cavalos e outros bens junto deles. Daí o governo deles ter sido opressivo. E, ainda assim, o pai deles, Pisístrato, costumava ser comedido nos prazeres, a ponto de não postar guardas nem nos lugares públicos nem nos jardins, como Teopompo conta em seu vigésimo primeiro livro, mas permitia que entrasse e tomasse do que precisasse quem assim desejasse. [...] Mas Pisístrato também foi opressivo em muitos pontos, e alguns dizem que a máscara [*prósopon*] de Dioniso em Atenas foi feita como imagem dele (Ath. 12.44 Kaibel; 532f-533c Gulick).

Embora Idomeneu — conforme Ateneu — mencione que os Pisistrátidas teriam sido responsáveis pela instituição de festas [*thalías*] e pândegas [*kômous*], o nome de Dioniso é relacionado não a eles, mas a Pisístrato. As festividades beneficiadas por Hípias e Hiparco parecem não ser exatamente as mesmas que as fomentadas por seu pai alguns anos antes. O detalhe adicional — de que a máscara (ou o rosto [*pró-*

sopon]) de Dioniso em Atenas seja semelhante à imagem do tirano — reforça o padrão já visto de interpenetração entre as esferas religiosa e sociopolítica, num jogo em que essas dimensões se revelam inelutavelmente imbricadas.

Outro mito pertencente a essa matriz de lendas comuns à realização de festivais dionisíacos é relatado também por Ateneu (com base na autoridade do historiador Filócoro). A partir dele será possível desdobrar algumas considerações sobre a forma pela qual a recepção mítica de Dioniso em Atenas pôde vir a ser concebida:

> Filócoro diz que Anfictião, rei dos atenienses, tendo aprendido com Dioniso a mistura do vinho, foi o primeiro a misturá-lo. Daí, pessoas que tivessem bebido assim seguiam direito [*orthoùs*], enquanto antes, sem mistura, seguiam torto: por causa disso, instituiu um altar [*bōmós*] de Dioniso Direito [*orthós*] no santuário das Horas, pois elas são as que nutrem o fruto da vinha. E perto dali também construiu um altar para as ninfas: um monumento para quem emprega a mistura, pois as ninfas são chamadas de nutrizes de Dioniso. E ele decretou uma lei de ofertar — depois das refeições — apenas uma quantidade que bastasse para provar o vinho puro, como amostra do poder do bom deus, embora o restante já devesse vir misturado, para que cada um bebesse o quanto quisesse: e que acrescentassem a isso o nome de Zeus Salvador, tendo por intuito ensinar e lembrar os que bebessem, porque assim eles seguramente estariam a salvo (Philoch. *FHG* 1.387 = Ath. 2.7 Kaibel; 38c-d Gulick).

Esse mito narra como Anfictião vem a receber Dioniso com as honras que lhe são devidas, sendo por isso agraciado com a lição divina sobre a mistura do vinho com água, a fim de tornar seu consumo mais civilizado e seguro. Associando essa história ao que já fora dito acerca de mitos compondo esse mesmo quadro mítico, é possível fazer algumas considerações gerais. Pégaso figura como um beócio responsável por trazer uma estátua de Dioniso de Eleutéria para Atenas, no tempo do rei Anfictião. Nesse mesmo período, Icário revela-se o ateniense responsável por difundir a cultura da vinha na Ática. Com relação a ambas as atividades, os atenienses agem de forma impiedosa: por um lado, recusando-se a receber Dioniso Eleutério com as honras devidas, por outro, assassinando Icário. Em ambos os casos, os atenienses são violentamente castigados por Dioniso, com uma aflição incurável em seus órgãos sexuais (provavelmente uma ereção contínua e dolorosa). Em ambos os casos, os crimes só conseguem ser expiados com a instituição de uma prática fálica em honra da divindade (nesse sentido, não é coincidência que um dos nomes cultuais de Dioniso tenha vindo a se estabelecer como *orthós* [direito]: com a ambiguidade de uma referência tanto sexual ["ereto"] quanto moral ["correto"]). Dessa história, apenas Pégaso, Icário e o rei Anfictião adotam um comportamento piedoso, enquanto o restante do povo ateniense dá mostras de uma impiedade merecedora de castigo divino: as lições aristocráticas dessa matriz mítica revelam-se de forma evidente quando seus diferentes traços são colocados dessa maneira, e a sugestão parece ser a de que os valores tradicionais — dentre os quais a *xenía* [hospitalidade] tem imenso relevo — são respeitados apenas por indivíduos específicos (e presumivelmente de estirpe aristocrática), mas não pelo povo [*dêmos*] como um todo.

Dioniso, por excelência o deus *xénos*, está envolvido numa série de mitos relacionados tanto à hospitalidade com que é recebido quanto à resistência inóspita com que é rechaçado. Entre aqueles que o acolhem bem, é possível acrescentar às figuras de Icário e Anfictião ainda Eneu, Ancaio, Enópion, Oresteu e Estáfilo, cujas histórias giram em torno do dom do vinho: sua descoberta, produção ou meios de consumo. Há, em contrapartida, os inúmeros mitos de resistência, dos quais muitos já foram mencionados anteriormente (as filhas de Cadmo, as Prótidas, as Miníades, os atenienses e os pários). Ainda que esses mitos não sejam um *reflexo* da realidade histórica, eles representam a forma por que certos agentes da história foram *refratados* no interior das tensões rituais e das oposições simbólicas tão comuns ao culto de Dioniso.

Levando em conta os aspectos da atuação política de Pisístrato, é possível defender que as Dionísias urbanas provavelmente adquiriram um novo *status* sob seu governo, tornando-se um festival cívico realizado na *pólis* de Atenas com toda a honra e prestígio devidos a essa divindade entre os anos de 547 e 528 (período de duração de sua terceira tirania). Assim como o próprio Pisístrato — rechaçado duas vezes pelos atenienses em sua chegada ao poder —, Dioniso só veio a ser reconhecido pelos atenienses no mito depois de um período de resistência inicial. A figura do governante e a figura do deus amalgamam-se aqui de forma curiosa, entre história e mito. E isso não é inédito na história ateniense, como bem demonstra o caso em que Pisístrato se fez acompanhar pela própria "Atena" em sua segunda tentativa de tomada do poder (conforme os relatos de Hdt. 1.60.4-5 e Arist. *Ath.* 14.4). Que o mito da resistência ateniense a Dioniso tem os traços ideais para ser veiculado como o *aítion* de um novo festival instituído sob o regime de Pisístrato torna-se evidente a partir da argumentação anterior. Não é possível afirmá-lo com a certeza que uma explicitação das próprias fontes antigas poderia oferecer, mas essas sugestões revelam mais uma vez a profundidade do imbricamento entre religião e política na Antiguidade.

Tendo isso em mente, cabe agora retomar uma instigante especulação — formulada a partir de um trabalho com as fontes antigas — acerca das possíveis estruturas originais das Dionísias urbanas, no momento em que foram oficialmente instituídas. Conforme uma estudiosa:

> Para começar, as Dionísias eram um festival muito mais simples, estruturado de forma diferente [do que veio a ser no século V], no qual a estátua de Dioniso era levada da Academia para o Pritaneu — um rito que se apresentava como uma reencenação da primeira introdução de seu culto. Uma refeição ritual em esteiras feitas com folhas de hera precedia a recepção da estátua. A estátua era recebida em torno da *hestía* [lareira] do Pritaneu e um ritual de *xenismós* [hospitalidade] acontecia. Esse ritual envolvia hinos, o sacrifício de um *trágos* [bode] e eventualmente também uma "*performance*" [...]. Depois desse rito de *xenismós*, durante o qual o deus era recebido e entretido, a procissão escoltava a estátua, bem como os animais sacrificiais, ao longo de um caminho reencenando a fundação do culto. Essa procissão seguia do Pritaneu ao santuário ao longo das Trípodes; na chegada, sacrifícios aconteciam. Então, na forma mais antiga do festival havia um nexo consistindo na recepção no Pritaneu e entretenimento do deus lá, e então, no dia seguinte, a procissão para o santuário (SOURVINOU-INWOOD, 2003, 118).

Como se vê, a estudiosa parte das práticas rituais historicamente atestadas em fontes posteriores — sobretudo dos séculos V e IV —, como o transporte da estátua, uma refeição ritual (que parece ter se misturado a um *kômos* [pândega]), a *performance* de cantos, danças e sacrifícios, para regredir, à luz do mito etiológico de *xenismós* do deus, ao que teria sido a possível estrutura original das Dionísias urbanas no século VI em

Atenas. Apoiada nessa reconstituição mais básica, Sourvinou-Inwood propõe ainda uma série de desdobramentos sobre o que teriam sido as *performances* desenvolvidas em tal contexto. Para isso a autora analisa a estrutura de certos cantos realizados no rito de *theoxenía* [hospitalidade ao deus] em Delfos — dentre os quais, o *Peã* 6, de Píndaro —, vindo a sugerir que uma mesma estrutura poderia estar presente nos cantos realizados nas primeiras *performances* de *xenismós* a Dioniso nos festivais dedicados a ele em Atenas. Se essa hipótese estiver correta, as implicações para uma reconstituição diacrônica da estrutura desses cantos seria considerável, pois

> ter-se-ia um *prosōidíon*, um hino cantado num movimento circular em torno de um altar, e um hino ou hinos cantados enquanto o coro estivesse dançando no lugar. Em todo caso, não é inverossímil que os hinos fossem ditirambos, já que o ditirambo era o hino mais associado com Dioniso. Assim sendo, haveria: um ditirambo de marcha como *prosōidíon*; talvez outro ditirambo — o *kýklios khorós* [coro cíclico] por excelência — cantado enquanto o coro dançasse em torno do altar; e, finalmente, um ditirambo ou outro hino cantado enquanto um ou mais *stásima* [coros parados] cantassem um *hestôton* [canto parado] (SOURVINOU-INWOOD, 2003, 147-148).

O caráter dessas ideias, contudo, permanece hipotético. Mas ainda mais hipotéticos são os outros desdobramentos que a autora propõe a partir do assunto dos mitos etiológicos relacionados ao festival. Tomando como premissa a ideia de que esses mitos representariam *sempre* uma coletividade que resiste — de forma ímpia — à chegada de Dioniso e à instalação de seu culto, vindo a sofrer as consequências disso, Sourvinou-Inwood imagina que o conteúdo dos primeiros cantos em honra a Dioniso teriam *necessariamente* esse mesmo tema. Nesse sentido, o papel pedagógico do poeta trágico consistiria justamente em lembrar a coletividade — representada pelo coro — da maneira mais piedosa de agir em tais situações. Segundo a autora:

> Se o poeta, como *hypokritēs* [respondedor/ator], atuasse tal como foi sugerido, o coro teria assumido o papel tanto do povo do passado — que não soube o que era certo — quanto do povo do presente — que sabe o que é certo quando se trata de receber o culto de Dioniso, mas que precisa ser relembrado, não

apenas do incidente, mas também das complexidades e da incomensurabilidade da vontade dos deuses que ele exemplifica, dos paradoxos e do fato de que algumas coisas estão para além da racionalidade humana, bem como do que se deve fazer em face disso tudo (SOURVINOU-INWOOD, 2003, 162-163).

A hipótese é interessante, na medida em que tenta estipular diacronicamente o desenvolvimento dos temas comuns aos cantos em honra a Dioniso — desde suas primeiras manifestações na Ática até a paulatina incorporação dos mitos envolvendo outras regiões e personagens (o que se compreende, na teoria de Sourvinou-Inwood, como um mecanismo de distanciamento com relação à realidade mais direta do público ateniense). Segundo essa interpretação, o papel desempenhado pelos mitos de resistência a Dioniso seria absolutamente central para o desenvolvimento do gênero trágico e suas temáticas, bem como para a exploração que ele promove em torno das tensões religiosas envolvidas nos mais diversos cultos helênicos (mas principalmente naqueles de matriz dionisíaca).

Essas considerações, contudo, devem ser encaradas como altamente hipotéticas. Ainda que a presença de cantos — e mesmo de competições poéticas — certamente tivesse um sentido ritual entre os helenos, compondo partes importantes dos cultos oferecidos a determinadas divindades (como Zeus, Apolo, Atena e Dioniso, entre outras), não é possível ter certeza sobre a estrutura ou a temática dos cantos executados nas Dionísias urbanas durante seu período inicial. A autora sugere que seria plausível esboçar as linhas gerais desses aspectos, mas a verdade é que, por mais sugestivas que se mostrem suas considerações, não há fontes suficientes para avançar tanto no que tange à estrutura e à temática desses cantos (sendo de notar que seus mitos de base, se remontassem efetivamente às fases iniciais do festival, dependeriam todos de versões muito posteriores). A fim de defender sua tese, Sourvinou-Inwood tem de lidar de forma anacrônica (ou antes, pancrônica) com suas fontes, assumindo os riscos de projetar no passado as expectativas de outros tempos e lugares.

Para o período em que a maior parte dos ditirambos, tragédias, dramas satíricos e comédias supérstites foram compostos — segundo um trabalho com estruturas e temáticas que ainda são o material para profundas discussões sobre poética antiga —, é preciso notar a existência de características peculiares à realização desse festival ao longo de todo o século V (e grande parte do século IV). Nesse período, o festival acontecia entre os dias 10 e 15 do mês de *Helaphēboliṓn* — ou seja, entre março e abril. Aqui vale a pena retomar a reconstrução menos hipotética — abandonando as especulações mais ousadas de Sourvinou-Inwood —, nos moldes do que foi sugerido por Seaford a partir das fontes antigas para o período em questão:

> Nas Dionísias urbanas, executadas em honra de Dioniso Eleutério, havia pelo menos três ou, mais provavelmente, quatro procissões. Como uma preliminar, a imagem do deus era levada de seu recinto sagrado sob a Acrópole para um pequeno templo fora da *pólis*, na estrada para Eleutéria. Se o templo existia apenas para esse propósito, como já foi sugerido (PICKARD-CAMBRIDGE, 1995, 60), então nesse aspecto assemelhava-se ao santuário *en Límnais* [nos Brejos]. A imagem era então — depois de realizados os sacrifícios no altar e os hinos — escoltada de volta (na chamada *eisagōgḗ*) à luz de tochas para o recinto sagrado em celebração da chegada original do deus diretamente da *pólis* fronteiriça de Eleutéria, na qual Pausânias (1.38.9) viu em sua época uma cópia da imagem. A evidência para essa prática é principalmente do século II, quando era uma preliminar para o festival. Mas, como Pickard-Cambridge (1995, 60) o coloca: "A reencenação do advento do deus não parece uma reflexão tardia [*afterthought*] e provavelmente remonta às primeiras versões do festival". A procissão pela *pólis*, talvez no dia seguinte, culminava no sacrifício no recinto sagrado sob a Acrópole, que era seguido pela *performance* de ditirambos por garotos (*paîdes*) junto ao altar na *orkhḗstra* do teatro e enfim, provavelmente à noite, por um *kômos* (uma pândega, talvez de tipo processional), com os dramas aparentemente começando no dia seguinte (SEAFORD, 1994, 240-241).

Dentre as práticas historicamente atestadas, inúmeras de caráter cívico aconteciam durante as Dionísias urbanas. Uma vez que Atenas estava apinhada de estrangeiros — devido à abertura dos portos e ao retorno da navegação na primavera[27] —, o festival revelava-se um momento ideal para os atenienses fazerem uma ampla exibição de seu poder (sobretudo a partir da criação da Liga de Delos, em 478). Entre as cerimônias que precediam as *performances* dramáticas, pelo menos no período clássico,

---

27. Cf. Ar. *Ach.* 496-508; Schol. Ar. *Ach.* 496-508; Thphr. *Char.* 3.

estavam: a exposição dos tributos que os aliados de Atenas lhe enviavam[28]; uma parada em armas dos atenienses órfãos de guerra, educados a expensas públicas, quando atingiam a idade do treinamento militar[29]; a proclamação das honras públicas, bem como de todos os anúncios que necessitassem de publicidade[30]. O caráter cívico que o esplendor das Dionísias urbanas adquire em Atenas ao longo do século V é ressaltado por essas e outras práticas, sendo um traço característico do desenvolvimento das *performances* dramáticas nesse contexto.

Antes de concluir esses breves comentários sobre as Dionísias urbanas — levando em conta principalmente o formato que o festival deve ter tido ainda no século VI —, vale notar que alguns elementos fundamentais de sua estrutura mais antiga são os mesmos daqueles já estudados para outros festivais dionisíacos: uma *pompḗ* [procissão], com a presença de uma jovem *kanēphoros* [portadora do cesto][31], em companhia de outras oferendas — como odres e animais de sacrifício[32] —, além do transporte de falos[33]. Certamente acontecia também um *kômos* [pândega], sobre o qual pouco é conhecido, embora seja provável que ele se desse no dia 10 de *Helaphēboliṓn*, durante a noite[34]. Em todos esses aspectos, é possível reconhecer elementos análogos àqueles presentes nos festivais com que os atenienses passavam a honrar Dioniso desde o início do inverno, com as Dionísias rurais, as Leneias e as Antestérias.

Considerando as prováveis relações entre Pisístrato, Dioniso e a instituição das Dionísias urbanas na segunda metade do século VI, parece lícito defender que a data relacionada pelo *Mármore de Paros* (ep. 43) para a primeira vez que Téspis atuou, apresentando seu drama na cidade, seja compreendida como uma possível referência cronológica para a qual tais acontecimentos devem ter convergido, ou seja, entre os anos

---

28. Cf. Ar. *Ach.* 496-508; Schol. Ar. *Ach.* 496-508; Isocr. *de Pace* 8.82.
29. Cf. Isocr. *de Pace* 8.82; Aeschin. 3.154.
30. Cf. Thuc. 5.23.4; Aeschin. 3.41; Dem. *de Cor.* 18.120.
31. Cf., por exemplo, Schol. Ar. *Ach.* 242.
32. Cf., por exemplo, *I.G.* ii². 1006; *Suda, a.* 4177, s.v. *askòs en pákhnēi*.
33. Cf. *I.G.* i². 46. Sobre a prática de se enviarem oferendas da colônia para a metrópole, cf. Thuc. 1.25.4.
34. Cf. Dem. *in Meid.* 21.10.

de 538 e 528. Em algum momento desse período, Pisístrato promoveu um festival no qual — mais do que apenas reencenar a recepção mítica de Dioniso em Atenas — aconteciam procissões, sacrifícios animais, oferendas, pândegas e *performances* corais como parte das atrações com que o deus era entretido em companhia do povo. Não é sem valor, portanto, a atribuição de uma tragédia chamada *Penteu* a Téspis[35], bem como a existência de um fragmento de cerâmica fabricada no fim do século VI, com uma imagem desse mesmo mito, reforçando a possibilidade de que o tragediógrafo tenha representado a história de Penteu nas Dionísias urbanas nesse período[36].

Um último elemento desse festival — emblemático inclusive em suas modalidades posteriores, embora raramente tenha sido abordado pelos estudos aqui mencionados — talvez possa ser explicado como resultado de uma intromissão direta das ações políticas de Pisístrato. Já foi notado que o número de três poetas competindo nas Dionísias urbanas não parece ter sido uma adição tardia no festival, posto que nenhuma fonte o menciona tendo relação com o fim da tirania ou com as reformas de Clístenes (no início da "democracia"), sendo lícito imaginar que esse elemento remonte à primeira instituição dos concursos trágicos em Atenas. Conforme as reflexões propostas pelo único, dentre os estudiosos aqui consultados, que parece ter tentado compreender as razões por trás desse número de três poetas:

> Deve ter havido uma forte presunção de que a competição tripartida do *agón* trágico representasse alguma forma de organização sociopolítica ou cultual. A evidência para todos os modos de *agônes* dos períodos arcaico e clássico (e em muitos casos para além deles) mostra que tais atividades eram rotineiramente moldadas com base em agrupamentos sociais particulares, como evidentemente foram as competições ditirâmbicas em sua reconstrução "clistênica". Contudo, a disputa trágica não pode refletir as antigas *phýlai* jônicas, pois elas eram em número de quatro (WILSON, 2000, 18).

---

35. A atribuição é feita pela *Suda* (*th.* 282, s.v. Téspis), mas é reforçada pelo seguinte verbete de Pólux, no qual um verso de Téspis é citado: "E Téspis certa vez disse no *Penteu*: 'No rito era hábito ter uma nébride como roupa de baixo'".

36. Trata-se da seguinte imagem: figuras vermelhas num psíctere [*psytḗr*], c. 510, de Atenas e atribuídas a Eufrônio. Boston, Museum of Fine Arts 10.221 (*BAPD* 200077).

Tentando chegar a uma sugestão para esse enigma que se instala no coração de um dos mais célebres festivais antigos — e responsável por moldar em grande parte certa percepção das competições dramáticas na Antiguidade —, Peter Wilson aventa uma hipótese — ainda que inteiramente conjectural. Segundo o autor:

> Há apenas uma divisão tripartite da Ática e da sociedade ática nesse período: a divisão geográfica e política entre os *Parálioi* [Homens da Costa], os *Pedieîs* [Homens da Planície] e os *Diákrioi* [Homens d'Além dos Montes]. Essa divisão (problemática como toda a evidência para ela é) era considerada por autores tardios como reflexo das disputas das três grandes facções aristocráticas, competindo violentamente pelo poder na Ática do século VI, num tipo de *stásis* [insurreição] contínua. O autor de *A Constituição dos atenienses* (13.3) cita, como uma das razões primárias para a constante *stásis* e o adoecimento das relações entre os líderes, "o desejo de *níkē* [vitória] uns contra os outros [*tḕn pròs allḗlous philonikían*]". E esse desejo é o mesmo que animaria os coregos [e os coros] em anos posteriores (WILSON, 2000, 19).

Ainda que os detalhes dessa interpretação não possam ser comprovados aqui, a sugestão corrobora a ideia do papel preponderante de Pisístrato na organização das Dionísias urbanas na segunda metade do século VI, amalgamando — conforme uma prática que lhe era comum — preocupações político-sociais com questões religiosas, culturais e poéticas. Se houve interesse em organizar uma competição entre poetas dramáticos nesse contexto, dispondo-os em conformidade com uma organização tripartite da sociedade ateniense, é certo que as motivações de Pisístrato — por mais obscuras que possam parecer hoje — deviam ser práticas, conformando-se a uma modelagem tradicional (sendo possível que já houvesse uma tripartição como essa entre as competições poéticas anteriores, por exemplo). Pode ser também que Pisístrato quisesse redirecionar a *philonikía* [competitividade] já comum e tão destrutiva entre esses grupos sociais, desviando-a do campo político-social para um campo mais limitado às questões poético-culturais.

4. Aurora do Drama

4.1. Os anos finais de Pisístrato: política, *sympósion* e *kômos*

As relações entre o estabelecimento de festivais dionisíacos na Ática e o desenvolvimento gradual dos gêneros dramáticos são profundas e sugestivas. Há muito material a ser levado em conta por quem se dedica a uma arqueologia dos gêneros dramáticos entre os povos helênicos, de modo que tal investigação ganha sempre novos desdobramentos quando outros aspectos de suas dimensões poéticas, religiosas, políticas e históricas são considerados. Apesar disso, é preciso não perder de vista uma ressalva esboçada recentemente por um estudioso desse período e suas fontes:

> Onde a tragédia encaixa-se nessa figura fragmentária? A prioridade cronológica do ditirambo sobre a tragédia como forma é clara, mas isso não necessariamente ajuda muito a rastrear seus primeiros contextos de *performance* em Atenas. A tragédia certamente desenvolveu-se numa Ática sob os tiranos e o desenvolvimento de sua complexa forma genérica beneficiou-se diretamente da patronagem que eles ofereceram a poetas estrangeiros. Contudo, simplesmente não se pode dizer se a tragédia era executada em um contexto urbano antes do período da reorganização "clistênica" das Dionísias, após o qual certamente passou a ser, com o suporte dos *khorēgoí* [condutores do coro]. O testemunho para os primeiros trágicos — Téspis, Quérilo, Prátinas e Frínico — é lamentavelmente inadequado e ambíguo (WILSON, 2000, 18).

Tendo em vista essas dificuldades, cabe ao estudioso dedicar-se a uma compreensão mais profunda desse contexto histórico a fim de sugerir as diferentes maneiras pelas quais o desenvolvimento dessa produção poética pode ter se dado. Até aqui foi visto que a segunda metade do século VI — sob o governo de Pisístrato — conheceu um período de florescimento da atividade urbana, com a fundação de novos cultos e a reformulação de festivais cívicos mais esplendorosos na própria *pólis*, além de um novo programa arquitetônico aplicado à restauração e à construção de templos e edifícios mais amplos e majestosos. As mudanças sociais também se mostraram significativas e já foi sugerido que a flexibilização gradual de seus traços mais rígidos e distintivos encontraria seu sinal simbólico na forma como novos deuses foram incorporados ao Panteão Olímpico nesse período.

Em que pesem essas características "democráticas" do regime, as relações políticas e sociais do dia a dia em Atenas ainda eram predominantemente aristocráticas, o que pode ser visto numa instituição social como o *sympósion* [banquete]. Reunindo-se na casa de um cidadão — num cômodo especialmente construído para esse tipo de encontro, o "salão dos homens" [*andrṓn*] —, um grupo de homens reunia-se para beber, cantar, dançar, discutir e manter laços afetivos de caráter erótico. As implicações político-sociais dessas reuniões têm sido ressaltadas por inúmeros estudos recentes, que — aprofundando as interpretações de poemas simposiais aparentemente "líricos" e "singelos" — destacam a importância dessas práticas para a construção de um jogo tenso de identificações e distanciamentos.

A título de exemplo, considere-se a seguinte passagem dos *Theognídea* (uma coleção de versos elegíacos atribuídos ao poeta Teógnis de Mégara, do século V, embora uma parte de seu conteúdo certamente seja tradicional e de origem mais remota):

> Sempre meu caro coração se aquece, quando escuto
> a desejável voz dos *auloí* ressoando:
> alegro-me em beber bem e cantar para o aulista,
> alegro-me em ter na mão a lira bem-ressoante.
> (Thgn. 531-4 W)

A atmosfera do *sympósion* é bem delineada por esse breve poema: exprimindo-se em primeira pessoa, os principais prazeres dessa ocasião de *performance* são enunciados por uma voz com a qual os demais presentes se identificam e que pode vir inclusive a ser assumida por qualquer um deles. Uma das características distintivas desse gênero poético é sua flexibilidade na execução, pois, na medida em que é dotada de uma voz bastante geral — ainda que distinta por seus gostos e expressões aristocráticos —, pode ser assumida pelos demais participantes do *sympósion* para veicular não apenas seu apreço pela música e pelo vinho, mas também por uma vida segundo certos valores, como se nota em outro trecho dessa mesma coletânea de versos:

> Jamais outra preocupação aparecer-me-ia mais fresca
> do que a virtude e a sabedoria; tendo isso sempre
> rejubilaria com a *phórminx*, com a dança e com o canto,
> e teria com homens bons boa mente,
> sem machucar um dos estrangeiros com obras nefastas
> nem um dos cidadãos, mas sendo justo.
> (Thgn. 789-94 W)

Nesses versos elegíacos, os valores aristocráticos dos participantes de um *sympósion* são afirmados de forma clara e indubitável: virtude [*aretê*], sabedoria [*sophíē*], júbilo com a música e com a dança [*térpō*], hospitalidade [*xenía*] e justiça [*díkē*]. Difícil concentrar num trecho tão sucinto um catálogo mais completo do ideário aristocrático do período arcaico, assumido aqui de forma incondicional pela primeira pessoa do poema. A esse respeito, cabe relembrar algo que já foi dito com relação a certos poemas de Arquíloco e Sólon, mas que se aplica bem à poesia simposiástica e, no limite, até à poesia "lírica" arcaica como um todo:

> Na poesia helênica, a primeira pessoa "eu" é um "eu" performativo: ela conjura mundos para falantes habitarem, forja identidades para eles e cria narrativas para que operem em seu interior. É então fictícia. Ainda assim, ficções em primeira pessoa que denotam ação simposiástica têm um efeito particular quando postas no interior de um *sympósion*. Por meio do "eu" metassimpótico, a própria essência do que significa ser um simposiasta está supostamente exposta — supostamente, porque a *performance* dá definição à ação essencial e a

seu caráter. O cantor é então transformado num "espetáculo de simposialidade" (HOBDEN, 2013, 35).

O *sympósion* é um elemento distintivo da cultura helênica antiga — principalmente nos períodos arcaico e clássico —, sendo necessário considerá-lo também para o desenvolvimento dos gêneros dramáticos no contexto da tirania em Atenas. Desdobramentos dessa ideia serão esboçados mais adiante, mas aqui já seria interessante chamar a atenção para algo que certas imagens do período dão a ver. Em algumas representações de simposiastas — bebendo, cantando ou dançando —, suas atividades são explicitamente associadas a um tipo de divertimento que devia se seguir ao *sympósion*: trata-se do *kômos* [pândega]. Numa dessas imagens, um jovem imberbe — segurando uma copa e uma lira, ao lado de um bastão de caminhada — afirma: "Eu vou fazendo pândega por meio do bom *aulós* [*EIMI KŌ[MA]ZŌN ĒUPAU[LOU]*]". O elemento erótico — tão comum no *sympósion* — também se dá a ver nessa cerâmica, por meio da inscrição: "O jovem é belo [*HO [P]AIS KALOS*]". Essas palavras, além dos objetos carregados pelo jovem e sua postura — com a cabeça levemente jogada para trás —, sugerem a representação de alguém que se levanta do *sympósion* pronto para tomar parte num *kômos*[1]. Acerca dessa pândega, é possível afirmar o seguinte:

> O *kômos*, ou "pândega", era uma procissão ritualística e bêbada. Os participantes — comastas — estavam frequentemente indo ou vindo de um *sympósion*, e, por isso, as pinturas em vasos mostravam-nos carregando taças de bebida. Música e dança eram partes significativas do *kômos*, tal como é sugerido pela evidência literária e pictórica que mostra comastas dançando e carregando instrumentos. Tochas também eram carregadas, uma vez que o *kômos* podia acontecer à noite. Um *kômos* não era uma ocasião para comportamento calmo e disciplinado [...] (ROTHWELL, 2007, 7).

Os estudiosos sugerem que o *kômos* seria uma ocasião não apenas para a *performance* de canto e música, mas para que os aristocratas participantes de um *sympósion* privado dessem algum tipo de vazão às

---

[1]. Trata-se da seguinte imagem: figuras vermelhas numa copa, c. 500-450, de Atenas. Erlangen, Friedrich-Alexander-Universität 454 (*BAPD* 203407).

tensões sociais nessas procissões noturnas embriagadas percorrendo as vias da *pólis*. A conexão entre esses aspectos do *kômos* com aquilo que foi visto para Dioniso já chamava a atenção de especialistas: em associação ainda com certas imagens (da segunda metade do século VI) em que são representadas *performances* de homens fantasiados de forma grotesca — dançando, pulando e cantando ao som do *aulós* —, isso reforçou a ideia de que o *kômos* pudesse ter tido relação com o desenvolvimento dos gêneros dramáticos entre os povos helênicos.

A representação desses homens fantasiados — de cavalos, golfinhos e pássaros — foi tradicionalmente entendida como registro de *performances* verdadeiras que aconteciam no período. Seus traços realistas são de fato impressionantes[2]. Em todo caso, seja no interior de um festival dionisíaco específico — segundo Jeanmaire (1970, 43), durante as Dionísias rurais —, seja após o *sympósion*, a semelhança entre essas representações e o que posteriormente veio a se tornar a comédia é notável (GREEN, 2007, 104).

Em sua análise estrutural da comédia antiga, tendo por objetivo conectá-la a *performances* protocômicas mais arcaicas, Pickard-Cambridge (1962, 147-159) sugere a importância que essas representações — interpretadas por ele como coros de animais — devem ter tido nesse processo. Ainda que não sejam claras as razões para o emprego de uma fantasia animal pelo coro — de origem ritualística, totêmica ou simplesmente cômica —, as danças executadas por eles certamente marcaram o cenário cultural do século VI na Ática. Para além dos coros de golfinhos (já relacionados anteriormente às *performances* ditirâmbicas do período arcaico), há ainda coros de cavaleiros montados sobre cavalos, golfinhos e emas, bem como coros de homens com fantasias de touros ou de aves. Pickard-Cambridge imagina ainda que esse tipo de apresentação arcaica pode ter tido um lugar privilegiado num festival como o das Leneias, no qual figuraria como uma espécie de predecessor das

---

2. Alguns exemplos seriam: figuras negras numa ânfora, c. 550-500, de Atenas. Berlin, Antikensammlung F1697 (*BAPD* 320396); figuras vermelhas num psíctere [*psytḗr*], c. 520-510, de Atenas e atribuídas a Oltos. New York, Metropolitan Museum L1979.171 (*BAPD* 275024); figuras negras numa *oinokhoé*, c. 500-490, de Atenas e atribuídas ao pintor de Gela. London, British Museum B509 (*BAPD* 330555).

comédias responsáveis por apresentar nesse mesmo festival — muitas décadas depois — diferentes coros de animais (para além de *Cavaleiros*, *Vespas*, *Aves* e *Rãs*, de Aristófanes, inúmeros outros títulos de comédias antigas sugerem isso).

Há ainda uma série de imagens representando coros fantasiados de forma grotesca, embora sem traços de animais específicos: homens usando orelhas alongadas e o peplos (um manto feminino); com gorros citas sobre pernas de pau; usando mantos e carregando outros homens em suas cabeças; guerreiros ambulantes[3]. Em seu tratamento dessas imagens, Rothwell (2007, 28-33) sugere que esses coros — assim como os de animais — também trabalhariam com a construção de uma imagem derrisória da alteridade para seu público, reforçando o ideário do grupo por meio de uma ridicularização daquilo que não estaria inserido nele.

É impossível negar as semelhanças entre essas *performances* corais de aspecto grotesco e aquilo que veio a ser a comédia. O maior problema de tal aproximação, contudo, é que essas imagens remontam à metade do século VI (c. 550), em fins do período arcaico, enquanto o primeiro registro oficial da comédia data de 486, já no início do período clássico. A menos, é claro, que as primeiras *performances* do que veio a ser conhecido posteriormente como comédia não tenham tido um caráter oficial a princípio. E é precisamente isso o que sugere Aristóteles, quando escreve na *Poética*:

> Com efeito, se, por um lado, as transformações da tragédia e os autores que as introduziram não foram ignorados, por outro, a origem da comédia, visto que nenhum interesse sério lhe foi inicialmente dedicado, permaneceu oculta. Foi apenas tardiamente que o coro das comédias [1449b] foi organizado pelo arconte; pois, anteriormente, era constituído por voluntários. A comédia já possuía certas formas características quando os assim chamados poetas cômicos puderam ser rememorados. De fato, não se sabe quem introduziu máscaras, prólogos, número de atores e outros elementos da mesma natureza (Arist. *Poet.* 5.1449a37-1449b4).

---

3. Exemplos dessas imagens seriam: figuras negras numa hídria, c. 575-525, de Atenas. New York, Metropolitan Museum 1988.11.3 (*BAPD* 12278); figuras negras numa ânfora, c. 550-500, de Atenas e atribuídas ao pintor Swing. Christchurch (N.Z.), Univ. of Canterbury 41.57 (*BAPD* 340567).

4. AURORA DO DRAMA

Parece correto, portanto, compreender que Aristóteles tinha notícia da existência de algum tipo de *performance* cômica antes da institucionalização da comédia propriamente dita, embora conhecesse poucos detalhes a esse respeito. Ainda que não seja possível aprofundar essas considerações aqui — levando em conta a complexidade da questão e o escopo mais limitado da presente análise —, é interessante notar que o *Mármore de Paros* (ep. 39)[4] registra algo que pode ter implicações tanto para a possível relação entre as imagens representando coros de animais e a comédia quanto para o desenvolvimento dos gêneros dramáticos na Ática. Conforme o registro, para um momento no início do século VI (já que ele estaria entre o ep. 38, referindo-se ao ano de 582/581, e o ep. 40, em alusão ao ano de 561/560):

> De quando em Atenas foi instituído o coro de cômicos, os icários primeiro estabelecendo-o e Susaríon tendo-o inventado, e foi pela primeira vez instituído um prêmio de uma cesta [*ársikhos*] de figos e uma medida de vinho. [_____anos, quando _____ foi arconte em Atenas.] _____. (*Marm. Par.* ep. 39).

Ainda que a informação tenha sido recebida com desconfiança pelos estudiosos, vale a pena destacar certos pontos sugestivos desse testemunho. Em primeiro lugar, a presença de muitos dos elementos que faziam parte das mais antigas festividades em honra a Dioniso — como a cesta de figos e a medida de vinho —, fazendo lembrar não apenas a descrição que Aristófanes traz das Dionísias rurais (*Ach.* 234-78), mas também a afirmação de Plutarco sobre as mais antigas festas tradicionais dedicadas ao deus (Plut. *de cupid. div.* 527d). Em segundo lugar, o estranho nome de Susaríon — talvez em associação com o nome de Aríon, em suas inegáveis ressonâncias ditirâmbicas e dionisíacas — pode ter sido uma criação da tradição, retrojetando no passado um nome motivado para o criador da comédia ao reconhecer em certas *performances* iniciadas nesse período o germe desse gênero dramático. Em terceiro lugar, a Icária é uma região da Ática com relações tradicionais com Dioniso e com o desenvolvimento de dramas — apontada, inclusive, como o lugar

---

4. Referindo-se, portanto, a eventos que se passaram entre 582/581 (data do ep. 38 relatado pelo registro cronológico) e 561/560 (data do ep. 40).

de nascimento de Téspis —, sendo no mínimo plausível que a comédia pudesse ter se desenvolvido nesse ambiente mais agreste em meados do século VI. Em quarto lugar, o período possível em que essa atividade de Susaríon pode ter acontecido coincide em linhas gerais com o período em que começam a aparecer as representações de coros de animais nas cerâmicas atenienses (c. 550). Finalmente, a expressão empregada pelo *Mármore de Paros* para se referir ao tipo de *performance* poética instituída em Atenas é a mais apropriada nesse contexto: "coro de cômicos [*kōmōidôn khorós*]". Seria possível também sugerir de que modo as diferentes histórias sobre Susaríon — sua pretensa origem megarense — e sua atividade vieram a ser associadas pela tradição com o desenvolvimento de *performances* cômicas, mas esses apontamentos mais gerais são o bastante para indicar a existência de práticas sociais importantes para o desenvolvimento de novos gêneros poéticos de traços dramáticos.

Como se vê, muitos dados sugerem as possíveis relações entre o *kômos* (seja após um *sympósion*, seja durante um festival) e o desenvolvimento da comédia, principalmente em conexão com coros de animais e de seres híbridos executados em contextos dionisíacos. Ainda assim, os mais recentes estudiosos dessas questões tenderam a nuançar qualquer afirmação sobre as origens da comédia como derivação de algum tipo de *performance* em honra a Dioniso, atentando para outros aspectos envolvidos pela complexidade dos fenômenos culturais desse período (entre os séculos VI e V). Rothwell (2007, 16), por exemplo, ainda que reconheça uma série de características do culto a Dioniso compartilhadas pelas representações de coros de animais — inversões, travestimentos, ambiguidades, consumo de vinho, *performances* corais com o emprego de máscaras e fantasias, além de uma proximidade do animalesco —, conclui que é preciso um "salto de fé [*a leap of faith*]" para defender que os coros de animais remontariam a uma fonte especificamente dionisíaca, já que certos cultos a outros deuses (como Ártemis e Demeter, por exemplo) também partilhavam de muitas dessas características. Rusten (2006), por outro lado, analisando as evidências das imagens, acredita que elas devam fazer referência a uma espécie de ditirambo protocômico — não a algum tipo de *performance* protocômica simplesmente. Sua conclusão acerca de uma "origem da comédia" é a seguinte:

A busca pela "origem" da Comédia Antiga, como Aristóteles a esboçou, permanece algo especulativo ou até mesmo vão; é inerentemente improvável que um gênero tão rebelde e tão diverso quanto a comédia devesse ter um único inventor ou um padrão ordenado de desenvolvimento (RUSTEN, 2006, 54-55).

Ainda assim, ambos os estudiosos defendem que as associações propostas certamente estavam na matriz cultural responsável por tornar possível não apenas o surgimento do culto a Dioniso segundo as especificidades de seus festivais áticos, mas também o desenvolvimento de gêneros dramáticos nesse contexto. Levando isso em conta, um excurso como o que acaba de ser feito — sobre esses dois elementos culturais tão caros à Antiguidade, o *sympósion* e o *kômos* — justifica-se como um dos únicos expedientes disponíveis para o estudioso avançar nas considerações sobre a produção poética desse período.

De volta ao contexto histórico, é preciso pontuar que nos últimos anos da tirania de Pisístrato — a julgar pelos testemunhos antigos (Hdt. 1.59; Thuc. 6.54; Arist. *Ath.* 16.1-10) — os atenienses tiveram um período de prosperidade econômica e tranquilidade social. Aludindo à longa duração do tirano no poder, *A Constituição dos atenienses* (16.9) afirma que a forma como ele obtinha seu apoio era pelo convívio com os notáveis [*gnōrímoi*] — principalmente em *sympósia*, *kômoi* e festivais — e pela assistência prestada aos interesses privados dos populares [*dēmotikoí*]. Pisístrato morreu por volta do ano 527, em idade avançada (Thuc. 6.54; *Const. Ath.* 17.1).

4.2. A corte dos Pisistrátidas: poesia, religião e política

Conforme as mesmas fontes antigas (acrescidas ainda do diálogo socrático *Hiparco*), dois filhos de Pisístrato — Hípias e Hiparco — deram continuidade ao governo do pai, seguindo os mesmos princípios políticos em sua nova tirania. Ainda que haja alguma confusão na atribuição das atividades e da precedência política de cada um deles, o relato de Tucídides (6.54-5) corrobora em alguma medida o seguinte trecho que sugere certas diferenças entre cada um dos Pisistrátidas:

Hiparco e Hípias assenhorearam-se dos negócios por causa de sua reputação e de sua idade. Hípias, por ser o mais velho e com dons naturais de estadista e homem sensato, estava à frente do governo. Hiparco era folgazão [*paidiṓdēs*], dado a amores [*erōtikós*] e cultor das artes [*philómousos*] (foi ele quem mandou buscar Anacreonte e Simônides, além de outros poetas) (Arist. *Ath.* 18.1, trad. Francisco Murari Pires).

Considerando o que foi dito sobre a importância do *sympósion* para a vida social nesse período, a presença de um poeta como Anacreonte na corte dos Pisistrátidas não é nenhuma surpresa. Nascido em Teos, Anacreonte esteve em várias *póleis* do mundo jônico, sendo conhecido principalmente por suas atividades em Samos — sob a tirania de Polícrates — e em Atenas — sob a tirania dos Pisistrátidas —, nas quais entretinha boas relações não apenas com as famílias dos tiranos, mas com as classes aristocráticas de modo geral. Sua presença nesses lugares correspondia não apenas às aspirações poético-culturais desses grupos, mas atendia também a seus interesses político-sociais, na medida em que a poesia simposiástica era capaz de incentivar uma série de práticas e veicular um conjunto de valores no ambiente mais restrito do *sympósion* (certamente mais restrito do que o de um festival), fortalecendo a identidade aristocrática de certos grupos mais fechados.

Um dos mecanismos mais importantes no fortalecimento desses laços sociais era a relação erótico-afetiva desenvolvida entre um *erastḗs* [amante] — que era um homem mais velho, já de barba — e um *erṓmenos* [amado] — que era um jovem ainda imberbe —, cujas implicações sociais e pedagógicas eram profundas e complexas: muito mais do que a prática amorosa entre dois homens, um mais velho e um mais jovem, a relação pederástica era uma instituição social por meio da qual os valores aristocráticos tradicionais eram ensinados às novas gerações, enquanto se dava sua introdução gradual nas responsabilidades da vida adulta. Poesia, música, ginástica, política e ética eram exercitadas principalmente em contextos onde o *erṓmenos* recebia algum tipo de instrução de seu *erastḗs*. Por isso, o desenvolvimento da relação pederástica — ainda que regida por regras bastante estritas — tinha no *sympósion* um de seus ambientes privilegiados, e em Anacreonte um de seus mais importantes poetas: uma atmosfera de relaxamento e júbilo, entre amigos educados nos valores da elite, eram condições importantes para que o aprendizado pederástico se desse da maneira mais efetiva. A título de curiosidade, que se leve em conta uma das mais célebres representações desse tipo de situação, qual seja, a que serve de plano de fundo ao *Banquete*, de Platão, ou ainda a que se encontra no *Banquete*, de Xenofonte (essa última certamente muito mais próxima do que devem ter sido os ambientes de relaxamento e gozação típicos dessas ocasiões).

Vários fragmentos de Anacreonte abordam essas questões, mas um deles ainda faz uma referência curiosa para quem está interessado na importância que o culto a Dioniso pode ter tido no desenvolvimento dos gêneros poéticos nesse período:

Vem e traz até nós, ó jovem,
uma jarra, a fim de que um longo
gole eu beba, servindo dez medidas
de água e cinco de vinho,
para que sem insolência
de novo eu baqueie como uma bassara.
(Anacr. 356a Campbell)

Nesses versos — como já ocorrera nos de Teógnis —, um poeta canta na primeira pessoa do singular, despertando nos demais presentes em seu contexto de *performance* — isto é, durante o *sympósion* — um sentimento de identificação com sua *persona* poética, sentimento que é reforçado de forma ainda mais evidente por meio de um pronome na primeira pessoa do plural (referindo-se ao grupo daqueles que devem receber a nova mistura de vinho): ademais, o valor da moderação e uma provável referência à pederastia completam as características propriamente aristocráticas do trecho. Mas é de notar ainda a menção à figura da "bassara" — presente no verbo *bassarḗssō* [farei como a bassara] —, nome dado às bacantes da Trácia que se cobriam com a pele de raposa (também chamada *bassára*). Tal como notado por Hobden (2013, 46), o jogo estabelecido por essa referência é ainda mais complexo na medida em que a menção à bassara remete ao gesto ritual das adoradoras de Dioniso — com seu característico movimento de cabeça para trás, com a boca aberta — e que já estava sugerido na expressão "*ámystin propíō*":

lit. "que eu beba o *ámystis* [um grande vaso trácio que costumava ser bebido de uma só vez (BAILLY, 2000)]". Instala-se, portanto, a repetição cíclica do movimento característico de lançar a cabeça para trás, com a boca aberta, enquanto se bebe o vinho trazido pelo jovem [*país*].

Que a invocação de uma atmosfera dionisíaca se dê no poema sob os auspícios da moderação é um aspecto típico do tratamento que Dioniso receberá dos poetas mélicos em Atenas. Ainda que a alusão à feminilidade da bassara como modelo final da atitude a ser adotada pelo cantor pudesse soar de forma relativamente perturbadora da ordem masculina que imperava na sociedade ateniense, a sabedoria propalada pelo poema é aquela que consiste num comportamento em conformidade com as regras da boa ordem no simpósio. De todo modo, a presença massiva de um deus tão ambíguo e questionador das hierarquias — mesmo das hierarquias de gênero, classe e origem —, como era o caso de Dioniso, havia de deixar sua marca na produção poética de um Anacreonte. Esse aspecto será desenvolvido na sequência do argumento, mas, antes, é de se destacar um último fragmento interessante para sugerir a relação cultural entre a poesia anacreôntica e Dioniso. Trata-se de um trecho citado por Ateneu:

> Coroavam também a testa, como o belo Anacreonte diz:
> "sobre as sobrancelhas, guirlandas de aipo
> colocando, um florescente festival conduzamos
> para Dioniso."
> (Anacr. 410 Campbell = Athen. 15.16 Kaibel; 674c Gulick)

As palavras empregadas nesse trecho são extremamente significativas de algumas das sugestões anteriormente propostas: Anacreonte convoca — mais uma vez por meio do emprego de uma primeira pessoa do plural — um grupo de pessoas a se coroar com guirlandas de aipo, uma característica habitual de celebrações públicas dos helenos (como foi visto em algumas imagens de cerâmica associadas aqui às Antestérias), conclamando-os a conduzir uma festa [*heortḗ*] para Dioniso. Não se trata de um festa qualquer, contudo, mas de uma festa *tháleia*, isto é, florescente (talvez em associação com o período da primavera), ou ainda abundante (em clara referência ao esplendor das celebrações). Nota-se,

4. AURORA DO DRAMA

portanto, nesse fragmento uma dicção mais geral adotada pelo poeta, celebrando uma coletividade sob os auspícios do deus que parece ter estado profundamente relacionado com uma série de mudanças socioculturais nesse período. Sobre os aspectos religiosos da poesia de Anacreonte, cumpre observar o seguinte:

> Atividade amplamente cultual (como hinos e libação) era parte integrante de um *sympósion*. Não havia uma clara linha divisória entre religião "séria" e "despreocupada" bebedeira. As muitas referências de Anacreonte aos deuses, por conseguinte, especialmente a Dioniso e Eros, terão se movido acima e abaixo ao longo de toda essa escala — da lúdica metáfora do desejo ou da bebida até a invocação de poderes numinosos que demandam adoração. Ocasionalmente, recebem-se sugestões do que devem ter sido ocasiões cultuais mais amplas, como uma invocação formal a Ártemis (Anacr. 348 Campbell) ou uma exortação para se colocarem guirlandas e "se celebrar o abundante festival para Dioniso" (Anacr. 410 Campbell), mas esses fragmentos estariam tão adaptados ao contexto de um *sympósion* quanto ao de um festival público (BUDELMANN, 2009b, 232).

Nesse sentido, se é certo que o conjunto da produção poética de Anacreonte deve ter tido um papel distintivo para as elites tradicionais entre as quais foi executada — durante as tiranias de Polícrates, em Samos, ou Hiparco, em Atenas, por exemplo —, é de se constatar que — para além das ocasiões em que seus poemas possam ter servido a públicos mais gerais, como no caso de *performances* em festivais — mesmo suas estratégias retóricas empregadas em poemas simposiásticos podiam facilmente se prestar também a camadas mais amplas da população. Ao levar em conta a difusão da cultura do *sympósion* nesse período, parece evidente que pessoas de origem não aristocrática — embora pertencentes a camadas economicamente ascendentes da população — promoveram sua gradual incorporação ao modo de vida da elite ideológica, empregando para isso seus gostos distintivos, suas práticas e seus valores, tais como esses vinham expostos na poesia, por exemplo, de um Anacreonte. Nas palavras de uma estudiosa do assunto:

> [O]s homens no *andrôn* [saguão masculino], que cantavam uma poesia atribuída a Anacreonte, automaticamente adotavam a voz de um arquissimposiasta.

213

Por meio de uma "reatuação", recorrendo ao "eu" anacreôntico e empregando suas estratégias de incorporação, indivíduos deslocando-se das margens para o interior [dos grupos hegemônicos] podiam expressar sua imersão na cultura do *sympósion*, que eles simultaneamente enfrentavam (HOBDEN, 2013, 55).

Nesse sentido, é importante interpretar o que certas evidências do período indicam: se uma aristocracia tradicional tentava destacar-se de outras camadas socialmente ascendentes — por meio de gostos refinados, práticas e valores específicos, além de linguagem e sinais distintivos —, seu sucesso em manter uma distinção rígida começava a diminuir. Isso porque essas mesmas estratégias eram facilmente imitadas e reapropriadas pelos "recém-chegados" — enriquecidos com as práticas de comércio, por exemplo —, numa competição econômica cada vez mais acirrada pela exibição de traços que fossem considerados distintivos de uma noção "extrínseca" de aristocracia: essa situação levou à difusão de uma economia do dispêndio e do ócio simposiástico para além das classes mais estritamente aristocráticas.

A obra de um poeta como Anacreonte num contexto como esse sugere que — mais do que simplesmente ser cooptada por uma única parte da elite — ela poderia se prestar a diferentes possibilidades de interpretação e reinterpretação no ambiente do *sympósion*. A esse respeito, Budelmann (2009b, 234-235) chama a atenção para as características simples e generalistas dos poemas de Anacreonte, pois, mesmo quando nomes próprios e ocasiões específicas de *sympósion* são mencionados, essas menções são gerais o bastante para permitir sua transferência e adaptação a outros contextos. Se essas características, por um lado, contribuíram para a difusão dos poemas anacreônticos na Antiguidade — favorecendo sua sobrevivência até os dias de hoje —, por outro, permitiam que os mais diversos grupos executassem seus versos e se identificassem sob uma mesma atmosfera simposiástica em que Dioniso e Eros se encarregavam de estabelecer e fortalecer certas relações sociais[5].

---

5. É de notar que, assim como a *persona* poética de Anacreonte podia ser incorporada por qualquer pessoa que viesse a executar seus poemas (isto é, uma pessoa diferente do poeta), da mesma forma, os antigos — pelo menos aqueles do período helenístico em diante — tinham consciência de que não precisava haver uma coincidência entre a *persona* poética e a

É tentador relacionar a preponderância da bebida e do desejo nos contextos particulares em que Anacreonte trabalhou. Eros recebeu um altar em Atenas durante o governo de Pisístrato e tinha relações com a cultura da tirania em outros lugares. Ele começa a aparecer na pintura em cerâmica ateniense por volta de 520, refletindo a importância da pederastia na segunda metade do século VI. Similarmente, o culto dionisíaco espalhou-se enormemente ao longo do século VI. Dioniso era a principal divindade em Teos e em Abdera; em Atenas, o festival das Dionísias urbanas foi ou introduzido ou enormemente aprimorado por Pisístrato; e Dioniso, que era de várias maneiras um deus do povo, deve ter tido apelo para os tiranos, cujo apoio dependia em parte da população rural e não aristocrática (BUDELMANN, 2009b, 233-234).

Para além da dimensão político-social que essas características da poesia de Anacreonte lhe conferiam, é importante destacar as implicações eminentemente poéticas que esse estilo generalista e simplista — relacionado aos prazeres "universais" de Eros e Dioniso no contexto do *sympósion* — pôde vir a desenvolver: a *persona* elaborada em seus poemas — facilmente distinguível por seu humor ligeiro, sua franqueza de estilo e seu apreço por uma vida entregue às delícias do *sympósion* — participava de pequenas cenas cujo conteúdo "dramático" não passou despercebido aos comentadores. Ainda que seja difícil tentar propor relações entre essa dimensão mimética — ou antes, mimetizável — da poesia de Anacreonte e o desenvolvimento dos gêneros dramáticos nesse mesmo período em Atenas, alguns pontos de sua atuação e de sua imagem são bastante dignos de nota: segundo uma informação de Himério (*Or.* 38.13), Anacreonte teria feito — tal como Eurípides, com *As Bacantes* — com que Dioniso aparecesse num de seus poemas transfigurado sob forma de mortal, a fim de averiguar a desmedida e a justiça no comportamento dos seres humanos (Anacr. 492 Campbell); segundo um escoliasta (Schol. T Hom. *Il.* 19.21), Anacreonte teria escrito um poema em que se compararia ao próprio Dioniso, dizendo:

---

biografia do poeta. Isso é o que sugere um interessante comentário de Ateneu: "Anacreonte, que fez toda a sua poesia depender da embriaguez, é extraordinário, pois é difamado por ter se entregado à moleza e à luxúria em seus poemas, mas muitos não sabem que estava sóbrio enquanto escrevia — sendo um homem bom —, que apenas fingia estar bêbado, embora não tivesse necessidade disso" (Ath. 10.34 Kaibel; 10.429b Gulick).

"faz a pândega como Dioniso" (Anacr. 442 Campbell); finalmente, é de considerar ainda que, num epigrama fúnebre, Dioscórides (*A.P.* 7.31.2) chama o próprio Anacreonte de "senhor da pândega e de todo rito noite-afora" (Anacr. 500 Campbell), enquanto Luciano (*Ver. Hist.* 2.15) o menciona em associação a Aríon, reforçando as dimensões dionisíacas desse poeta (Anacr. 500 Campbell).

Ainda que não seja possível aprofundar essas ideias sobre as prováveis relações entre Anacreonte e o desenvolvimento dos gêneros dramáticos sob os auspícios de festivais atenienses em honra a Dioniso, tais associações reforçam o que tem sido visto acerca do contexto políticosocial vigente em Atenas no período da tirania. No imaginário do período, Anacreonte reúne as características do simposiasta por excelência, tendo vindo inclusive a ser representado na Acrópole com a estátua de um homem cantando bêbado (Paus. 1.25.1). Suas relações com Dioniso e com Eros — e, por conseguinte, com o *sympósion*, o *kômos* e a pederastia — habilitam-no a figurar como digno representante da política de Hiparco, o tirano considerado, pelo autor de *A Constituição dos atenienses* (18.1), alguém "folgazão [*paidiṓdēs*], dado a amores [*erōtikós*] e cultor das artes [*philómousos*]". As considerações acima expostas, tornadas possíveis a partir da poesia de Anacreonte, sugerem que seria mais prudente ver em Hiparco não alguém cuja atividade estava em oposição à abordagem mais séria de seu irmão, Hípias — que era alguém "com dons naturais de estadista e homem sensato [*têi phýsei politikòs kaì émphrōn*]" —, mas um astuto governante, ciente da necessidade de práticas complementares à política para o fortalecimento das condições básicas de governabilidade.

Isso é o que sugere o diálogo socrático *Hiparco*, no qual esse tirano é descrito por Sócrates — que o tem em alta estima — a seu interlocutor, com os seguintes termos:

> Falo de meu e teu concidadão, filho de Pisístrato [do *dêmos*] de Philaidḗs, Hiparco, o qual — dentre os filhos de Pisístrato — era o mais velho e mais sábio, responsável por — entre muitas outras belas obras onde deu mostras de sabedoria — trazer os poemas de Homero pela primeira vez a esta terra e obrigar os rapsodos nas Panateneias a recitá-los em turnos (segundo uma ordem), como ainda hoje eles fazem. Ele ainda mandou um navio de cinquenta remos

trazer Anacreonte de Teos para a *pólis* e sempre estava às voltas com Simônides de Ceos, convencendo-o [a ficar] por meio de grandes pagamentos e presentes. Ele fazia essas coisas querendo educar os cidadãos, a fim de governar sobre os que fossem os melhores; mas, como ele era nobre [*kalós te kagathós*], não considerava que a sabedoria devesse pertencer a qualquer um. Assim que os cidadãos da cidade foram educados por ele e maravilhavam-se com sua sabedoria, desejando também educar os que habitavam os campos, erigiu-lhes [estátuas de] Hermes ao longo das estradas, no meio do caminho entre a cidade e cada *dêmos*. Depois, selecionando de sua sabedoria — tanto a que aprendera quanto a que ele próprio criara — as sentenças que lhe pareciam ser as mais sábias, colocou-as em forma elegíaca e mandou inscrever seus poemas e ditos de sabedoria sobre os Hermes. [Fez isso] A fim de que, primeiro, as frases sábias de Delfos não impressionassem seus concidadãos, como "Conhece a ti mesmo", "Nada em excesso" e outras assim, mas considerassem as frases de Hiparco como mais sábias. Em segundo lugar, para que, enquanto fossem e voltassem [pelas estradas], lessem, adquirindo um gosto pela sabedoria dele, e passassem a vir dos campos para se educarem no restante. Há dois lados nas inscrições — à esquerda de cada Hermes está escrito que o Hermes encontra-se no meio do caminho entre a cidade e o *dêmos*, enquanto, à direita, diz: "Este é um monumento de Hiparco: caminha cogitando coisas justas". Há também muitas outras belas inscrições de seus poemas em outros Hermes. Há ainda um, na estrada de *Steiriakē*, em que é dito: "Este é um monumento de Hiparco: não engana um amigo" (Plat. *Hipparch*. 228b-229b).

O trecho é longo, mas reforça — com a autoridade de um testemunho do período clássico — muitos pontos anteriormente abordados, enquanto revela novos desdobramentos para considerações acerca do contexto aqui analisado. Ainda que se possa questionar a possibilidade de tomar *ipsis litteris* o que Sócrates afirma aí — na medida em que um tom irônico poderia subjazer a seu estranho excurso nessa parte do diálogo —, um platonista como Allan Bloom (1987, 47) acredita que o tom paradoxal das afirmações de Sócrates tenha por objetivo ressaltar as semelhanças entre esse filósofo e o tirano ateniense, constituindo um testemunho positivo da atuação política de ambos. Seja como for, a indicação de que Hiparco esteve envolvido na construção dos Hermes ao longo das estradas que percorriam a Ática e tentou suplantar — em termos de sabedoria — a hegemonia de Delfos encontra eco em outras evidências.

Algumas imagens representadas na cerâmica ateniense fabricada nesse período atestam a relação entre Hiparco e a construção dos Hermes[6]. Essa iniciativa política tem implicações sociais comparáveis, de certa maneira, ao que foi visto da poesia simposiástica também incentivada pelo tirano: construção de um sentimento de coesão entre grupos distintos; difusão de um conjunto de práticas e valores; enaltecimento da Ática como um lugar de desenvolvimento da cultura. Além disso, ambos os empreendimentos associavam a imagem pública de Hiparco — e mesmo de toda a família dos Pisistrátidas — com a sabedoria, a moderação e a piedade religiosa, valores tradicionais importantes para quem buscava aprovação popular a fim de ter maior apoio político.

Um desdobramento religioso importante da construção dos Hermes foi descrito por um estudioso do imaginário religioso ateniense do período arcaico com as seguintes palavras:

> Cada Hermes marcava a distância a partir de um determinado *dêmos* até o Altar dos Doze Deuses em Atenas; esse altar, ofertado pelo sobrinho de Hiparco aproximadamente no mesmo período em que Hiparco erigiu seus Hermes ao longo da estrada, era efetivamente convertido num monumento religioso central em Atenas devido a sua relação com os Hermes. Os Pisistrátidas eram renomados por seus projetos de obras públicas; também é possível, mesmo sem ser demonstrável, que os Hermes tivessem chamado a atenção para um sistema viário que os Pisistrátidas ajudaram a construir. É de sugerir que o propósito dos Hermes era em parte reforçar o renome, o poder e a autoridade de Hiparco e dos Pisistrátidas no interior da *pólis* de Atenas e do campo (LAUGHY, 2010, 136).

Como já sugerido anteriormente, esse tipo de empreendimento no campo religioso — como a construção dos Hermes e do Altar dos Doze Deuses — tinha profundas implicações políticas e podia desdobrar-se em outras ações mais específicas. No caso de Hiparco, sabe-se de uma tentativa de reunir os oráculos de Museu, no que era uma prática tradicional de famílias poderosas para aumentar o prestígio e a influência de seus membros, por meio da formação de depósitos oraculares deten-

---

6. Por exemplo: figuras vermelhas numa copa, c. 520-510, de Atenas e atribuídas a Epicteto. Copenhagen, National Museum CHRVIII967 (*BAPD* 200586).

tores de respeito e veneração⁷. No mesmo sentido dirigem-se as informações sobre a participação do tirano na restauração das Panateneias e na estipulação de regras mais estritas para a *performance* rapsódica dos poemas homéricos nesse contexto⁸. A julgar pelas indicações arqueológicas e pelas sugestões contidas no trecho do diálogo *Hiparco* (citado acima), o tirano buscou elevar o *status* das Grandes Panateneias ao nível dos principais festivais pan-helênicos e, com isso, tornou possível que Atenas se revelasse, poucos anos mais tarde, o verdadeiro centro cultural da poesia helênica.

A mesma época de estabilização das *performances* rapsódicas em Atenas viu o surgimento e o desenvolvimento das *performances* trágicas, formalizadas também num festival público. As similaridades desse movimento já foram explicitadas anteriormente, de modo que aqui é possível restringir o tratamento dessa questão a uma menção a suas possíveis diferenças e complementaridades. Conforme um estudioso:

> A atuação dramática e a recitação rapsódica também podem ser vistas como opostas, uma vez que elas foram designadas para os dois "grandes" festivais organizados na Atenas do século VI, as Dionísias e as Panateneias. O ator, usando uma máscara, identificava-se com o personagem mítico que ele estava apresentando; o rapsodo, recitando a partir de um texto composto há eras, trazia o passado à vida enquanto mantinha sua distância dele. A separação de autor e *performer* ainda era algo comum. Por essa época já havia sido reco-

---

7. Tal tentativa de coleção se deu sob liderança do adivinho Onomácrito, o qual, segundo Heródoto (7.6.3-4), foi posteriormente descoberto por Laso de Hermíone (um poeta que também morou na corte dos Pisistrátidas) envolvido numa falsificação de um desses oráculos, tendo sido então expulso de Atenas por Hiparco. Laughy (2010, 138) desenvolve algumas considerações sobre a relação entre famílias poderosas e a manipulação de oráculos.

8. Sobre a "regra Panateneica", a partir da qual a execução rapsódica dos poemas homéricos passava a ser fixada segundo determinada ordem (*Hipparch*. 228b), não é possível afirmar que ela tenha exigido a execução dos poemas em sua inteireza, mas conforme determinada sequência de episódios (BURKERT, 1987, 50). O nome de Hiparco é diretamente mencionado aqui, mas os nomes de Sólon e Pisístrato também estão relacionados com essa inovação (por outras fontes). Em todo caso, essa confusão aponta para o fato de que, na Atenas de meados do século VI, alguma medida política foi tomada a fim de cooptar a tradição épica de matriz homérica e fixá-la na região por meio de *performances* constantes e relativamente estáveis (talvez dependentes de alguma forma já escrita desses poemas). Para uma reconstrução hipotética desse processo, cf. NAGY, 2002, 9-13.

nhecido — devido à autoconsciência de muitos poetas notáveis — que toda produção poética tinha um autor individual. Mesmo que o sucesso de uma tragédia dependesse muito dos atores, do coro e de certos apetrechos, ninguém se esquecia de perguntar pelo homem que "o fez", o *poiētḗs*. Improvisações em caminhos bem trilhados de um cenário heroico tradicional já não tinham lugar numa época de profissionais competitivos. Mas a fabricação de um clássico tinha (BURKERT, 1987, 53).

Burkert enxerga nesse momento — isto é, durante a tirania dos Pisistrátidas — o início da constituição de um "clássico" helênico: Homero. Mas isso não é o assunto da presente investigação e aqui cumpre atentar para os desdobramentos que a associação proposta pelo estudioso pode ter. Afinal, se os tiranos incentivaram as *performances* poéticas de forma tão determinante em Atenas no final do século VI, suas ações devem ter deixado marcas profundas nas instituições que vieram a se constituir e a se consolidar durante o período clássico.

Alguns testemunhos sugerem que já existiria algum sistema de patrocínio das *performances* corais no período anterior às reformas levadas a cabo por Clístenes, ou seja, que, antes do fim da tirania (em 510), certas disposições já regulassem o modo de constituição, suporte e treinamento de coros para ocasiões públicas. Baseando-se nisso, seria possível suspeitar da existência de alguma forma primitiva de *khorēgía* no século VI. Dentre as principais fontes para essa suspeita, Demóstenes (42.1) relaciona-a ao nome de Sólon, enquanto o tratado peripatético *Econômicos* [*Oikonomiká*] (1347a) menciona *khorēgoí* durante o governo de Hípias (entre os anos de 527 e 510, portanto).

Um dos principais estudiosos da *khorēgía*, em suas reflexões sobre o estatuto dessa instituição no século VI, embora considere que sua natureza pudesse servir aos interesses tanto dos tiranos quanto da incipiente democracia, propõe uma especulação bastante sugestiva para a perspectiva adotada na presente investigação. Ele afirma o seguinte:

> "Liderança" em festivais é uma área em que deve ter sido útil aos propósitos dos tiranos permitir que lideranças aristocráticas tomassem parte. Convidados a "trabalhar para o povo", nos festivais recentemente expandidos na *pólis*, esse desvio da riqueza e das energias culturais de aristocratas para um centro simbolicamente identificado com o tirano teria servido aos propósitos desse último,

talvez efetuando ao mesmo tempo uma diminuição nas formas de patronagem e poder locais. E os próprios aristocratas teriam achado difícil resistir à atração de uma oportunidade para exibir e atuar perante uma coletividade cívica de magnitude sem precedentes (WILSON, 2000, 15).

Nesse sentido, o autor termina por sugerir a possibilidade de que o sistema corégico ateniense do período clássico remonte de fato aos esforços empreendidos pelos Pisistrátidas com vistas a criar — por meio de práticas alternativas à ação direta na política — formas de sustentação do poder e ampliação de sua influência sociocultural. Como sugerido por outro estudioso, não há nada intrinsecamente democrático na forma de recrutar os coros em Atenas, sendo possível que o sistema tenha sido desenvolvido e tenha entrado em vigor sob o governo dos tiranos (RHODES, 2003, 109). A presença de um poeta como Laso de Hermíone na corte dos Pisistrátidas — envolvido tanto com a organização dos oráculos de Museu quanto com a reorganização de competições poéticas (como os ditirambos e suas *performances* corais) — reforça essa mesma ideia.

O poeta Laso de Hermíone (uma *pólis* da Argólida) é uma figura extremamente importante na história antiga do ditirambo, e a introdução de disputas ditirâmbicas lhe é creditada. Se essas tiverem acontecido em Atenas, devem ter ocorrido no contexto de um festival urbano, provavelmente as Dionísias [*Suda, l.* 139, s.v. Laso]. Ele e seu grande rival contemporâneo, Simônides, foram a Atenas por convite de Hiparco e eram evocados (ou imaginados) posteriormente como rivais [Hdt. 7.6; Ar. *V.* 1409]. A Atenas do século VI, com relação a outras *póleis* desse período, parece ter tido uma quantidade menor de grandes poetas nativos e de amplas ocasiões públicas de *performance* coral, sendo possível que tenha recebido conselho de homens como Laso, altamente experientes no mundo internacional dos *agônes* [competições] poéticos. A deliberada atração de figuras poéticas helênicas de liderança para Atenas, por parte do tirano, é explicável em termos de uma política cultural que teria tido uma dinâmica tanto interna — o prestígio de tais figuras aumentando o orgulho dos cidadãos de sua *pólis* sob os cuidados do tirano — quanto externa — pois, se não era uma intenção de Hiparco fazer de Atenas um centro da cultura poética por meio da reunião de talentos do gênero coral e do contato com esses talentosos estrangeiros, a consequência no longo termo foi certamente essa (WILSON, 2000, 16).

O próprio Simônides parece ter tido uma longa carreira como compositor de ditirambos, sendo plausível que sua importância para o desenvolvimento dos gêneros poéticos em Atenas tenha sido tão grande quanto a dos demais poetas presentes na corte dos Pisistrátidas. Ainda assim, os estudiosos da questão delinearam uma série de aspectos em que a inventividade de Laso de Hermíone teria sido absolutamente fundamental para a cultura poética ateniense: D'Angour (1997, 335) defende que, baseado na reestruturação dos grandes festivais públicos atenienses, o poeta teria inaugurado uma modalidade ditirâmbica competitiva com um coro expandido; o mesmo autor sugere que a variedade rítmica e métrica do ditirambo posterior estaria em parte relacionada às atividades de Laso (D'ANGOUR, 1997, 337); já Sourvinou-Inwood (2003, 169), por outro lado, defende a hipótese segundo a qual esse poeta teria tido um papel fundamental na transformação gradual dos coros ditirâmbicos em *performances* trágicas e, embora não haja testemunhos antigos sobre isso, acredita que os doricismos da tragédia sejam uma espécie de memória de sua influência. Seja como for, sua importância já era reconhecida em diferentes dimensões da poesia helênica pelos próprios autores da Antiguidade.

Em sua interpretação de um famoso fragmento ditirâmbico de Píndaro (fr. 61 Bowra; 70b Snell), D'Angour (1997, 339-343) sugere que o poeta tebano estaria fazendo referência a uma outra inovação promovida por Laso: segundo sua interpretação, enquanto as *performances* ditirâmbicas antes dele seriam feitas em linha [*skhoinoténeiá*], seu trabalho com o desenvolvimento de uma musicalidade mais apropriada para as novas características desses coros levou-o a dispô-los em círculos. Cumpre acrescentar que — caso a reconstituição acima proposta esteja correta e uma tradição de *performances* corais dramáticas tenha se desenvolvido a partir dos ditirambos anteriores às inovações de Laso — a formação do coro trágico em linhas e colunas retas corrobora a ideia de que a transformação do coro ditirâmbico em coro cíclico tenha se dado num período posterior ao surgimento da tragédia. Além disso, com essa transformação, a oposição paulatinamente construída entre coro trágico e coro ditirâmbico começava a tornar-se visualmente mais marcada (D'ANGOUR, 1997, 348).

Os desdobramentos do que fica delineado para esse contexto histórico são profundos e importantes no que diz respeito a uma compreensão do desenvolvimento dos gêneros dramáticos nesse período, de modo que — em conexão com as associações vistas para o culto de Dioniso — a atuação dos tiranos de Atenas, principalmente Pisístrato e Hiparco, se revela fundamental para a constituição gradual da cultura poético-musical ateniense do período clássico.

4.3. O fim da tirania e o início da democracia em Atenas

As principais fontes históricas para o período seguinte — Hdt. 5.55-65; Thuc. 1.20; 6.53-9; Arist. *Ath*. 18.2-6 — dão indicações, algumas vezes contraditórias entre si, sobre os acontecimentos envolvendo o atentado contra a vida dos Pisistrátidas em fins do século VI. Cerca de quatro anos antes do fim definitivo da tirania, em 510 (Hdt. 5.55), Harmódio e Aristogíton, motivados por questões amorosas — ainda que as dimensões políticas de seu governo não devessem ser desconsideráveis —, planejaram um atentado contra a vida dos tiranos durante as Grandes Panateneias.

Ao que tudo indica, Harmódio era um jovem muito belo que atraiu a atenção de um dos filhos de Pisístrato — Hiparco (Thuc. 1.20; 6.54) ou Tessálio (Arist. *Ath*. 18.2) —, o qual, desejoso de iniciar com ele uma relação pederástica, foi rechaçado em prol de Aristogíton, da estirpe dos Gefireus (Hdt. 5.55-62). Tendo tramado uma maneira de humilhar a família do amado que o desprezara, o Pisistrátida acabou atiçando o ódio e o desejo de vingança de Harmódio e Aristogíton (Thuc. 5.56; Arist. *Ath*. 18.2). Planejando um atentado para o dia da festa das Grandes Panateneias — quando, por acompanharem a procissão, poderiam portar suas armas sem despertar desconfianças[9] —, os dois, acompanhados de

---

9. É estranha a interpretação que Dabdab Trabulsi (2004, 102) propõe dos motivos por trás da escolha de um dia sagrado para a execução de um golpe político, como no caso do plano original para assassinar os Pisistrátidas em 514, no primeiro dia das Grandes Panateneias. Segundo o autor, "[t]rata-se seguramente [...] da busca de um máximo de caução divina, e, portanto, no plano ideológico, de um máximo de consenso, e, no plano político, de um máximo de adesões". Essa atitude, contudo, era desrespeitosa com relação às crenças religiosas antigas em mais de um aspecto, como a proibição comum da prática de todo tipo de atividade

outras pessoas, não foram capazes de executá-lo como previsto: tendo visto um dos conspiradores conversando com Hípias, eles recearam que a conspiração fosse denunciada e precipitaram a ação, concentrando toda a força do ataque em Hiparco e sendo mortos ou capturados na repressão que se seguiu a esses atos (Thuc. 5.57-9; Arist. *Ath.* 18.3-6). Heródoto dedica grande parte de seu relato a considerações sobre a estirpe dos Gefireus, enquanto Tucídides e Aristóteles tentam refutar as versões democráticas dos acontecimentos, segundo as quais Harmódio e Aristogíton teriam sido tiranicidas com motivações políticas e libertadoras.

As três principais fontes para o período informam que a tirania de Hípias tornou-se muito mais rígida após o assassinato de Hiparco, com perseguições, execuções e desterros sendo perpetrados como vingança pelo acontecido (Hdt. 5.55; 6.123; Thuc. 6.54; 6.59; Arist. *Ath.* 19.1). Embora a narrativa de Heródoto insista em contrapor a tirania dos Pisistrátidas à família dos Alcmeônidas — que terá um papel preponderante no esforço de "libertação" dos atenienses —, uma lista com o nome de arcontes do final do século VI indica que havia certa proximidade entre esses grupos e que as vicissitudes políticas às vezes os afastavam ou os aproximavam, não apenas uns dos outros, mas também com relação aos demais centros de poder nesse período (o oráculo de Delfos e o império dos persas, por exemplo).

Um desses momentos de vicissitude política deu-se justamente quando os Alcmeônidas estreitaram suas relações com o oráculo de Delfos, a partir do interesse que aqueles demonstraram em ajudar a reerguer o templo délfico (Hdt. 5.62), após um incêndio que o destruíra anos antes (Paus. 10.5.12). Sobre as dificuldades envolvidas nessa empreitada, e os escândalos desdobrados a partir dela, muito foi especulado pelos testemunhos antigos, mas o que convém aqui notar é que os Alcmeônidas, como não tinham tido sucesso em tomar o poder em Atenas, foram

---

comercial, judicial e carcerária bem o indica (no caso das Grandes Dionísias, por exemplo, como foi visto anteriormente, segundo a lei de Evégoras). Mas o próprio derramamento de sangue humano nesse dia consagrado configuraria uma impiedade (BURKERT, 2011, 98). Que sempre existiram sujeitos temerários o bastante para infringir essas convenções, a fim de executar seus atos quando seus alvos estavam mais vulneráveis, é algo que as narrativas de Heródoto, Tucídides e Xenofonte bem o demonstram.

obrigados a recorrer a uma força externa. Se os Pisistrátidas tentaram de fato suplantar o prestígio do oráculo de Delfos (tal como ficou sugerido acima), certamente havia boas razões para que assim agissem. O fim de sua tirania em Atenas parece ter advindo justamente de um conluio entre os Alcmeônidas e Delfos, para envolver também os espartanos nas disputas pelo governo de Atenas[10].

A mais minuciosa narrativa sobre esses acontecimentos é a de Heródoto (5.63-5), na qual se fica sabendo sobre o início da expedição espartana contra os Pisistrátidas — movida pela persistência com que o oráculo lhes exortava a tomar essa iniciativa —, os detalhes das duas tentativas de intervenção (apenas a segunda delas bem-sucedida), a resistência inicial apresentada pelos Pisistrátidas e sua derrota final, culminando com sua expulsão de Atenas. A Constituição dos atenienses (19.4-6) apresenta um resumo desses mesmos eventos, aos quais acrescenta breves considerações sobre a disputa pelo governo de Atenas na sequência:

> Derrubada a tirania, conflitaram entre si Ságoras, filho de Tisandro e amigo dos tiranos, e Clístenes, pertencente à casa dos Alcmeônidas. Inferiorizado nas confrarias políticas, Clístenes conciliou o povo ao remeter o governo para a multidão. Ságoras, carente de mais forças, apelou por sua vez para Cleômenes com quem mantinha laços de hospitalidade, e convenceu-os a extirpar o sacrilégio, dado que os Alcmeônidas eram tidos por sacrílegos. Com a fuga de Clístenes, Cleômenes, que viera com poucos homens, expulsou como sacrílegas setecentas famílias atenienses. Feito isso, tentou dissolver o conselho e colocar Ságoras mais trezentos de seus amigos como senhores da cidade. Diante do enfrentamento do conselho e uma vez congregada a multidão, os partidários de Cleômenes e Ságoras refugiaram-se na Acrópole, enquanto o povo acampado os assediava por dois dias; no terceiro, após permitirem a saída de Cleômenes e de todos os mais que capitularam com ele, trouxeram Clístenes e os demais exilados. Com o domínio da situação pelo povo, Clístenes tornou-se o chefe e o líder do povo. Pois os Alcmeônidas tinham justamente sido os principais responsáveis pela expulsão dos tiranos, mantendo-se em dissensão por longo tempo (Arist. Ath. 20.1-4, trad. Francisco Murari Pires).

---

10. As fontes antigas sobre a tentativa de persuasão ou corrupção do oráculo de Delfos, pelos Alcmeônidas, para que levassem os espartanos a tomar partido nas disputas atenienses, são as seguintes: Hdt. 5.62-63; Arist. Ath. 19.4; schol. Pind. Pyth. 7.9b; schol. Dem. 21.144.

Ainda que os acontecimentos após a expulsão de Cleômenes sejam relatados diferentemente em Heródoto (5.70-8), as informações principais sobre o modo pelo qual Clístenes chega ao poder — apelando de forma "oportunista" ao povo — coincidem nos dois relatos. Da mesma forma, as fontes compartilham também a reivindicação colocada por Isócrates de que os Alcmeônidas seriam sacrílegos (devido à pretensa culpa pelo massacre perpetrado contra Cilón e seus seguidores, mais de um século antes), devendo, por isso, ser expulsos. Em todo caso, o resultado final desse imbróglio político-militar foi a consolidação do poder por Clístenes e o estabelecimento de condições políticas para a proposição de reformas que já seriam compreendidas pelas próprias fontes antigas como "democráticas" (isto é, relacionadas à *isēgoría*).

Deve ser dessa época a primeira versão da estátua erguida em homenagem aos "Tiranicidas" na Acrópole de Atenas, sobre a qual foi inscrito o seguinte dístico elegíaco de Simônides (um poeta que se tornaria célebre também por seus epitáfios): "Com efeito, uma grande luz se fez para os atenienses quando Aristogíton e Harmódio mataram Hiparco" (Simon. fr. 1 *FGE*). Que um dos primeiros mitos da democracia já começasse a se constituir — com a particularidade de ter sido composto por um poeta que se dedicava igualmente a cantar os tiranos e sua família — trata-se de apenas um detalhe da constituição gradual de uma retórica democrática que teria seu ápice em meados do período clássico[11].

Como tem sido sugerido, não se trata de imaginar uma ruptura absoluta entre as práticas políticas vigentes no início do século VI (quando se deram as reformas de Sólon) e no seu decorrer (sob a tirania de Pisístrato e seus filhos) com relação ao que Clístenes instaurou entre os anos de 510 e 506 (Arist. *Ath.* 21.1): os historiadores atualmente identificam uma continuidade entre as reivindicações de Sólon pela *Eunomía*, as novas instituições propostas pelos tiranos e o desenvolvimento das primeiras

---

11. Como já afirmado anteriormente, Simônides esteve entre os poetas convidados e sustentados na corte dos Pisistrátidas em Atenas. Além disso, ele compôs um célebre epitáfio para uma neta de Pisístrato, citado por Tucídides (6.59.3): "De um homem que era o melhor na Hélade — dentre os de seu tempo —,/ Filha de Hípias, Arquedice, esta poeira aqui a cobre;/ Ela, sendo de um pai, de um marido, de irmãos e filhos/ tiranos, não alçou a mente até a presunção" (Simon. fr. 26 *FGE*). Para uma interpretação desse poema, cf. CARSON, 1999, 93-94.

ideias sobre a *isonomía*. Da mesma forma, em sua relação com os festivais religiosos, as competições poéticas e outros empreedimentos culturais — como os projetos arquitetônicos mais amplos, por exemplo —, há mais continuidades do que rupturas nessas mudanças aparentes de governo: um desenvolvimento gradual não apenas das instituições sociais, mas também das práticas e das mentalidades envolvidas nelas. Ainda assim, é preciso destacar aqui as novidades propostas por Clístenes no tocante à organização social em Atenas. Esse aspecto é tratado tanto por Heródoto (5.67-9) quanto por Aristóteles (*Ath.* 21.1-6), e, apesar da diferença de entendimento entre eles, é possível resumir do seguinte modo as mudanças que devem ter ocorrido:

> No final do século VI houve uma grande reorganização política e a organização democrática da Atenas clássica foi criada. A população que antes tinha sido dividida entre quatro tribos passava então a ser dividida entre dez. Cada uma dessas novas tribos era artificialmente constituída de grupos discretos de cidadãos de diferentes partes da Ática: um terço de cada tribo vinha da área em torno da cidade, um terço, da área costeira, e um terço, de uma área do interior. Cada área tribal [*trittýs*] era feita de uma ou mais vilas [*dêmos*]. O reconhecimento pela vila substituía o pertencimento a um grupo familiar como critério de cidadania. Todos os cidadãos, de qualquer vila, tinham o direito de reunir-se na assembleia em Atenas para tomar decisões políticas. Havia um conselho que organizava a agenda para essas assembleias públicas e dava continuidade às decisões dos cidadãos. Esse conselho tinha quinhentos membros extraídos de todas as vilas: o número de representantes enviados pela vila era largamente determinado por sua população (OSBORNE, 1987, 128).

Nota-se, portanto, um movimento centrípeto de organização da Ática, no qual os mais afastados povoados dessa região passavam a integrar politicamente um arranjo centralizado em torno de Atenas. As implicações sociais dessas medidas são evidentemente democráticas — levando a uma quebra dos particularismos regionais, por meio de uma mistura da população ateniense (Arist. *Ath.* 22.1) —, mas seus desdobramentos são amplos e diversos: na organização política, nas atribuições militares, no desenvolvimento dos cultos e na formação de uma consciência cívica pautada pela importância do debate público. Além disso, levando em conta que, no relato de Heródoto (5.67-9), o modelo de Clístenes (o ateniense) é seu avô, Clístenes de Sícion — cujas medidas sociais, políticas e culturais já foram anteriormente analisadas —, é lícito especular sobre as repercussões dessas mudanças no plano poético-cultural de Atenas do final do século VI.

Uma das análises recentes mais profundas sobre a instituição oficial das *performances* corais em Atenas, a partir do patrocínio propiciado pela *khorēgía*, foi desenvolvida por Peter Wilson. Considerando o período das reformas de Clístenes, o autor desenvolve a ideia de que a oficialização dos concursos ditirâmbicos, em 509/508 (*Marm. Par.* ep. 46), tenha precedido as mudanças sociais, em 507/506, seja servindo-lhe como modelo de integração efetiva, seja refletindo em sua organização posterior as novas disposições sociais (WILSON, 2000, 17). O paralelismo que as duas instituições vieram a desenvolver, contudo, surge de forma inegável: quinhentos participantes de cada "grupo social", tanto jovens quanto adultos nos coros ditirâmbicos, da mesma forma que os quinhentos cidadãos no Conselho (num claro reflexo do novo arranjo social)[12]; integração da Ática em torno de Atenas; participação pública em *performances* no centro da *pólis*; conscientização gradual por meio da educação e dos debates tornados possíveis pela participação pública.

Retomando os argumentos de D'Angour (1997) sobre o desenvolvimento do coro cíclico [*kýklios khorós*] sob os auspícios de Laso (talvez durante a última década do século VI), Wilson sugere ainda o valor simbólico que um arranjo circular do coro teria para um regime político cuja principal reivindicação era a *isonomía*.

A *pólis* clistênica era uma *pólis* poderosamente centrada e centralizada. Os grandes *khoroí* [coros] circulares trouxeram para o centro de Atenas os representantes das *phylaí* [tribos] para interação pelos grandes festivais, assim como

---

12. Há quem conteste que os primeiros coros de ditirambo instituídos em Atenas contassem com as *performances* de garotos, sugerindo que essas teriam sido instituídas posteriormente, talvez por volta de 470 (D'ANGOUR, 1997, 345, n. 87). Mas a proposta se fundamenta num *argumentum ex silentio* — que é o fato de Simônides (fr. 79 D) mencionar apenas suas cinquenta e seis vitórias ditirâmbicas obtidas *com coros de homens* — e a consideração não tem nenhum peso determinante. Na verdade, outras evidências sugerem justamente o contrário. Cf. WILSON, 2000, 22, n. 55.

as novas estruturas da sociedade clistênica deram para a participação política e militar um novo foco centralizado. Mas, se os *kýklioi khoroí* [coros cíclicos] dionisíacos estão centrados no coração da *pólis*, é preciso lembrar que eles são coros *múltiplos* e *competitivos* e — como se há de notar — uma competição intensa e agressiva entre eles era em certo sentido o caráter definidor de sua *performance* no período histórico. Os vários constituintes das *phylaí* [tribos] não se juntavam para formar um grande, único e unificado *khorós* que representasse a *pólis* para si mesma como um compósito de suas partes. Essas partes eram colocadas num conflito no coração da *pólis* (WILSON, 2000, 17).

Nesse contexto, as *performances* corais ofereciam uma oportunidade única para a exibição e a autopromoção, constituindo uma forma simbólica de adquirir liderança política perante os demais cidadãos. Isso explica o fato de os aristocratas das famílias mais tradicionais terem demonstrado tamanho interesse em participar da *khorēgía*, uma vez que essa instituição lhes permitia readquirir o prestígio público que, durante a tirania em Atenas, haviam em parte perdido.

Essa ideia básica é desenvolvida por Pritchard (2004). Retomando parte da bibliografia sobre as reformas de Clístenes, o autor corrobora a ideia de que elas aspiravam a misturar os atenienses, quebrando localismos e dependências de elites locais enquanto promoviam uma expansão do poder político popular por meio do Conselho dos Quinhentos e de uma reforma hoplítica. No restante de seu artigo, contudo, o estudioso tenta refutar a ideia de que *performances* ditirâmbicas — ou mesmo *performances* corais de modo geral — pudessem ter desempenhado um papel democratizador e pedagógico na Atenas do período. O alvo principal de sua tentativa de refutação é Peter Wilson, para quem — como visto acima — a poesia coral teria sido fundamental para o desenvolvimento de uma consciência cívica e democrática mais ampla nesse contexto — justamente por meio de uma educação musical —, pois Pritchard acredita que a abrangência de tais instituições teria sido muito limitada em Atenas. Sua argumentação, contudo, depende de uma manipulação enviesada de dados hipotéticos, além de tornar incompreensível o surgimento de uma instituição como a *khorēgía* [patrocínio dos coros], pois, se as elites quisessem impedir a participação popular nas *performances* corais, não haveria motivo para inventar um sistema de patrocínio para a seleção, o treinamento e a manutenção de um coro a se apresentar nos festivais públicos[13].

Certamente é preciso estar atento à dimensão aristocrática de instituições tão básicas da sociedade antiga quanto as *performances* corais e sua organização pela *khorēgía*, mas é igualmente necessário levar em conta o impacto que as mudanças políticas levadas a cabo por Clístenes implicaram para a organização das competições poéticas atenienses nesse período. Connor (1989), por exemplo, notando quão significante é a maneira pela qual as formas poéticas produzidas nas Dionísias urbanas estão relacionadas às instituições cívicas e às preocupações políticas da Atenas democrática, sugere o seguinte:

> Hoje se reconhece até que ponto outra grande forma literária produzida em Atenas, no interior das Dionísias urbanas — *i.e.*, o ditirambo —, reflete a ordem cívica clistênica. A competição era tribal com cinquenta homens ou garotos de cada uma das dez tribos clistênicas cantando e dançando. [...] O total de quinhentos participantes — a princípio, todos atenienses livres — era precisamente o número do conselho que Clístenes estabeleceu após a derrubada dos Pisistrátidas. Numa discussão importante, J. Winkler mostrou recentemente a significância desse paralelismo e a representação da ordem cívica ateniense envolvida por ele (CONNOR, 1989, 21).

Não há dúvida de que Connor privilegia em sua leitura os aspectos políticos dos concursos trágicos — em detrimento de seus aspectos religiosos —, na linha do que fazem outros estudiosos em que ele se apoia (como Taplin e Goldhill). Ainda assim, a evocação do trabalho de Winkler aponta um interessante meio de ultrapassar uma dicotomia tão tradicional nesse campo de estudos (malgrado o posicionamento do próprio Winkler, declaradamente favorável a abordagens políticas, desvinculadas tanto quanto possível de considerações religiosas). Mas, antes de analisar o trabalho desse estudioso, convém precisar alguns

---

13. A reclamação do Velho Oligarca (Pseudo-Xenofonte), autor de *A Constituição dos atenienses* (1.3), sobre a democratização das *performances* corais e das competições esportivas é um testemunho antigo importante sobre esses pontos, vistos de uma perspectiva aristocrática e conservadorista. Para sustentar sua tese, Pritchard (2004, 215) precisa simplesmente refutar essa fonte, sob acusação de falta de confiabilidade.

aspectos da composição dos coros responsáveis pelas *performances* nos festivais áticos em honra a Dioniso.

Um primeiro ponto, no que tange à quantidade de coros, é um deslize cometido por Connor, ao retomar esse ponto de Pickard-Cambridge (1962, 36). Ao que tudo indica, desde a institucionalização dos coros ditirâmbicos, existiam dez coros formados por adultos e dez por garotos, com um total não de quinhentos participantes nos coros ditirâmbicos, mas sim de mil (WILSON, 2000, 22). Sobre os coros dramáticos, a questão é um pouco controversa, mas eles eram compostos a princípio de doze e posteriormente de quinze integrantes (talvez efebos, com idade entre dezesseis e dezoito anos — ou entre dezoito e vinte —, como será sugerido na sequência do argumento, a partir da teoria de Winkler). Todos esses coreutas [integrantes do coro] eram selecionados pelo *khorēgós* [condutor do coro], que era igualmente responsável por encontrar um lugar para seu treinamento, além de fornecer seus meios de subsistência (comida e, em alguns casos, acomodação), bem como por providenciar o pagamento do poeta — responsável, a princípio, por fazer as vezes de *didáskalos* [professor] do coro — e, em períodos posteriores, também o pagamento do aulista (o que, num primeiro momento, foi responsabilidade do próprio poeta).

O interesse do presente estudo, contudo, não é descrever e analisar os detalhes da institucionalização dos coros e da *khorēgía* no período clássico, mas sim refletir sobre os elementos presentes de forma determinante nos períodos iniciais de constituição dos gêneros poéticos dramáticos. A esse respeito, uma tese inovadora — e que aborda alguns dos principais elementos das *performances* dramáticas tornadas possíveis a partir das reformas de Clístenes — é a que desenvolve Winkler sobre as relações entre a efebia ateniense e o desenvolvimento do drama.

4.4. Regime democrático: efebia e *paideía*

Muitos dos estudos modernos sobre o desenvolvimento dos gêneros dramáticos — a partir do ditirambo, de outras *performances* corais, de práticas simposiásticas e pederásticas, do *kômos* ou de uma combinação de elementos ritualísticos e práticas sociais — têm chamado a atenção para a dimensão de rito de passagem presente na associação dessas ideias[14]. Para o caso da passagem de jovens para a vida adulta, esses ritos desfrutam de imenso prestígio na sociedade antiga, pois — como já sugeria Jeanmaire (1913; 1939) — constituem um elemento definidor do corpo de cidadãos responsáveis pela manutenção da *pólis*, por meio da reprodução sexual, da proteção militar e das decisões políticas.

Partindo dessas mesmas ideias, Vidal-Naquet (1968) debruçou-se sobre o estranho mito etiológico do festival das Apatúrias e ofereceu uma interpretação estruturalista que pretendia sugerir as associações presentes tanto em seu mito quanto em seu rito. O festival das Apatúrias estava entre as principais festividades cívicas de Atenas, durava três dias, no mês *Pyanepsiōn* — entre outubro e novembro —, precedendo, portanto, a temporada de festivais dionisíacos no inverno, e era dedicado à celebração das fratrias, ou seja, a essa forma arcaica de organização social em Atenas. Seu caráter era eminentemente cívico, como as principais etapas do festival sugerem, com o reconhecimento dos filhos e filhas de cidadãos nascidos no ano anterior (com sacrifícios realizados em honra a Zeus Fratrio e a Atena Fratria), contando também com a celebração dos que se tornavam efebos.

O mito etiológico das Apatúrias — reconstituído a partir de uma infinidade de fontes antigas — pode ser resumido da seguinte forma: um conflito teve início entre os atenienses e os beócios numa região fronteiriça — cujo nome é uma questão controversa entre as fontes — e, então:

> Xantio [Loiro], beócio, convocou o rei dos atenienses, Timoites. Como ele não aceitou, Melanto [Negro] — um messênio expatriado, estirpe de Periclímeno, filho de Neleu — ergueu-se [para lutar] pelo reinado. Enquanto combatiam homem a homem, apareceu para Melanto — atrás de Xantio — alguém usando uma égide negra de pele de bode. Melanto então disse que não era justo que viesse um segundo [lutador]. [Xantio] Virou-se. [Melanto] Ferindo-o, matou-o. Disso criaram-se o festival das Apatúrias e Dioniso negra-égide (*Suda*, a. 2940, s.v. Apatúrias).

---

14. Alguns dos principais nomes que trabalham com essa perspectiva, entre muitos outros, são: CALAME, 1997; SEAFORD, 1994; CSAPO, 1997; WILSON, 2000; SOURVINOU-INWOOD, 2003; ROTHWELL, 2007; HOBDEN, 2013.

Ainda que os relatos variem na interpretação dada ao gesto de Melanto — intervenção divina ou simples trapaça humana —, é interessante retomar aqui as associações sugeridas por Vidal-Naquet. Chamando a atenção para os aspectos "obscuros" presentes nesse mito — desde alguns nomes próprios até certas práticas sociais pouco ortodoxas —, o estudioso francês relaciona-o à instituição igualmente obscura da criptia lacedemônica e sugere que em ambos os casos haveria relação com ritos de iniciação de jovens na vida adulta (VIDAL-NAQUET, 1968, 952-955).

O fato de os valores subjacentes a essas instituições parecerem opostos ao ideário valorizado pelo corpo de cidadãos adultos seria explicado pelo mecanismo tradicional de ritos de iniciação: afastamento da comunidade, período de marginalidade (durante o qual os jovens convivem com práticas inversas àquelas a serem valorizadas socialmente em sua vida adulta) até a reintrodução final na comunidade, já com o novo *status* social de um cidadão adulto. Esse período de marginalidade explica as práticas de travestismo, o emprego de armas e táticas militares mais afins à cinegética [caça] do que à hoplítica [combate em falanges], bem como o isolamento social em que esses efebos viviam durante tal período. Na conclusão de seu artigo, o autor propõe o seguinte:

> No período histórico, na Grécia arcaica e clássica, o efebo é um pré-hoplita e, daí, pela dramatização simbólica que os ritos de passagem oferecem, é um anti-hoplita, às vezes negro, às vezes garota, às vezes caçador trapaceiro. Nada de surpreendente, em todo caso, que um mito como o de Melanto lhe sirva de modelo. Tecnicamente, o efebo é um combatente armado levemente e esse anti-hoplita assegura a manutenção, por um longo tempo furtiva, de formas de guerra ante e anti-hoplítica que reaparecerão em plena luz durante a guerra do Peloponeso e no século IV. Homem das zonas fronteiriças, da *eskkhatiá* [extremidade], ele atesta em seu juramento de hoplita os limites da pátria, que são associados com os campos cultivados, as plantações de trigo, cevada, oliveira, vinha e figo (VIDAL-NAQUET, 1968, 964).

A abrangência da instituição efébica — e do caçador negro [*chasseur noir*], tomado por Vidal-Naquet como seu símbolo —, posta em relação com os mitos de passagem da juventude na Antiguidade, não deixará de ser expandida pelo próprio autor e pela recepção que lhe será dada nos anos seguintes (VIDAL-NAQUET, 1989). Winkler está entre aqueles que recebem essas ideias de forma criativa e, trabalhando-as em dois artigos (1985; 1990), coloca Dioniso *Melanaigís* [Negra-égide], do *aítion* das Apatúrias, em relação com o "mesmo" Dioniso *Melanaigís* da história de Eleutêr e suas filhas, que zombam da égide negra de bode utilizada pelo deus e são punidas com a loucura (*Suda*, *m.* 451 s.v. *Mélan* [Negro]). Notando a semelhança entre esse mito de resistência a Dioniso *Melanaigís* e aquele envolvendo Pégaso de Eleutéria na chegada de Dioniso Eleutério em Atenas — conforme visto anteriormente —, o autor sugere que a realização das Dionísias urbanas seria pautada pela presença dos efebos (esses jovens reconhecidos justamente por suas clâmides negras). Essa classe juvenil — cujo caráter ambíguo explicaria, segundo o estudioso, certas particularidades dos ritos e dos gêneros poéticos dramáticos desenvolvidos no interior dos festivais de que participavam — não apenas estaria presente diretamente em vários momentos ritualísticos das Dionísias urbanas, como também estaria no centro das representações corais. Trata-se de uma reconstituição hipotética, como o próprio autor admite, mas ela oferece explicações interessantes para uma série de aspectos problemáticos do festival e dos próprios gêneros poéticos dramáticos.

Na reconstrução proposta pelo estudioso, os efebos seriam os responsáveis por escolher a estátua de Dioniso Eleutério diretamente da Academia (na estrada que leva de Atenas a Eleutéria) até o templo e o teatro, tomando parte ativa na *pompé* [procissão] desde o formato mais antigo do festival (embora as inscrições em que o autor se baseia para sugerir isso sejam tardias, dos séculos II e I A.E.C)[15]. Os efebos teriam uma seção de assentos no teatro especialmente destacada para eles — tal como havia também para os membros do Conselho —, onde se sentariam após terem exibido sua proeza militar diante dos olhos da *pólis*, em algum tipo de parada militar: a parada em armas dos atenienses órfãos de guerra, educados a expensas públicas — tal como atestada no século IV por Isócrates (8.82) e Ésquines (3.154) — seria uma sobrevivência modificada dessa mesma prática mais antiga. A situação-limite dos efebos

---

15. Cf. WINKLER, 1985, 29; 1990, 36. Exemplos dessas inscrições seriam: *I.G.* ii². 1006, 12-13 (c. 127-106 A.E.C). Para detalhes de outras inscrições efébicas, cf. PICKARD-CAMBRIDGE, 1995, 60.

— e sua preparação para a vida adulta — seria um dos principais temas dos poemas e cantos executados ao longo das Dionísias urbanas, com inúmeras lições, exortações e exemplos dirigidos expressamente para eles. Os efebos formariam os coros trágicos e satíricos (e, por analogia, também os cômicos) durante as *performances* dramáticas do festival, tal como sugere uma das principais evidências sobre aspectos cênicos do drama no período clássico: o vaso de Pronomo[16]. Nele podem ser vistos os membros do coro de um drama satírico após a *performance*, muitos sem máscara, revelando não terem barba (o que é um traço distintivo dos efebos), além de corpos juvenis atléticos. O próprio nome dado aos coreutas responsáveis por executar o coro trágico — isto é, *tragōidoí* — seria uma referência à fase da vida em que a voz, o cheiro e o comportamento sexual dos efebos mudam, fato que os levaria a desenvolver certas características do bode [*trágos*], donde a etimologia de "bodes cantores"[17].

Se a hipótese de Winkler puder ser aceita em suas linhas gerais, o arranjo de idades presente nas *performances* poéticas executadas durante as Dionísias urbanas seria perfeitamente simétrico — com garotos e homens competindo nos coros ditirâmbicos, enquanto os efebos seriam responsáveis pelos coros dramáticos. Haveria, portanto, um paralelismo interessante com o arranjo de idades referente aos eventos de outros festivais — como o das Panateneias e o de certos jogos pan-helênicos, em que três classes (*paîdes* [garotos], *agéneioi* [os sem-barba] e *ándroi* [homens adultos]) competiam em categorias diferentes (WINKLER, 1985, 41). Além disso, as implicações nos gêneros poéticos executados durante as Dionísias urbanas seriam tanto pedagógicas e militares quanto hermenêuticas — na medida em que as expectativas de um público-alvo composto de efebos certamente moldariam o próprio conteúdo desses poemas.

---

16. Trata-se da seguinte cerâmica: figuras vermelhas numa cratera, c. 410, de Atenas. Naples, Museo Archeologico Nazionale 81673 (*BAPD* 217500).
17. Cf. WINKLER, 1985, 47-49; 1990, 58-61. A sugestão parte de comentários do próprio Aristóteles (*Hist. An.* 7.1; *Gener. An.* 5.7.787b32-788a2), que, desenvolvendo as implicações biológicas dessa associação entre sexualidade e mudanças físicas (principalmente na voz), contudo, não as relacionava com o nome *tragōidós* ou com a *performance* da tragédia. Esse testemunho já fora mencionado por Otto (1965, 169).

As principais evidências de Winkler, contudo, são tardias — do século IV em diante — e, ainda que ele reforce seus argumentos principais com outros testemunhos antigos, a proposta de que uma instituição como a efebia (ainda que com outro nome) pudesse existir no século VI, sendo a motivação por trás da instituição das Dionísias urbanas durante a tirania de Pisístrato, permanece, mais até do que hipotética, pouco provável. Os testemunhos antigos parecem indicar o contrário do que sugere Winkler sobre a relação entre Pisístrato e o treinamento militar dos atenienses durante sua tirania: ainda que a legislação de Sólon tenha disposto algo sobre algum tipo de treinamento militar dos cidadãos — como fica sugerido por Diógenes Laércio (1.55), embora isso pareça altamente contestável de uma perspectiva histórica — e o próprio Clístenes talvez tenha determinado algo nessa direção — uma vez que Tucídides (2.4.1) atesta o costume em meados do século V —, Pisístrato foi alguém que tentou suprimir a atividade militar de seus concidadãos, como um trecho de Aristóteles anteriormente mencionado já sugeria (*Ath.* 15.4-5).

Nesse sentido, uma hipótese que talvez fosse mais condizente com esses dados seria a de uma instituição de algum tipo de treinamento militar efébico *a partir* das reformas de Clístenes, período em que — como se viu — as Dionísias urbanas foram modificadas, incorporando competições ditirâmbicas organizadas em conformidade com o novo arranjo tribal criado por ele. É plausível, portanto, que nessa reorganização do festival, Clístenes tenha introduzido diferenças com relação àquilo que vigia na época dos tiranos: ele pode ter introduzido os efebos — esses jovens destacados do corpo cívico para vigiarem o território da Ática — como um elemento importante para a realização do festival; ele pode ter adicionado os ditirambos às *performances* com os coros trágicos, de modo que dispôs todas as competições poéticas do festival segundo um arranjo etário específico (garotos e homens responsáveis pelos ditirambos; efebos responsáveis pelos coros dramáticos, nos quais, anteriormente, homens de qualquer idade podiam participar); da mesma forma, para introduzir essas mudanças no *rito* das Dionísias urbanas, Clístenes pode ter se valido do estranho *mito* das Apatúrias (acima visto), no qual o valor de um jovem efebo — Melanto — se destacava, em associação com Dioniso *Melanaigís*, justamente no momento em que fraquejava o monarca ateniense — Timoites. Da perspectiva de um emprego político-religioso do mito, faz muito mais sentido que Pisístrato tenha privilegiado como *aítion* das Dionísias urbanas o mito de Pégaso de Eleutéria, a resistência dos atenienses a Dioniso Eleutério e o papel conciliador desempenhado pelo monarca ateniense Anfictião; da mesma forma, faz mais sentido que Clístenes tenha deslocado a ênfase etiológica do festival para destacar os defeitos não da coletividade ateniense, mas sim de um governante absoluto, que, a ponto de entregar um território ateniense ao inimigo estrangeiro, vê surgir a salvação a partir da iniciativa de um efebo, cujo *status* ambíguo fica evidente na narrativa.

Essa sugestão é reforçada quando se evoca que — dentre os primeiros conflitos enfrentados pela ainda incipiente democracia ateniense — os beócios apresentaram um grande risco, ao unirem-se aos calcídios, às margens do rio Êuripo (Hdt. 5.77.1). Que os atenienses tenham dizimado suas fileiras, fazendo mais de setecentos prisioneiros numa vitória completa, foi motivo para erguerem monumentos e fazerem ofertas aos deuses (Hdt. 5.77.3-4). É, portanto, plausível que o incidente tenha influenciado também o mito de um dos festivais pretensamente responsáveis pela admissão e celebração dos efebos — esses que eram os futuros guerreiros de Atenas. Ademais, um comentário de Heródoto, logo depois de mencionar a vitória ateniense sobre os beócios, reforça exatamente o que tem sido aqui sugerido sobre as diferenças entre a tirania e o início da democracia, no tocante a questões militares:

> Os atenienses agora cresciam [em poder]. Isso mostra que estar sob o jugo de um único governante não é um arranjo vantajoso, mas que em todo lugar a democracia [*isēgoríē*] o é. Se os atenienses, enquanto estavam sob o poder dos tiranos, nunca foram melhores do que seus vizinhos em assunto de guerra, assim que se livraram dos tiranos tornaram-se de longe os primeiros (Hdt. 5.78).

A ideia, portanto, de que Clístenes — no momento de instauração da *isēgoríē* [democracia] em Atenas — tenha estabelecido não apenas os concursos ditirâmbicos organizados conforme o arranjo das tribos, mas também algum tipo de treinamento militar efébico (colocado em relação com o mito etiológico das Apatúrias) é muito mais provável do que a sugestão de que Pisístrato o tenha feito. Essa tese encontra reforço ainda num argumento independente fornecido por Wilamowitz (1886, 112, n. 2), posto que, segundo a argumentação do estudioso, o *aítion* das Apatúrias apenas poderia ter sido concebido — de uma perspectiva historicamente plausível — a partir de 508, justamente o período em que a atividade de Clístenes pode ser situada.

Outro problema da teoria de Winkler é tentar negar toda e qualquer relação entre o desenvolvimento dos gêneros dramáticos nessa fase inicial e Dioniso. Com isso, o autor ignora a vasta matriz de associações aqui anteriormente sugeridas, envolvendo não apenas os festivais dionisíacos, os rituais em torno da máscara de Dioniso, os "coros trágicos" de Sícion, o ditirambo arcaico, o vinho e os coros de golfinhos, mas também as procissões fálicas, além das demais representações corais na cerâmica ateniense do século VI, relacionadas a *performances* poéticas celebradas em *sympósia* [banquetes] ou em *kômoi* [pândegas] — perdendo, inclusive, muitos elementos daquilo que deve ter composto a experiência básica de um efebo durante seu período de passagem à vida adulta. Muitos desses elementos estavam intrinsecamente ligados a Dioniso — entendido como divindade do vinho, do êxtase, da transgressão e de certas *performances* corais —, sendo de uma cegueira ou de uma teimosia sem tamanho sugerir, como faz Winkler (1985, 51), que o drama em geral "não tem nada a ver com Dioniso" na Antiguidade. Também nesse ponto é preciso revisar a proposta desse estudioso, a fim de que seus *insights* possam continuar dando a ver questões importantes sobre o desenvolvimento dos gêneros dramáticos no fim do século VI, sem que seus pontos cegos venham a comprometer a riqueza sociocultural anteriormente examinada para o contexto em questão.

Se a teoria de Winkler deve permanecer, no final das contas, apenas hipotética, as sugestões tornadas possíveis a partir dela sugerem uma série de relações significativas, mesmo para quem não esteja disposto a aceitar tudo o que o estudioso propõe. Tendo feito as ressalvas julgadas necessárias a pontos especificamente problemáticos defendidos pelo autor, é possível agora retomar suas considerações acerca da relação entre os gêneros corais executados durante as Dionísias urbanas, o treinamento musical exigido pelas *performances* desses coros e o exercício militar ao qual tais *performances* estiveram ligadas: tudo formando uma *paideía* efébica constituída em Atenas no final do século VI.

A primeira evidência literária de valor inquestionável sobre a instituição da efebia em Atenas é o seguinte trecho de *A Constituição dos atenienses*, de Aristóteles, do final do período clássico:

Após o exame por que passam os efebos, seus pais reúnem-se por tribos e, sob juramento, elegem, dentre os membros da tribo com mais de quarenta anos, os três que eles achem serem os melhores e os mais indicados para se encarregarem dos efebos; dentre esses o povo elege em votação por mãos levantadas um preceptor de cada tribo, e dentre a totalidade dos atenienses um diretor sobreposto a todos. [3] Uma vez congregados os efebos sob os encarregados, eles primeiramente fazem o percurso dos santuários e, a seguir, encaminham-se para o Pireu para prestar guarnição, uns em Muníquia, outros em Acte. São-lhes também eleitos em votação por mãos levantadas dois treinadores e instrutores [*paidotríbas ... dýo kaì didaskálous*], que os ensinam a combater como hoplita, a atirar com o arco, a lançar o dardo e a disparar a catapulta. A subvenção para o sustento de cada um dos preceptores é de uma dracma, e de quatro óbolos para cada um dos efebos. Cada preceptor, uma vez recebidas as quantias relativas aos membros de sua própria tribo, compra as provisões necessárias a todos em comum — pois eles tomam conjuntamente as refeições por tribo —, e encarrega-se de tudo o mais. [4] E assim passam o primeiro ano. No ano seguinte, em uma assembleia realizada no teatro, fazem uma demonstração de manobras militares perante o povo, recebendo então do Estado um escudo e uma lança; a seguir patrulham os campos e ficam estacionados nos postos de guarda. [5] Durante os dois anos em que montam guarnição trajam uma clâmide, ficam eximidos de quaisquer encargos e, para que não tenham nenhum pretexto de ausência, não podem mover ação judicial nem ser objeto de uma, exceção feita aos casos de herança e de herdeira e aos casos de transmissão de um sacerdócio de família a algum deles. Transcorridos os dois anos, reúnem-se aos demais cidadãos (Arist. *Ath*. 42.2-5, trad. Francisco Murari Pires).

Embora esse seja um dos primeiros testemunhos claros sobre o treinamento militar organizado em Atenas, é pouco plausível que essa *pólis* tenha participado com sucesso de tantos combates hoplíticos desde fins do século VI sem alguma forma de treinamento regular, pois não é possível colocar homens sem treinamento para lutar numa falange hoplítica. Com base nessa ideia, parece correto sugerir que algum tipo de treinamento — ainda que restrito às classes aristocráticas, capazes de pagar por ele — já existisse em Atenas desde as reformas de Clístenes e ao longo da maior parte do período clássico.

Vidal-Naquet (1989, 390-402) demonstrou que, para a Antiguidade helênica, duas maneiras de combate conviveram desde os períodos mais recuados de sua história — pelo menos de acordo com o que se extrai de parte das representações de conflito armado contidas nos poemas homéricos — até momentos posteriores atestados por autores como Tucídides e Xenofonte: uma maneira é a do efebo e a outra, a do hoplita. Nos pares de oposições complementares relacionados a essas formas de combate, o estudioso sugere as diferenças entre táticas noturnas e diurnas; artimanha e honra; combate individual e combate coletivo; desordem e ordenação. Nesse sentido, se é certo que algum tipo de treinamento hoplítico foi instituído — ou reinstituído — na Atenas do final do século VI, sua contraparte efébica também deve ter sido concebida nessa mesma época.

Ainda que fosse possível retomar as práticas desse treinamento, no que fica sugerido a partir do relato de Aristóteles acima destacado — sendo possível desdobrá-las a partir de outros autores antigos —, o que interessa aqui é notar as interseções que ele pode ter tido com *performances* corais, em especial com os coros dramáticos. Algo a notar desde logo é a insistência com que as fontes antigas chamam a atenção para a importância do aspecto coreográfico nas apresentações dos primeiros tragediógrafos a se apresentarem em Atenas: Téspis, Frínico e Prátinas. Em todos eles, o elemento físico da dança desfrutava de considerável preponderância — sendo possível especular que esse aspecto tenha contribuído para a escassez de escritos supérstites desses autores (já que nenhuma forma de partitura coreográfica existiu entre os antigos)[18].

Outro ponto a ser levado em conta é relativo à mais evidente manifestação coral com implicações militares, qual seja, a pírrica. Trata-se de uma forma de dança existente desde o século VI, cujos passos eram

---

18. Para citar apenas as mais evidentes: Arist. *Poet.* 4.1449a20-25; Phryn. T 13 *TGF* = Plut. *Quaest. Conv.* 8.9.3.732f; Ath. 1.39 Kaibel; 22a Gulick; Ath. 14.28 Kaibel; 630c Gulick; Paus. at., 6.36 (Ed. Erbse) = Eustácio 951.51.

agressivos, podendo empregar armas e armaduras como figurino, além de exigir um árduo treinamento para a sincronia em suas exibições. Segundo seu *aítion*, sua criação era devida à própria deusa Atena, quando ela celebrou sua vitória sobre os gigantes (Pl. *Lg.* 7.796b-c). De acordo com Wilson (2000, 37), um paralelismo interessante entre a pírrica e o que ficou sugerido para o arranjo de *performances* corais nas Dionísias urbanas a partir das reformas de Clístenes é sua distribuição em três categorias etárias diferentes: garotos, jovens e homens. Esse estudioso destaca ainda o seguinte:

> O evento mostra da maneira mais clara possível as afinidades marcadas e a interseção entre *performance* coral e militar. Atribui-se ao próprio Sócrates — exprimindo-se em poesia — que "Quem melhor honrar os deuses com coros será o melhor na guerra" (Ath. 628e), e danças militares como a pírrica são recomendadas pelo ateniense das *Leis* (796c) para crianças (incluindo garotos) desde seis anos de idade até o período militar "tanto para o serviço na guerra quanto em prol dos festivais". A pírrica era efetivamente uma *performance* coral e seus patrocinadores litúrgicos eram apropriadamente chamados *khorēgoí* (Lys. 21.2.5). Era acompanhada, como o drama e o ditirambo, pela música do *aulós*, e tinha suas próprias formas de música especial e tradições. Não é impossível que a pírrica até tenha envolvido em alguns momentos um componente verbal, talvez de uma natureza bastante simples. Um certo grau de interseção genérica com o tipo mais militarista de ditirambo ateniense é plausível. Presumivelmente, cada coro pírrico terá precisado de um músico e/ou de um treinador, mas é difícil identificar tais indivíduos. É plausível que a pírrica tenha empregado formas altamente tradicionais de passos de dança e músicas, e então os nomes de compositores particulares geralmente aparecem apenas quando um arqui-inovador como Cinésias volta sua atenção para ela [Ar. *Ra.* 152-3 (Schol.); *Suda*, s.v. *pyrrhíkhē*] (WILSON, 2000, 37).

Outro tipo de dança marcial praticada entre os atenienses, conforme Xenofonte (*An.* 6.1), era ainda a *gymnopaidikḗ*, cujas afinidades com as lutas livres — como o *pankrátion* — tornavam essa modalidade coreográfica especialmente violenta. Wilson (2000, 38) imagina que antecedentes para esses tipos de dança militar possam ter sido em Atenas a célebre Dança do Caranguejo — cujo *aítion* remontava a Teseu e aos jovens atenienses em Creta, com os ecos efébicos que esse mito certamente tinha.

Nas *performances* pírricas, é de atentar ainda para a presença do *aulós*. O instrumento é constantemente empregado em batalhas hoplíticas — para marcar o passo e permitir um avanço uniforme das falanges, tal como é representado em cerâmicas do século VII e descrito, por exemplo, por Heródoto (1.17-18)[19] —, além de ter presença segura nas mais diversas manifestações corais organizadas, como dramas ou ditirambos. Devido à sua sonoridade aguda e pungente, o *aulós* era tocado com frequência também em sacrifícios e certamente estava presente no *sympósion*, acompanhando as *performances* poéticas nas quais é tão constantemente mencionado. Embora um grupo de estudiosos tenha tentado refutar recentemente a presença desse instrumento no *sympósion* — bem como a importância de suas outras implicações (acima delineadas) —, fica evidente que o *aulós* é um símbolo da mesma matriz de associações sugeridas aqui para o surgimento e o desenvolvimento dos gêneros dramáticos: ditirambo, sacrifício, Dioniso, *performances* corais, *sympósion*, *kômos*, vinho e ritos de passagem.

Outro paralelismo importante entre os coros e a falange hoplítica é a ideia de que ambos se movimentam "marchando" [*badízein*]. A esse respeito, cumpre observar que a disposição [*táxis*] do coro trágico — em formação retangular — era precisamente a mesma que a das falanges hoplíticas (com a diferença nas dimensões de cada uma delas, é claro). Winkler (1985, 42) chama a atenção para a existência de termos corais empregados tradicionalmente entre os helenos também em questões de formação militar, sugerindo uma homologia entre o movimento dos coreutas e o dos hoplitas: *parastátēs* [apoio], e outros compostos com *–statês*, para referenciar a ausência de movimento num dado momento da formação; *psileîs* [descobertos], para aqueles com um lado exposto

---

19. Exemplo de uma dessas imagens — fabricada por volta de 675 em Corinto — é a seguinte: figuras negras numa olpe [*olpē*] protocoríntia, c. 675-625, de Corinto. Roma, Museo Nazionale Etrusco di Villa Giulia 22679 (*BAPD* 9004217). Para considerações sobre o combate hoplítico a partir desses e de outros testemunhos antigos, cf. OSBORNE, 1987, 152; DETIENNE, 1999, 161-163; DABDAB TRABULSI, 2004, 58. É interessante notar que não parecia haver incompatibilidade entre a poesia hexamétrica, o *aulós* e a marcha militar, com base no que fica sugerido por Proclo (*Chr.* 312a18-20). Para detalhes de hexâmetros colocados em música, cf. HERINGTON, 1985, 19; NOBILI, 2011, 31.

na formação; e *hēgemôn* [líder], para o responsável por guiar o grupo. Certos autores antigos tornam a comparação ainda mais explícita, como quando um escoliasta a Aristides (3, p. 535 Dind.) escreve: "Pois, quando os coros entravam marchando obliquamente, cantavam os hinos e tinham o público à esquerda deles e os primeiros do coro ficavam à esquerda [...], por causa disso, o lado esquerdo nos coros é o mais honrado, enquanto nos combates é o direito". O mesmo escoliasta escreve ainda: "os belos dentre os coreutas dispunham-se entrando à esquerda deles, a fim de que se encontrassem olhando o povo de frente" (Schol. Aristid. 3, p. 536 Dind.). Ou, ainda, quando Ateneu anota o seguinte:

> O tipo de dança nos coros naquela época era então bem ordenado [*eúskhēmon*] e impressionante [*megaloprepès*], imitando — como faziam — os movimentos em armas [*tàs en toîs hóplois kinéseis*]. Daí Sócrates também dizer, em seus poemas, que os que dançam mais belamente nos coros são os melhores nos combates, afirmando assim: "Os que honram com coros mais belamente os deuses são os melhores na guerra". Pois a *performance* coral era quase como uma tropa em armas [*exoplisía*] e como uma mostra não apenas da precisão de marcha [*eutaxías*], mas também do cuidado dos corpos (Ath. 14.25 Kaibel; 14.628e Gulick).

Essas associações mostram até que ponto as *performances* corais podiam estar relacionadas à atividade militar na prática e na mentalidade dos povos antigos, implicando não apenas formas de treinamento comparáveis, mas características, habilidades e ideias comuns. O mesmo tipo de associação revela-se de forma ainda mais evidente na passagem de um autor do século II E.C., Cláudio Eliano, em seu livro sobre anedotas da história antiga. Ele afirma o seguinte:

> Os atenienses escolheram Frínico como estratego não por seu expediente, nem pelo valor de sua estirpe, nem porque era rico: ainda que por causa dessas coisas, em Atenas, eles se maravilhassem e o preferissem a outros. Mas, quando compôs uma canção para dançarinos pírricos numa certa tragédia e trabalhou questões bélicas, a tal ponto conquistou o teatro, e venceu os concorrentes, que ali mesmo o escolheram como estratego, convencidos de que lideraria bem as questões bélicas e necessárias quem fizesse canções e poemas no drama tão próprios para homens cantarem em armas (Ael. *V. H.* 3.8).

Ainda que o valor de um testemunho como o de Eliano sobre a atuação militar do poeta trágico Frínico, em fins do século VI ou início do século V, seja contestável de uma perspectiva estritamente histórica, ele tem um valor fundamental para reforçar as associações que têm sido aqui sugeridas, na medida em que dá a ver de forma incontestável a relação entre poesia coral, treinamento militar e educação dos jovens para a mentalidade dos antigos. O fato de o tragediógrafo ter sido reconhecido nessa passagem por seu trabalho justamente com a dança pírrica é algo que aproxima ainda mais — de uma perspectiva coreográfica — os coros trágicos e a formação hoplítica.

Se é certo que isso deixou marcas profundas no desenvolvimento formal de exibição dos coros, bem como nos conteúdos de seus poemas (inclusive na tragédia), marcas igualmente profundas devem ter sido deixadas na *paideía* ateniense da época: uma quantidade elevada de garotos e efebos era necessária para as competições corais na Ática — certamente mais de quinhentos garotos por ano —, sendo possível que muitos cidadãos atenienses adultos do século V (pelo menos dentre os mais bem-afortunados) tenham passado alguns anos como coreutas, recebendo uma parte importante de sua educação diretamente da prática coral.

Levando isso em conta, não deixa de ser curioso destacar a situação excepcional dos coros trágicos quando comparados aos ditirâmbicos. Se os coros empregados nas tragédias eram de fato interpretados pelos efebos com fins de treinamento e exibição virtuosística de vigor físico e artístico, o impacto desse treinamento era mais num nível simbólico do que num nível prático, pois, como lembra o próprio Winkler (1990, 22, n. 1), é possível calcular que cerca de quinhentos novos efebos iniciavam seu treinamento por ano, enquanto apenas trinta e seis (doze em cada um dos três coros trágicos), ou quarenta e cinco (quando o número de coreutas trágicos subiu para quinze por coro), participavam desse evento em coros trágicos (e satíricos) nas Dionísias urbanas.

Em todo caso, a julgar pela linguagem dos próprios antigos, o poeta responsável por *performances* corais — pelo menos durante todo o período arcaico e uma boa parte do clássico — era considerado um verdadeiro *didáskalos* [professor], responsável por levar os coreutas a *manthánein* [aprender]. A coincidência vocabular não deixa margem à dúvida sobre a função pedagógica que o treinamento dos coros exercia nesse contexto. Essa relação era projetada inclusive sobre as preocupações que tiranos do período arcaico demonstravam em manter poetas — dos mais variados gêneros poéticos, não apenas das modalidades corais — constantemente em suas cortes, tal como foi afirmado sobre Periandro de Corinto, Polícrates de Samos, Hiparco de Atenas e Hierão de Siracusa[20].

Outro elemento importante dessa rede de associações entre poesia e *paideía* em fins do século VI é a difusão da escrita alfabética, cuja influência terá sido determinante, se não para o nascimento dos gêneros poéticos dramáticos, certamente para seu desenvolvimento posterior. Conforme as pesquisas de Wise (1998, 75), as evidências para os modos de aprendizado nesse período sugerem que o ensino baseado em textos escritos já devia estar relativamente difundido em Atenas, sendo possível imaginar que Ésquilo estivesse entre essas primeiras turmas recém-formadas. Além disso, as inúmeras alusões à escrita em peças dramáticas do século V sugerem que o poeta — entendido como *didáskalos* (Ar. *Th.* 30; 88; *Ra.* 1021; 1054-6) — era responsável por ensinar não apenas os movimentos do coro e os valores cívicos militares, mas também as letras [*grámmata*]: Jennifer Wise (1998, 17) aponta oitenta e uma menções à leitura, à escrita, aos livros, às inscrições, às letras e às tábuas de cera no *corpus* supérstite de versos dramáticos, fato que corrobora sua tese de que a escrita foi imprescindível para o desenvolvimento de uma consciência dramática na Antiguidade.

Diante desses dados, não há de ser uma surpresa que muitos estudiosos contemporâneos tenham avançado numa interpretação dos textos dramáticos à luz de uma perspectiva pedagógica, sugerindo as diferentes lições trabalhadas por esses *didáskaloi* [professores] da *pólis*: a mais ampla tentativa desse tipo de proposta foi avançada pelo próprio Winkler (1985, 32-38), ao esboçar uma espécie de tipologia das diferentes lições efébicas propostas pela tragédia (a partir dos textos supérstites); mas

---

20. Entre outras fontes, cf. Hdt. 1.23-4 (Periandro); Hdt. 3.121; Anacr. fr. 491 Campbell (Polícrates); Plat. *Hipparch.* 228b-229b; Arist. *Ath.* 18.1-2 (Hiparco); X. *Hier.* 1.6; Cic. *N.D.* 1.22 (Hierão).

outros estudiosos desdobraram essas considerações, adotando diferentes critérios para determinar o que estaria em jogo nas "lições" cênicas exibidas para os jovens de Atenas. Houve quem privilegiasse a questão de um discurso autodefinidor do corpo de cidadãos (homens, livres, adultos), como Zeitlin (1990). Outros preferiram explicitar as lições democráticas do discurso dramático de Atenas, salientando suas tensões e questionamentos, como Goldhill (1987). Em todo caso, o papel pedagógico da poesia nesse contexto revela-se — em associação com muitos outros dos elementos socioculturais acima mencionados — absolutamente fundamental para o desenvolvimento daquilo que fez parte dos diferentes gêneros da poesia dramática na Antiguidade.

Um estudioso contemporâneo, refletindo sobre as transformações da lírica coral no contexto de fundação do teatro ateniense, sugeriu uma conclusão que retoma muitos dos pontos aqui abordados, apontando ainda um caminho possível para que sejam gradativamente encaminhadas as presentes considerações sobre o desenvolvimento dos gêneros dramáticos na Atenas do século VI:

> Os membros do coro nos festivais dramáticos atenienses sazonais devem ser entendidos, pelo menos de uma perspectiva ritualística, como cidadãos-por-se-fazer. No momento de sua *performance*, os coreutas dispostos nas linhas e colunas do coro são marginais para a *pólis*, como membros do coro. Eles são teoricamente pré-cívicos, sem serem ainda cívicos. Além disso, eles interpretam na maior parte do tempo membros marginais da sociedade no mundo dos heróis, como velhos, garotas jovens, prisioneiros de guerra. Sua atuação de tais papéis conforma-se com a função ritual do coro como uma coletivização educacional da experiência. Sua experiência de *paideía* [educação] no coro é como um rito de passagem estilizado — ou, ainda, como uma iniciação — que leva da marginalidade da pré-cidadania até a eventual centralidade da cidadania (NAGY, 1994-1995, 49-50).

4.5. Margens da democracia: dramas satíricos, silenos e dançarinos acolchoados

Por volta do ano 500, o drama satírico foi instituído em Atenas a partir de sua introdução por Prátinas de Fliunte (Fliunte é uma *pólis* próxima a Sícion e Corinto), vindo a se espalhar e a se fixar como parte integral do festival anual das Dionísias urbanas nos anos seguintes. Ainda que as datas oferecidas pela *Suda* para os primeiros tragediógrafos atuando em Atenas não pareçam seguras, a enciclopédia bizantina sugere (*Suda*, 2230, s.v. Prátinas) que o poeta recebeu crédito por trinta e dois dramas satíricos, de um total de cinquenta peças — mesmo tendo conquistado apenas uma vitória em Atenas. Ao que tudo indica, seu filho, Arístias, também era um poeta com composições de tipo comparáveis (isto é, dramas satíricos e tragédias), com as quais conheceu algum sucesso na Atenas do período.

Um primeiro ponto a ser mencionado acerca desse gênero poético é que seus enredos, extraídos da tradição mitológica divina e heroica, eram transformados pela participação pouco convencional dos sátiros, de modo que sua presença como membros do coro zombava das histórias tradicionais, minando toda pretensão à seriedade que pudessem ter. Essa característica tornava o aspecto visual — físico — extremamente importante para a criação da zombaria, de modo que um dos elementos distintivos do drama satírico, conforme as afirmações de vários testemunhos antigos, é justamente seu aspecto coreográfico. Veja-se a especificação oferecida por Ateneu:

> Existem alguns que dizem a [dança] *síkinis* ter sido nomeada poeticamente a partir da movimentação [*kínēsis*], esta que, sendo a mais veloz, era dançada por sátiros. Pois não tem caráter esta dança, para que não a torne lenta. Toda poesia satírica antiga foi composta de coros, assim como também a tragédia: por causa disso não tinham atores [*hypokritás*]. Três são as danças de poesia cênica: a trágica, a cômica e a satírica. Igualmente também são três da poesia lírica: a pírrica, a gimnopédica e a hiporquemática. A pírrica é semelhante à satírica: pois ambas acontecem por meio da velocidade. A pírrica parece ser bélica: pois armados os jovens dançam-na. É preciso de velocidade na guerra para perseguir e para, quando derrotados, "fugir, sem permanecer, nem temer serem ruins". A gimnopédica é algo parecida à dança trágica, a qual é chamada *emméleia*. Em cada uma se veem a gravidade e a distinção. E a hiporquemática parece com a cômica, a qual é chamada *kórdax*: e ambas são brincalhonas (Ath. 14.28 Kaibel; 14.630c Gulick).

As sugestões reforçam o que foi dito sobre as relações entre *performances* corais e treinamento militar. Além disso, evidenciam a simplicidade coral da dança satírica — chamada *síkinis* — em prol de uma demanda considerável da capacidade física: esse aspecto é preponderante no drama satírico — a julgar tanto pelas poucas peças supérstites (como acontece nos *Icneutas* [Rastreadores], de Sófocles, ou no *Ciclope*, de Eurípides) quanto pelas representações na cerâmica antiga —, de modo que a exigência de velocidade e ação nesse tipo de enredo é muito alta.

O fato de o drama satírico ter sido institucionalizado e introduzido oficialmente nas Dionísias urbanas após a tragédia levou muitos estudiosos a imaginar o gênero como uma espécie de excrescência desenvolvida a partir de elementos satíricos e dionisíacos comuns no festival — os quais, unidos à ideia de dramaticidade presente nas *performances* trágicas, teriam tornado possível um gênero com todas essas características. Ainda que a institucionalização desse gênero dramático no final do século VI pareça de fato estar ligada ao nome de Prátinas, com suas *performances* simples envolvendo sátiros, algumas fontes literárias e arqueológicas sugerem a existência de práticas tradicionais envolvendo *performances* corais de homens com aparência satírica em Atenas desde meados do século VI, se não antes. A esse respeito, um estudioso das imagens antigas de silenos (ou sátiros) faz a seguinte observação:

> Falando de modo geral, o objetivo do pintor de cerâmica é a narração visual — transmitindo uma história por um meio pictórico — e não a documentação visual. As pinturas de figuras negras em cerâmicas atenienses do séc. VI a serem aqui consideradas representam coros de silenos ou de silenos e ninfas. As imagens sugerem que silenos eram concebidos pelos pintores de vasos como *performers* corais antes das datas de incorporação das *performances* trágicas às Dionísias urbanas ou da chegada hipotética de Prátinas com seus dramas satíricos. Mas elas parecem ser narrativas visuais sobre o ritual, não documentos fidedignos de espetáculos reais (HEDREEN, 2007, 159-160).

Numa ânfora datada de c. 520-510, três silenos cantam e marcham para a direita, enquanto tocam cítaras[21]. O período de produção dessa imagem coincide com aquele em que Prátinas de Fliunte teria estado em Atenas — criando seus dramas satíricos antes de sua institucionali-

---

21. Trata-se da seguinte imagem: figuras negras numa ânfora, c. 520-510, de Atenas e atribuídas ao grupo Compiègne 988. Berlin, Antikensammlung 1966.1 (*BAPD* 320278).

zação e introdução oficial nas Dionísias urbanas —, de modo que uma relação entre esses eventos não pareceu casual a inúmeros comentadores. Acerca dessa representação, convém notar que, ao contrário do que acontece quando silenos tentam usar armas ou instrumentos manuais, eles demonstram uma considerável habilidade musical em seu manejo das cítaras: ainda que Hedreen (2007, 167) esteja certo em sugerir que não se trata aí da representação da *performance* de um drama satírico "real", mas sim de seus aspectos míticos, sua disposição coral e coreográfica funciona como um modelo para os coreutas do que viria a ser o drama satírico ateniense institucionalizado.

Outras imagens reforçam a relação entre silenos — como representados nas cerâmicas da época — e os coros existentes em Atenas. Hedreen (2007, 169-170) nota, por exemplo, que, em algumas imagens do período, os silenos são representados em movimentos sincronizados, enquanto carregam ninfas sobre os ombros[22]: o autor lembra que uma mesma demonstração de força e perícia era executada pelo coro de cavalos que suportavam sobre os ombros os próprios cavaleiros (em representações de um período pouco anterior)[23]. Ademais, esses mesmos silenos são representados em movimentos de dança com ninfas ao longo de todo o século VI, e uma sugestão foi a de que essas imagens seriam relativas a uma dança "de acasalamento" cujo ápice seria justamente o sequestro da ninfa seduzida[24].

Acerca disso, um interessante paralelo pode ser encontrado no trecho de um texto que — embora tardio — parece refletir o mesmo tipo de práticas e ideias responsáveis por fundamentar as imagens acima mencionadas. Trata-se de uma passagem de Luciano em *Sobre a dança* (10-12), na qual, depois de mencionar a ideia de que a excelência militar

---

22. Um exemplo seria: Figuras negras numa ânfora, c. 510-500. Malibu, The J. Paul Getty Museum: 86.AE.84 (*BAPD* 351229).
23. Por exemplo, em: figuras negras numa ânfora ateniense, c. 550-500, de Atenas. Berlin, Antikensammlung F1697 (*BAPD* 320396).
24. Cf. HEDREEN, 2007, 171. Exemplos de imagens representando essa dança seriam: figuras negras numa copa, c. 550, de Atenas e atribuídas ao pintor Oakeshott. Boston, Museum of Fine Arts 69.1052 (*BAPD* 210). Ou ainda: figuras negras numa ânfora, c. 510, de Atenas e atribuídas ao grupo Medeia. Munich, Antikensammlungen und Glyptothek 1490 (*BAPD* 301686).

de Esparta se devia ao treinamento de seus coros ao som do *aulós* ("tão caros a Dioniso e a Afrodite"), ele comenta:

> Igualmente fazem os que executam a dança chamada *hórmos* [colar]. O *hórmos* é uma dança comum a efebos e moças, que dançam um após o outro e se parecem verdadeiramente com um colar: um efebo vem à frente, dançando puerilidades e, depois, como deve fazer na guerra; uma moça vem em seguida, tendo treinado a participar de um coro de forma ordenada e feminina, de modo que o *hórmos* se revele uma mistura de temperança e virilidade. Também há as gimnopédias, que são um tipo de dança igualmente realizado por eles (Luc. *Salt.* 11-12).

Na sequência, Luciano relaciona ainda esse tipo de dança coral com a descrição feita por Homero, na passagem sobre o escudo de Hefesto (*Il.* 18.468-617), onde menciona Ariadne e o coro que Dédalo lhe preparou. Desde a Antiguidade, a dança mista (de garotos e garotas) inventada por Teseu para celebrar seu triunfo sobre o Minotauro já era suspeita de ter servido de modelo para a dança representada nessa passagem homérica: trata-se da Dança do Caranguejo, cujas implicações efébicas já foram sugeridas acima. Ademais, é curioso que seja justamente em imagens envolvendo Ariadne e Dioniso — em seu célebre casamento mítico — que muitas das danças sensuais e mirabolantes de sátiros com ninfas aconteçam nas representações de cerâmicas atenienses[25].

Esses dados sugerem que algum tipo de *performance* coreográfica e coral, executada por efebos (acompanhados algumas vezes de moças, ou, mais certamente, de outros efebos interpretando moças), inspirava-se no modelo mítico da união entre Dioniso e Ariadne, em meio à atmosfera festiva que a dança e a união de silenos e ninfas ofereciam (HEDREEN, 2007, 175). Talvez não seja uma surpresa que um testemunho do início do século IV ofereça um relato sobre uma *performance* que se insere nessa mesma tradição, em conformidade com o arranjo básico visto nos contextos acima citados. Trata-se aqui, contudo, de uma *performance* mimética no interior de um ambiente simposiástico, segundo a descrição presente na parte final do *Sympósion* [*Banquete*] (9.2-7), de Xenofonte:

---

25. Alguns exemplos seriam: figuras negras numa ânfora, c. 530-520, em Atenas. Cambridge, Fitzwilliam Museum G48 (*BAPD* 302249). Ou ainda: figuras negras numa ânfora, c. 520, de Atenas e atribuídas ao pintor Dayton. Boston, Museum of Fine Arts 76.40 (*BAPD* 351068).

[2] Em seguida, primeiro foi colocado um trono dentro da sala e, depois, o siracusano, entrando, disse: "Ó homens, Ariadne entrará no quarto que partilha com Dioniso; depois disso, virá Dioniso, que, tendo-se embriagado junto aos deuses, há de se aproximar dela e, em seguida, brincarão um com o outro". [3] Depois disso, primeiro Ariadne veio vestida como ninfa e sentou-se no trono. Ainda não aparecera Dioniso quando um *aulós* se fez ouvir em ritmo báquico. Então, com efeito, rejubilavam-se com o professor do coro, pois, assim que Ariadne escutou esse som, fez com que todos soubessem o quanto estava alegre por escutá-lo. Não veio ao encontro do deus nem se levantou, mas era óbvio que mal podia se conter. [4] Assim que Dioniso a viu, veio dançando até ela como o mais apaixonado, sentou-se em seu colo e, abraçando-a, beijou-a. Ela, embora parecesse envergonhada, correspondeu de forma igualmente apaixonada. Enquanto isso, os simposiastas que assistiam aplaudiam enquanto gritavam: "De novo! De novo!". [5] Dioniso, levantando-se, ergueu com ele Ariadne, e seus gestos — enquanto se beijavam e se saudavam — eram de admirar. Os espectadores notavam que Dioniso, tão belo, e Ariadne, tão graciosa, não fingiam seus beijos na boca, mas se beijavam verdadeiramente, e todos se excitavam ao vê-los. [6] E ouviam Dioniso perguntando-lhe se ela o amava, ao que respondia com tais juras que, não apenas Dioniso, mas todos os presentes seriam capazes de jurar que o jovem e a jovem amavam-se de fato um ao outro. Pois não pareciam atores treinados numa pantomima, mas pessoas a quem foi permitido fazer o que há muito tempo desejavam. [7] Ao fim, vendo os simposiastas que os dois ficavam abraçados e se retiravam para o leito, os solteiros juraram casar-se, enquanto os já casados, montando sobre seus cavalos, voltavam para suas mulheres, a fim de que tivessem a mesma sorte (X. *Smp.* 9.2-7).

Embora o texto seja posterior ao período aqui analisado, é interessante notar dois pontos: em primeiro lugar, o tipo de ação representada nos vasos já mencionados era compreendido pelo público ateniense antigo como parte de uma *performance* coreográfica e coral, com óbvias características dramáticas; em segundo lugar, certamente uma longa tradição de *performances* miméticas — como representadas nos vasos do século VI — subjaz ao que é descrito por Xenofonte — num texto escrito mais de um século depois de suas primeiras representações em cerâmicas —, tendo ecos até naquilo que viria a ser testemunhado por Luciano, já no período do Império Romano. Esse aspecto é reforçado pelo fato de que Sócrates faz seu espontâneo pedido por esse mimo específico sem que os artistas envolvidos tenham sido avisados previamente

(X. *Smp.* 7.5), o que demonstra quão difundida era tal tradição mítica no contexto ateniense do período clássico.

Talvez não seja preciso aprofundar essas considerações, mas um último testemunho iconográfico — que já se mostrou importante para certos desdobramentos sugeridos anteriormente — pode ser reavaliado à luz dessas ideias. Trata-se do vaso Pronomo[26]. Em ambos os lados dessa cratera, Dioniso está acompanhado por uma figura feminina — certamente Ariadne —, mas, enquanto numa cena eles parecem participar de uma *performance* musical em meio a uma confusão de mênades e sátiros, na outra eles estão entregues a um momento íntimo de carícias (tendo *Hímēros* [Desejo] junto deles, detalhe que enfatiza o aspecto erótico da cena central). Conforme um estudioso:

> A presença do deus do vinho reflete sua epifania no santuário de Dioniso Eleutério para o festival teatral, mas o deus está completamente preocupado com sua amada. Enfatizando a ideia de que Dioniso e Ariadne estão à vontade em seu próprio mundo sensual, uma vinha de uva ergue-se no alto do divã. Aqui, no meio do Teatro de Dioniso — um ambiente urbano evocado pelas colunas com trípodes —, a vinha conjura o mítico jardim verdejante do deus em Naxos, onde ele encontra pela primeira vez sua noiva (HEDREEN, 2007, 176).

Essa referência mítica no vaso Pronomo poderia parecer estranha à primeira vista, no meio da representação do que tudo indica ser o fim de um drama satírico envolvendo a figura de Héracles. Tal é o tom que ganha a interpretação de Griffith (2008, 78), por exemplo, para quem "a presença central de Dioniso e Ariadne tanto na frente quanto no verso do vaso ressalta seu sabor 'romântico' [...]". A referência mítica, contudo, ganha um significado importante quando compreendida no interior de uma longa tradição que tem início atestado pelo menos desde os vasos com silenos e ninfas de meados do século VI — embora pudesse remontar a práticas anteriores, tal como sua possível presença na *Ilíada* (18.590-606) sugere: pois *performances* corais, especialmente de sátiros e ninfas, parecem ser ofertas bastante apropriadas para Dioniso na oca-

---

26. Figuras vermelhas numa cratera, c. 410, de Atenas. Naples, Museo Archeologico Nazionale 81673 (*BAPD* 217500).

sião de seu casamento com Ariadne. Ademais, não é despropositado relacionar a essa mesma tradição o ritual do *hieròs gámos* [casamento sagrado], realizado durante as Antestérias, entre a *basilínna* e Dioniso (como visto anteriormente).

Por essas sugestões sobre a relação entre silenos e *performances* corais — sugestões que certamente poderiam ser reforçadas com a menção ainda a passagens de dramas satíricos, por exemplo, ou de tratados sobre estilos de dança —, vê-se confirmada a ideia de que suas imagens em cerâmicas do século VI podem remeter a algo mais do que meras representações míticas. É possível que essas imagens tenham relação com práticas sociais que participam de um imaginário mítico comum às elites aristocráticas da época: certas mudanças na forma de representação dos mitos dariam uma indicação de mudanças na forma de *performance* (e mesmo de concepção) dos ritos relacionados a eles.

Outro testemunho que reforça essa ideia encontra-se em mais um poema de Anacreonte — poeta cuja importância para o contexto simposiástico e de pândega dionisíaca na Atenas do século VI já se mostrou considerável. Neste poema, o poeta conclama:

Ó senhor, com quem o domador Eros,
as ninfas de olhos azuis
e a radiante Afrodite
brincam, enquanto perambulas
pelos altos cumes dos montes:
imploro-te de joelhos, de bom grado
venhas a nós, gracioso,
e escutas esta prece,
que a Cleobulo se faça um bom
conselho e que ele a meu amor,
ó Dioniso, aceite.
(Anacr. fr. 357 Campbell)

Como se vê, as referências literárias e pictóricas do século VI reforçam a relação entre Dioniso, ninfas, silenos, Eros, Ariadne e *performances* dramáticas — nas quais prepondera o elemento coreográfico — em contextos simposiásticos em Atenas. Diante dessas evidências, não é surpresa que, numa passagem posterior de sua obra já citada, Luciano (*Salt.* 22) atribua a invenção dos passos de dança coral aos próprios silenos. Nesse sentido, vale observar que a matriz de associações delineadas para esse contexto de produção poética ateniense encontra um reforço também nessas figuras do círculo satírico — ninfas e silenos em companhia de Dioniso —, conduzindo à sugestiva conclusão de que:

> As características das *performances* corais de silenos em pinturas de cerâmicas presumivelmente derivam de uma prática efetiva de canção coral e dança. O ditirambo em particular parece inerentemente apto a ter oferecido um modelo para representações visuais de coros de silenos, embora muito pouco seja conhecido sobre a história inicial desse gênero para que qualquer certeza seja possível. Obviamente, alguns truísmos sobre o ditirambo — suas associações com Dioniso e com a embriaguez; sua música exuberante e emocional; seus passos de dança vivazes e desenfreados — caracterizam as imagens arcaicas de silenos também (HEDREEN, 2007, 185).

À luz dessas referências, a ideia de Winkler (1985, 51-53) ou de Sourvinou-Inwood (2003, 171), segundo a qual o drama satírico seria uma excrescência tardia das *performances* prototrágicas — excrescência que teria sido motivada por uma brincadeira de reversão das hierarquias militares (para Winkler) ou pelo desejo de compensar pelo distanciamento dos temas originais, propriamente dionisíacos (para Sourvinou-Inwood) —, não encontra respaldo nas fontes do período. A tradição de *performances* de coros envolvendo silenos é certamente mais antiga do que esses autores supõem e questiona fundamentalmente seus arranjos teóricos de orientação teleológica — por mais diversos que eles sejam entre si —, justamente porque ambos trabalham no interior de uma dicotomia que, durante a Antiguidade, era falsa: religião e política. Enquanto a origem do arranjo teórico de Winkler é a instituição do serviço militar como um dever cívico na Atenas de Pisístrato, a origem do arranjo teórico de Sourvinou-Inwood está nos cantos ditirâmbicos tematizando apenas os mitos de resistência a Dioniso, desde a segunda metade do século VI. Ambos os estudiosos trabalham com uma cisão que os impede de ver as continuidades entre a dimensão política e a dimensão religiosa nos testemunhos sobre *performances* satíricas, tornando difícil a compreensão global dos elementos mais arcaicos comuns ao material que ambos analisam isoladamente.

Se a invenção de *performances* corais nas quais predominavam elementos satíricos não pode ser atribuída a Prátinas de Fliunte — na medida em que, mais de meio século antes, um tipo de *performance* envolvendo modalidades arcaicas desse gênero poético já era atestado —, cabe questionar acerca da possibilidade de remontar a versões ainda mais arcaicas desse tipo de *performance*. A esse respeito, é importante levar em conta que desde o período micênico — tal como atestado pelo tablete KN V 466, de Cnossos — o nome de Sileno [*Silanos*] já era utilizado entre os povos helênicos e que muitos relatos do período arcaico fazem referência a ele. Assim, a investigação anteriormente proposta sobre o ditirambo indica um caminho que poderia ser retomado aqui com proveito: investigar a região de Corinto, em sua relação com espetáculos e diversões envolvendo aspectos do culto dionisíaco, ou ainda a região do Peloponeso de modo geral.

Levando em consideração as esparsas e fragmentárias fontes desse período, Webster busca distinguir sátiros e silenos no período arcaico — já que no período clássico os dois nomes parecem ser empregados de forma intercambiável nos testemunhos supérstites —, imaginando que talvez pudesse haver uma diferença entre as figuras referidas por ambos os nomes: enquanto os silenos teriam traços equinos (tal como figuram na cerâmica ática e coríntia desde meados do século VI), o nome de sátiro estaria reservado aos dançarinos acolchoados (que aparecem em cerâmicas tanto áticas quanto coríntias desde o início do século VII). É certo que as figuras não podem ser simplesmente assimiladas — na medida em que guardam características fundamentais diferentes —, mas parece ser possível aproximá-las a partir dos traços comuns a elas e a suas *performances* nas representações pictóricas.

De uma perspectiva pragmática, tanto os silenos quanto os dançarinos acolchoados representavam as características de uma alteridade radical para os simposiastas aristocráticos que tomavam parte num *sympósion* ático ou peloponésio no século VI, no qual esse tipo de cerâmica seria empregado: seus traços grotescos eram o avesso daquilo que a aristocracia guerreira helênica compartilhava em termos de valores. Tal como sugerido acima, essa reversão pode ter tido um papel fundamental em ritos de passagem da juventude, e seu emprego num contexto em que jovens conviviam com adultos sugere que essa motivação subjazesse a tais práticas.

No que tange a uma possível continuidade entre os sátiros e os dançarinos acolchoados — desde suas primeiras representações em Corinto, incluindo também as áticas —, é preciso considerar o seguinte:

> Alguma forma de continuidade entre dançarinos acolchoados e drama satírico parece inegável, ainda mais porque há exemplos de dançarinos acolchoados usando caudas de cavalo [...]^{27}. Há um lapso de tempo, contudo, antes de os primeiros poetas de dramas satíricos aparecerem, pouco antes de 500. O que é mais obviamente compartilhado entre eles é a natureza da dança e então sua "alteridade". É como se os sátiros, uma vez desenvolvidos, tomassem o território dos dançarinos acolchoados, ainda mais em seu papel de companheiros de Dioniso, o que obviamente é muito diferente de sugerir que eles fossem simplesmente idênticos (GREEN, 2007, 104-105).

A ideia, portanto, parece ser a de que essas figuras — ambas relacionadas a certo comportamento desviante da norma, em termos tanto coreográficos quanto sexuais — tenham entrado em competição na representação de um imaginário mítico subjacente às práticas rituais envolvendo os coros da época. A emergência dos silenos parece ter se dado em detrimento da representação dos dançarinos acolchoados, causando seu desaparecimento de cerâmicas do século V. Em todo caso, essas figuras parecem relacionadas de forma indubitável ao contexto simposiástico — tal como sugerido anteriormente para as imagens atenienses —, e uma representação coríntia apresenta um exemplo eloquente disso^{28}. Ao contrário do que sugeriu Green (2007, 100), os nomes dos comastas inscritos nessa copa parecem remeter não aos estilos de suas danças, mas aos diferentes momentos passíveis de acontecer ao longo de um *sympósion*: *Lórdios* [encostado?], *Whadésios* [agradável/saciado], *Paíchnios* [jocoso], *Kômios* [pândego] e *Lóxios* [oblíquo]. Desde o consumo de vinho recostado, passando pelos primeiros agrados, gracejos e

---

27. Um exemplo seria: figuras negras num alabastro beócio (de estilo coríntio), c. 575-550. Göttingen, Archäologisches Institut der Universität HU533G (*BAPD* 1007102).

28. Trata-se da seguinte imagem: figuras negras numa copa para mistura do vinho, c. 590-575, de Corinto. Paris, Musée du Louvre CA 3004.

níveis de saciedade, até a pândega completa e a trôpega procissão, esse vaso atesta as ligações profundas entre os comastas, os dançarinos acolchoados, o ambiente simposiástico e *performances* corais e miméticas de caráter grotesco[29].

A amplitude desse fenômeno no período arcaico é atestada pelo fato de que cerâmicas lacônias e beócias, além daquelas provenientes de regiões helênicas mais ao oriente e ao ocidente, representam comastas e dançarinos acolchoados. Além disso, certas *performances* como as acima citadas são mencionadas por uma série de escritores tardios, tentando sugerir a existência de uma tradição de coros também na região de Esparta: em meio a algum tipo de refeição ritual, *performances* eram executadas sob tendas [*skênai*], representando enredos simples relacionados a fatos comuns da vida dos efebos, como o roubo de comida durante seu treinamento militar. Além disso, não deixa de ser emblemático que um poeta importante para a história do drama satírico como foi Prátinas tenha composto um drama em que figurava um coro de bacantes espartanas chamadas *Dýmainai*[30].

A famosa Dümmler-Krater (cratera Dümmler) foi tradicionalmente relacionada a esse tipo de *performance*, na medida em que representa um dançarino acolchoado ao som do *aulós* e outros carregando um grande vaso, enquanto, no anverso, dois homens com uma armação de madeira em volta da cabeça (como instrumento limitador de seus movimentos) levantam-se em meio a um depósito de vasos grandes quando uma mulher chega para trazer-lhes algo que parece ser alimento[31]. Pickard-Cambridge (1962, 171) viu nessa representação algum tipo de dança mimética de furto do vinho — relacionada, portanto, às danças espartanas de furto da comida. Mas trabalhos recentes sugerem, antes,

---

29. O fato de que os dançarinos acolchoados realmente podiam prender — por meio de correias e amarras — os acolchoamentos de caráter cômico, com os quais executavam sua *performance*, é atestado pelo detalhe de uma cerâmica lacônica (SMITH, 2007, 63). Trata-se da seguinte imagem: figuras negras num dino [*dínos*] da Lacônia, c. 545-535. Paris, Musée du Louvre E662.
30. Os principais testemunhos dessas informações são: Pratin. fr. 1 *TGF* = Ath. 9.48 Kaibel; 392f Gulick; Hsch. s.v. *Dýmainai*.
31. Figuras negras numa cratera de coluna, c. 600-590, de Corinto e atribuídas ao pintor de Ophelandros. Paris, Musée du Louvre E 632.

que se trataria da representação da oficina de um ceramista, na qual o trabalho — tanto forçado quanto assalariado — era coordenado ao som do *aulós*, sob a supervisão de uma figura chamada *Opheléndros*: seu falo imenso e as varas que porta seriam os sinais distintivos de seu comando do trabalho dos outros. Assim sendo:

> A imagem na cratera Dümmler não tem nada a ver com o tipo de peças cômicas conhecidas do drama helênico. Ela representa, antes, os comastas e sua audiência. Em contraste com as imagens estudadas antes, os trabalhadores reagem aos comastas, que então formam parte da representação da oficina. Isso não é protocomédia. Ainda assim, mesmo que a cratera Dümmler não represente uma cena de comédia, os comastas, com seus temas divertidos, sua dança e sua fantasia, apontam para elementos que posteriormente aparecem na comédia antiga da Ática (STEINHART, 2007, 216).

Como se vê, essas imagens reforçam as associações entre diferentes gêneros poéticos dramáticos — drama satírico, comédia e mesmo o ditirambo arcaico —, evocando o avesso do mundo aristocrático em suas representações. Conforme Isler-Kerényi (2007, 86), é plausível assumir que as situações em que os espectadores originais desses silenos e dançarinos acolchoados (ou seja, os proprietários das cerâmicas nas quais eles apareciam representados) teriam entrado em contato com essas figuras bufas seriam momentos fora da normalidade, sob os efeitos do vinho e da dança: tais situações apenas poderiam se dar em ocasiões especiais, nas quais se recorreria a especiarias, perfume e grandes quantidades de vinho, ou seja, durante celebrações ritualísticas. Assim,

> [...] é possível indicar que os dançarinos grotescos comumente chamados de comastas em vasos coríntios e áticos aludem a situações rituais. Parece provável que situações desse tipo ocorressem em ocasiões diferentes, mas todas elas indubitavelmente têm algo a ver com Dioniso (que atualmente tem de fato se revelado muito mais do que um bárbaro rústico, mas sim um deus poderoso abarcando tanto a natureza selvagem quanto a *pólis*) (ISLER-KERÉNYI, 2007, 91-92).

Embora mais de um século separe as representações de comastas das primeiras representações satíricas e cômicas historicamente registradas, não sendo certo, além disso, que os comastas de fato atuassem como um coro com características protodramáticas, as relações entre essas imagens e as *performances* dramáticas atenienses do período clássico parecem seguras. Para o desenvolvimento da complexidade que os gêneros dramáticos atenienses viriam a ganhar, foi necessário ainda contar com algum apoio institucional, bem como com a difusão mais ampla da escrita: apenas dessa maneira as *performances* do período arcaico, envolvendo silenos e comastas, puderam levar uma tradição poética oral bastante antiga (e possivelmente improvisada) a novos patamares de refinamento artístico e poético.

Dessa maneira, essas imagens dos séculos VII e VI ganham importância justamente por modularem a pretensão de inventividade e criatividade *ex nihilo* dos primeiros poetas relacionados aos gêneros poéticos dramáticos em Atenas. Conforme um estudioso do assunto:

> A importância central dos dançarinos acolchoados deve-se ao fato de servirem como evidência para *performances* públicas nos séculos VII e VI. Eles demonstram que uma atividade desse tipo acontecia numa vasta quantidade de comunidades. Em Corinto, a cidade mais rica e voltada para o exterior de todo o período, há evidências claras para o desenvolvimento de enredos relativamente sofisticados, ainda que de escopo limitado, com aquilo em que se pode crer como protoatores. Pelo menos em Corinto e em Atenas, e provavelmente em vários outros centros também, sua *performance* estava ligada a Dioniso. Nos anos imediatamente posteriores a meados do século VI, quando Atenas emergia como uma potência, sua sociedade atingia um nível em que ela podia desenvolver novas ideias e novas maneiras de pensar. Desenvolvimentos a partir desse ponto foram notáveis e o teatro, na tradição helênica, continuou a mudar, interminavelmente, pelo menos até o final da Antiguidade (GREEN, 2007, 105).

Outros autores ressaltam que essas *performances* arcaicas empregariam fantasias, enredos simples, elementos hilários ou obscenos, além de uma matriz temática básica talvez relacionada aos deuses em honra aos quais seriam executadas. Em que pese a ausência de fragmentos supérstites atribuíveis com certeza às *performances* desse tipo de poema durante o período, algo do que sobrevive de fins do século VI indica o modo pelo qual esses pontos podem ter estado relacionados num período mais recuado da história. Trata-se de um fragmento daquele mesmo Prátinas — pretensamente responsável pela introdução do drama satírico em Atenas —, com um poema que é classificado por Ateneu como um *hyporkhêma* [hiporquema], embora faça mais sentido considerá-lo algum tipo de poema satírico, seguindo Wilson (2000, 20) e Hedreen (2007, 150). O mesmo Ateneu (14.8 Kaibel; 14.617b-c Gulick) sugere que o poema teria sido composto num período em que tocadores de *aulós* e coreutas estariam começando a executar suas obras por pagamento [*misthophóroi*], sendo inegável o tom polêmico assumido por seus versos perante possíveis novidades introduzidas numa tradição coral mais antiga:

> Que tumulto, que danças são estas?
> Que rumorosa injúria caiu sobre
> o altar [*thymélē*] de Dioniso?
> Meu, meu é Brômios;
> [só] eu devo cantar, [só] eu devo clamar,
> quando me precipito com as Náiades
> através dos montes, qual um cisne
> com sua melodia de-multicolor-plumagem.
> Rainha é a canção estabelecida pela Piéria Musa; mas o *aulós*,
> na dança, o segundo seja,
> servo que ele é, sem dúvida!
> Somente à pândega dos que socando às portas
> entre sopapos de jovens bêbados, se ele quiser,
> que fique como comandante.
> Fere aquele que o sopro
> tem do mosqueado sapo!
> Anda! às chamas com esse caniço-gastador-de-saliva,
> roucamente-gaguejando em seu para-melo-rítmico-andar,
> ínfima criatura de mercenária broca!
> Olha, da mão e do pé, o gesto verdadeiro é este,
> ó Triambo-ditirambo, Senhor dos-cabelos-de-hera:
> escuta, pois, a minha dórica canção!
> (Pratin. fr. 3 *TGF* = 708 Campbell)

Esse poema é lido como uma forma de resistência expressada por uma modalidade poética mais tradicional contra as inovações musicais de um poeta como Laso de Hermíone. Ao que tudo indica, as modificações introduzidas por ele nas *performances* corais — sobretudo de ditirambo — foram profundas e certamente tiveram implicações na forma de emprego do *aulós* durante a execução de prestigiosos gêneros poéticos. Que essas mudanças gerassem uma resistência tradicional a elas é compreensível e — mais até do que isso — esperável. Essa querela entre a poesia e a música — já detectável nesse poema de Prátinas — terá desdobramentos futuros e culminará na longa discussão sobre a Nova Música e sua relação com os gêneros poéticos executados durante as Dionísias urbanas em Atenas no final do século V e início do século IV. Para além do aspecto polêmico desse fragmento, convém observar suas características propriamente satíricas — provavelmente relacionadas ao desenvolvimento de um gênero poético cujo prestígio e sofisticação lhe permitiam reivindicar a pretensão de ser porta-voz da tradição poética dionisíaca. Tal como sugerido por um intérprete do fragmento:

> É preciso chamar a atenção pelo menos para a reivindicação feita pelos silenos nos versos de abertura da canção: eles presumem ser competentes para julgar a qualidade da música e da dança oferecida a Dioniso na cidade de Atenas. Eles justificam sua reivindicação de *expertise*, contudo, não pela enumeração de seu conhecimento ou experiência com gêneros corais urbanos, mas pela referência a sua prática tradicional de brincar com as ninfas nas montanhas. Implícita em sua vanglória está a ideia de que o ritual urbano coral deve suas origens de algum modo à pândega mítica dionisíaca. A ligação é enfatizada mediante referências a lugares: a localização da ação é definida pela palavra *thymélē* (v. 2) no Teatro de Dioniso, na parte central de Atenas. Ao contrastar a canção e a dança que eles encontram nesse espaço com sua própria forma de pândega, contudo, os silenos projetam-se nas montanhas. Essas duas atividades — ritual urbano coral no Teatro de Dioniso, por um lado, e a vida mítica dos silenos e das ninfas nas montanhas, por outro — tendem a ser concebidas nos estudos modernos como distintas, mas estão aqui fundidas (HEDREEN, 2007, 150-151).

As associações presentes nesse fragmento — cuja tradição certamente remonta às *performances* miméticas e corais executadas durante os séculos VII e VI — sugerem a existência de uma matriz comum subjacente aos mais diversos aspectos arcaicos da poesia aqui estudada, antes de seu desenvolvimento em Atenas nos gêneros dramáticos propriamente ditos: *sympósion*, vinho, *aulós*, ditirambos, *performances* de coros, efebos, ritos de passagem, procissões fálicas, máscaras, *kômos*, comastas, dançarinos acolchoados, sátiros, silenos, ninfas, Dioniso etc. Um poema como o de

Prátinas — além de evidenciar a complexidade da tradição poética que o tornou possível, a partir da revisão aqui proposta de aspectos socioculturais do contexto em questão — sugere os desdobramentos a serem seguidos tanto pelos dramas satíricos quanto pelos demais gêneros poéticos executados durante as Dionísias urbanas em honra a Dioniso. Isso, contudo, foge ao escopo da presente análise.

Para o assunto aqui discutido, é de especial interesse notar que — para além da hipótese de surgimento da tragédia e da comédia a partir dos *exarkhóntes* [líderes] respectivamente do ditirambo e das procissões fálicas — Aristóteles sugere um comentário suplementar sobre a origem dos gêneros dramáticos, remontando a uma fase ainda mais arcaica da produção poética helênica. Conforme o Estagirita, "[q]ualquer que seja seu estado atual, a própria tragédia e a comédia surgiram de um primeiro motivo improvisado [*ap'arkhês autoskhediastikês*]", especificando em seguida que

> [c]om relação à extensão: a partir de histórias breves [*ek mikrôn mýthōn*] e de uma elocução ridícula [*léxeōs geloías*] devida ao elemento satírico, a tragédia transformou-se até alcançar distinção, enquanto a métrica passou do tetrâmetro ao iâmbico (Arist. *Poet*. 4.1449a9-21).

Ainda mais arcaico do que as *performances* prototrágicas (e, é de imaginar, protocômicas) — possivelmente relacionadas às gravuras em cerâmicas representando coros ditirâmbicos, procissões fálicas ou coros de animais —, Aristóteles imagina um tipo de *performance* poética — certamente coral e com traços dramáticos — que seria caracterizada por sua pequenez (de extensão, embora as implicações morais sejam evidentes) e por sua dicção ridícula. É de imaginar a existência de uma matriz básica, cujas implicações para diferentes aspectos socioculturais têm sido aqui desenvolvidas, na base das *performances* dramáticas de acordo com Aristóteles: daí derivaria a tragédia, a partir do ditirambo, bem como a comédia, a partir das procissões fálicas.

> [C]omastas formam assim uma ligação essencial entre dança cultual e dança narrando mitos ou eventos mundanos — ou seja, uma ponte "do ritual para o drama". Suas *performances* estão presumivelmente relacionadas com os *mikroì mýthoi* [enredos pequenos] que, segundo Aristóteles, são o início do drama

(*Poet*.1449a19). Mas talvez não fosse exagerar sua significância se essas danças miméticas narrativas fossem tomadas como catalisadores do surgimento e desenvolvimento do ditirambo ou do drama (STEINHART, 2007, 217).

Nesse sentido, para além das brumas envolvendo o desenvolvimento da comédia ou mesmo as definições sobre as mudanças graduais na execução da tragédia, Aristóteles postularia um elemento inferior nas origens de todos os gêneros poéticos dramáticos. Nos *Provérbios dos Alexandrinos* (30), Plutarco (ou quem quer seja o autor dessa obra) também sugere que tanto a tragédia quanto a comédia teriam surgido do riso e que o elemento mais austero só teria sido posteriormente desenvolvido. Esses aspectos têm sido cada vez mais reconhecidos pelos estudiosos do drama, pois, para dizer o mínimo, uma das novidades da tragédia foi justamente a de representar heróis épicos empregando versos não heroicos, donde a possível baixeza postulada por Aristóteles nas origens não apenas da comédia — a partir de suas relações com a poesia iâmbica e com as procissões fálicas — mas também da própria tragédia. Nesse sentido, a antiguidade da matriz poética na base dos gêneros dramáticos poderia ser remontada a uma tradição dos séculos VII e VI.

Um estudioso tentou ir ainda mais longe em suas proposições sobre a importância das *performances* envolvendo sátiros. Fazendo menção às estranhas figuras representadas num vaso ático do início do século VII[32] e a uma série de representações em selos ainda mais antigos (alguns de meados do segundo milênio), nos quais se discernem figuras humanas se deslocando como os dançarinos acolchoados em meio a possíveis ritos de colheita — numa atmosfera análoga àquela que está representada numa hídria protoática também do início do século VII[33] —, Webster (*in*: PICKARD-CAMBRIDGE, 1962, 118) afirma: "A ancestralidade de sátiros e homens acolchoados pode ser rastreada atualmente para além de Téspis e Aríon". Ainda que sua conclusão no final desse argumento seja exagerada — na medida em que, partindo de relações muito tênues,

---

32. Figuras negras em fragmentos de uma cratera protoática, c. 700. Berlin, Antikensammlung A32 (*BAPD* 1001732).
33. Figuras sobre uma hídria protoática, c. 700. Berlin, Antikensammlung 31312 (*BAPD* 1001753).

afirma que Dioniso e os antecessores dos sátiros já estariam associados desde o segundo milênio (sugestão que carece de evidências efetivas) —, é certo que essas *performances* coreográficas e corais em ambiente agreste, acontecendo desde o período de colheita até o retorno da primavera (atravessando todo o inverno), são certamente muito antigas.

Os gêneros dramáticos de viés mais cômico ou satírico — cuja tradição foi aqui abordada em conexão com as representações em cerâmica dos coros de animais, do *kômos*, dos coros de silenos, tudo à luz de certos testemunhos literários — podem se prestar a um tipo de consideração nas linhas da que foi proposta no capítulo anterior (ainda que lá tenha sido com relação à poesia mais "séria" da tragédia), pois as raízes dos gêneros dramáticos de viés cômico ou satírico também poderiam ser remontadas a Homero. O próprio Aristóteles sugere o seguinte:

> Assim, tanto com relação a poemas sérios Homero foi o maior poeta — pois não apenas fez poemas, mas também mimeses dramáticas — como também primeiro delineou o arranjo da comédia — dramatizando não a invectiva, mas o cômico. Pois o *Margites* é algo análogo: assim como a *Ilíada* e a *Odisseia* estão para as tragédias, assim também aquele está para as comédias (*Poet.* 4.1448b30-1449a1).

Ainda que a atribuição do *Margites* a "Homero" seja uma questão problemática, não é preciso recorrer a ela para desdobrar aqui algo análogo ao que já foi anteriormente sugerido para a tragédia. Uma vez que os poemas homéricos podem ser considerados produtos de uma verdadeira destilação e gradual textualização de séculos e séculos de uma poesia oral à qual foram assimilados os mais diversos gêneros poéticos — desde os narrativos, passando pelos cultuais, genealógicos, encomiásticos, até os fúnebres —, não é uma surpresa que algo iâmbico, cômico e até mesmo satírico possa ser encontrado em versos homéricos. Esse movimento já foi ensaiado com ressonâncias profundas por estudiosos anteriormente citados e não será necessário retomar esse tipo de expediente a fim de dar a ver o lugar central ocupado por Homero na orientação de todo o sistema poético da Antiguidade helênica. Ainda que essa centralidade deva ser compreendida de uma perspectiva crítica da noção tradicionalmente "homerocêntrica" de fontes e influências — tal como preconizado por Gentili (1988, 125) numa passagem anteriormente citada —, é inegável a ancestralidade da relação da poesia homérica com esses elementos iâmbicos, cômicos ou satíricos dessa tradição poética. A título de exemplo, podem ser consideradas as proposições de um autor como Gregory Nagy (1999, caps. 12-14), em cuja abordagem ficam evidentes os entrecruzamentos de diferentes gêneros poéticos no interior da síntese tornada possível na poesia homérica.

Nesse sentido, a presença de uma tradição antiquíssima em Homero — ligada a *performances* coreográficas e corais em ambiente agreste, desde o período de colheita, passando pelo inverno, até o retorno da primavera — daria ainda outro testemunho da riqueza dessas associações[34]. A respeito desse tipo de festival celebrado pelos povos helênicos desde os períodos mais recuados de sua história, o próprio Aristóteles faz a seguinte observação:

> Deve ser notado que os sacrifícios e festivais de origem antiga aconteciam depois da colheita, sendo na verdade festivais de safra; isso assim acontecia porque essa é a estação do ano em que as pessoas têm mais tempo livre (Arist. *N.E.* 1160a).

Assim, a longa e complexa tradição de festivais e sacrifícios antigos ocorridos durante o inverno e a primavera — justamente quando os povos helênicos encontravam-se mais ociosos, posto que dispensados dos trabalhos pesados relacionados com a colheita, o trato da terra e a semeadura — faz parte da mesma base sociocultural a que pertencem os ritos de passagem — no ambiente aristocrático do *sympósion* e do *kômos* —, a partir da qual os gêneros poéticos dramáticos puderam se desenvolver sob os auspícios de Dioniso. Nesse sentido, os silenos e seus predecessores — os dançarinos acolchoados — poderiam ser compreendidos como representações simbólicas tanto dos efebos — em seu *status* ambíguo, ligado à condição provisória de sua liminaridade etária — quanto dos homens liberados temporariamente do trabalho, engordando no ócio do inverno e vivendo uma vida dedicada às delícias

---

34. Confira-se, por exemplo, a chamada "Canção de Lino", também representada no escudo de Aquiles (*Il.* 18.566). Para detalhes sobre ela, com abundantes referências bibliográficas, cf. CALAME, 1997, 80-81.

de um estoque bem-feito — vinho, pão, sacrifícios e canções — até o início da estação seguinte.

Parece possível defender que algo dessa mesma natureza estaria subjacente a uma história popular e de raízes orais muito antigas, como é o caso da seguinte fábula de Esopo (figura algo lendária a que se atribuem várias histórias populares circulando desde aproximadamente os séculos VII ou VI):

> Na estação do inverno, as formigas secavam o trigo molhado. A cigarra, faminta, pediu-lhes comida. Mas as formigas lhe disseram: "Por que durante o verão também tu não juntaste comida?". E ela disse: "Eu não estava à toa, mas ficava cantando como as Musas". E elas, rindo, disseram: "Ora, se na estação do verão estavas a tocar o *aulós*, na do inverno, dança!" (Aesop. C336, P373).

Como a relação entre as danças e o período do inverno estava suficientemente difundida para figurar num gênero popular como a fábula na Antiguidade, parece que as suposições delineadas nos últimos parágrafos têm considerável pertinência para o contexto em questão. Dentre os estudiosos aqui consultados, contudo, não houve quem tenha tentado explicar desse modo a motivação por trás das vestimentas dos dançarinos acolchoados: alguns sugeriram que essas figuras representariam o oposto dos valores aristocráticos, mas não propuseram de que maneira essas características antiaristocráticas poderiam ter se desenvolvido. A ideia de que os dançarinos acolchoados estejam relacionados ao ócio do inverno — e a seus efeitos sobre o corpo masculino dos trabalhadores responsáveis pelos serviços agrícolas — sugere a existência de uma ligação entre essas *performances* cômicas e satíricas, a época do ano em que eram apresentadas, o conteúdo de suas histórias, o público a que se dirigiam e seu contexto de *performance*.

4.6. Inventando a origem dos gêneros poéticos dramáticos: os *Fasti* atenienses

As diversas teorias sobre a origem dos gêneros poéticos dramáticos entre os povos helênicos dispõem de um *corpus* vasto de manifestações poéticas do período arcaico — relacionadas a questões religiosas, políticas e, de modo mais abrangente, socioculturais —, tal como estão registradas em testemunhos antigos, além de fragmentos e imagens dos períodos arcaico e clássico. A opção teórica de cada estudioso pode levá-lo a valorizar alguns elementos desse *corpus* em detrimento de outros, a fim de sugerir uma reconstrução virtual — da própria perspectiva teórica — daquilo que esteve relacionado ao desenvolvimento gradual dos gêneros poéticos dramáticos. Em meio a isso tudo, cumpre analisar ainda um último testemunho antigo — de indubitável valor material — disponível para os teóricos interessados nas origens do drama.

Trata-se de uma inscrição do século IV (c. 346), *I.G.* ii^2.2318, geralmente chamada pelos estudiosos simplesmente de *Fasti*, porque registra as listas de vencedores do festival das Dionísias urbanas. O registro traz para cada ano — sempre na mesma ordem — o nome do arconte epônimo, a tribo vitoriosa no concurso ditirâmbico de garotos e o nome do corego responsável, a tribo vitoriosa no concurso ditirâmbico de adultos e o nome do corego responsável, o corego e o poeta vitoriosos no concurso de comédia, além do corego e do poeta vitoriosos no concurso de tragédia. Por volta do ano de 447, o nome do ator trágico protagonista começa a aparecer também.

Como se nota, os *Fasti* formam um documento de valor inestimável para uma reconstituição dos concursos poéticos realizados nas Dionísias urbanas, e toda tentativa de reconstrução diacrônica do desenvolvimento desse festival deve levá-los em conta. Apesar disso, algumas colunas do início da inscrição estão ausentes, sendo impossível precisar com certeza em que ano o registro tinha início — embora a parte inicial do que sobrou da inscrição reivindique remontar ao início dos *kômoi* em honra a Dioniso (o que quer que essa expressão signifique).

Conforme um estudioso:

> Ela certamente não recuava tanto a ponto de chegar a 534, período aproximado em que Téspis recebeu um prêmio pela tragédia — embora não seja registrado em que tipo de organização. Ela pode ter voltado até os anos de 509 ou 508, quando se afirma que Hipódico teria produzido o coro ditirâmbico de homens — o primeiro, talvez, sob o regime democrático, já que Laso parece tê-lo precedido sob os tiranos —, mas talvez o ponto de vista mais provável

267

situe o início do registro por volta do ano 501 (é possível que por volta dessa época os dramas satíricos tenham sido trazidos para as competições, mas não há certeza sobre isso). A primeira entrada supérstite da inscrição refere-se ao ano de 472 (PICKARD-CAMBRIDGE, 1995, 72).

A formulação inicial da parte supérstite da inscrição denota a intenção, que seus criadores tinham, de dar a entender que ela remontaria ao início dos eventos realizados em honra a Dioniso, pois aí se afirma: *"prô] ton kômoi êsan t[ôi Dionýs]ōi tragōidoì d["*, o que pode ser traduzido como "primeiramente, *kômoi* existiam para Dioniso, e cantores trágicos ..." (*I.G.* ii². 2318). Como o número de colunas faltantes não pode ser precisado com certeza, os estudiosos tentam calcular quantas elas seriam, para formular a partir daí uma hipótese sobre o ano que inauguraria o registro das competições poéticas das Dionísias urbanas.

West (1989, 251) retoma os estudos que imaginam a falta de apenas duas colunas, o que levaria o início da inscrição a se dar por volta do ano 502/501, mas avança a seguinte consideração:

> Se outra coluna estiver perdida no início, e se as vitórias ditirâmbicas (tanto de homens quanto de garotos) tiverem começado em 509 ou 508 (Marm. Par. *FGrHist* 239 A 46), e se um sistema corégico já existisse sob os tiranos, teria havido espaço para vitórias trágicas remontando até 522 ou 520; ou, se o início *tragōidôn* não fosse repetido na entrada de cada seção, 528 ou 526 (WEST, 1989, 251, n. 1).

Em outras palavras, aventando uma série de hipóteses concernentes ao início das competições poéticas realizadas durante as Dionísias urbanas, o estudioso propõe a possibilidade de que o registro remontasse até um período que — conforme os próprios cálculos (WEST, 1989, 253, n. 13) — poderia alcançar um dos anos em que Téspis talvez tenha treinado o coro trágico, por volta de 528 (de acordo com a leitura de West do *Mármore de Paros*, ep. 43). Ainda que o estudioso se mostre relativamente cético com relação à confiabilidade de qualquer informação sobre a cronologia do início da tragédia ática, sua reconstrução sugere a possibilidade de que os *Fasti* alcançassem um período em que o próprio Téspis ainda atuasse.

Com base nessa mesma inscrição, Connor (1989, 12) estipula — na linha do que já argumentara West — que as duas datas possíveis para o início do registro seriam 501 (se faltassem apenas duas colunas) ou 509 (se faltassem três colunas). Com base nesses direcionamentos, o estudioso aproveita sua sugestão de que o início dos concursos trágicos estaria ligado à chegada da estátua de Dioniso Eleutério na Ática, depois das disputas territoriais entre os atenienses e os beócios (por volta de 506, conforme sua teoria), a fim de sugerir que:

> Uma construção mais econômica das evidências é a seguinte: as peças de Téspis e de uma série de outros poetas trágicos áticos eram executadas nas Dionísias rurais e somente depois as *performances* trágicas passaram a ser regularmente mantidas na cidade. A primeira forma das Dionísias urbanas começou entre 509 e 501 (provavelmente na última data) e tomou a forma de uma pândega ritualizada, um *kômos*. Esse pode muito bem ter incluído coros ditirâmbicos. Pouco depois *performances* trágicas e cômicas foram adicionadas ao festival até que sua forma clássica, completamente desenvolvida, fosse atingida (CONNOR, 1989, 13).

Autores mais céticos radicalizam a sugestão de Connor, afirmando de forma peremptória que o mais certo é a reconstrução do início da inscrição com apenas duas colunas faltantes, o que levaria à existência de competições poéticas registradas oficialmente para as Dionísias urbanas por volta do ano de 501. Tal é a opinião de Laughy (2010, 126). Da mesma forma argumenta Scullion (2002, 83-84), embora o estudioso chegue inclusive a reconstituir — imaginativamente — o que teria sido o texto das colunas faltantes da inscrição, a fim de avançar de forma "palpável" quantos nomes faltariam para um registro completo dos vencedores nos concursos poético-cívicos das Dionísias urbanas em Atenas.

Como se vê, as possibilidades de reconstrução dos *Fasti* são consideravelmente amplas e podem ser desenvolvidas de modo que faça com que essa inscrição sirva de argumento para as mais diversas teorias sobre a origem dos gêneros dramáticos no interior das Dionísias urbanas em Atenas. Tal como no *corpus* de fragmentos, imagens e testemunhos referentes às manifestações poéticas protodramáticas do período arcaico, a impossibilidade de determinar uma origem com precisão é aquilo que dá margem às mais diversas e contraditórias reconstituições teóricas de uma origem possível. Nesse ponto, é importante levar em conta as ressalvas delineadas por um estudioso da institucionalização da *khorēgía* nesse período, quando ele afirma o seguinte:

> Os vitoriosos registrados de forma mais proeminente por esse documento são os *khorēgoí*: somente eles são listados consistentemente para todas as categorias de *performance*, junto das *phylaí* [tribos] para o ditirambo de garotos e homens, além dos poetas dramáticos. A possibilidade de criar um tal monumento num período tardio do século IV mostra que registros dos coregos vitoriosos eram consistentemente mantidos por arcontes desde uma data recuada e demonstra sua reconhecida importância ao longo de toda a história do festival. A data inicial está além de uma reconstituição certa e segura: algo próximo de um consenso enxerga o início do registro por volta do ano 501/502, embora uma data anterior seja igualmente possível. E é preciso lembrar que os criadores desse monumento no século IV também operavam sob as dificuldades das evidências e — tão significativamente quanto isso — tinham sua própria agenda: mesmo que fosse possível para eles rastrear a história do festival até o período de governo dos tiranos, é duvidoso que eles escolhessem fazê-lo. Se, como é às vezes sugerido, esse monumento da história do teatro tiver participado de fato do programa de Licurgo para a regeneração do teatro — bem como para a regeneração do tecido da vida cultural da cidade de modo geral, após a catástrofe de Queroneia (ou se pelo menos se harmonizava com suas aspirações) —, é seguramente pouco plausível que tivesse celebrado a continuidade dessa grande realização ateniense registrando suas origens em uma outra época de tiranos (WILSON, 2000, 13).

O estudioso — ainda que interessado em compreender as origens do sistema de patrocínio e treinamento dos coros em Atenas (a chamada *khorēgía*) — demonstra os problemas de tomar um documento fragmentário como os *Fasti* para postular a origem do que quer que seja. Com base no que Wilson sugere, é possível propor as seguintes críticas a estudos da origem do drama que fundamentam sua argumentação de forma exclusiva nessa inscrição: em primeiro lugar, não se tem o início das inscrições e, ao contrário do que alguns estudiosos sugerem, nada garante em que ponto elas começavam, sendo possível inclusive que tenham existido mais de três colunas[35]; em segundo, nada assegura que as primeiras competições tenham sido registradas; em terceiro, não é

---

35. Como foi sugerido provocativamente por Ghiron-Bistagne (1976, 22-26 *apud* WILSON, 2000, 313, n. 11), ao aventar a existência de uma quarta coluna, que incluiria a nebulosa figura de Susaríon por volta de 560, com seu *khorós* de *kōmōidoí* (*Marm. Par.* ep. 39).

possível ter certeza de que registros anteriores à instituição das reformas de Clístenes tenham sido conservados e respeitados após o fim da tirania e a instituição da *isēgoría* [democracia]; finalmente, os responsáveis por erguer os *Fasti* no século IV tinham os próprios interesses em fazê-lo, não sendo plausível que seu monumento aspirasse a algum tipo de "neutralidade arquivística" em registrar a história das competições poéticas atenienses.

Com essas considerações céticas para com as mais céticas reconstruções das origens dos gêneros dramáticos no contexto de institucionalização das competições poéticas das Dionísias urbanas, a pretensão de certeza e segurança que certos estudiosos poderiam ter no que diz respeito à adoção de argumentos relativos às origens se vê arruinada e, por conseguinte, nivelada às demais tentativas de reconstrução (aparentemente mais incertas e inseguras). Esse movimento de demonstração cética para com os mais céticos estudiosos, no entanto, não é de ordem niilista, como poderia parecer num primeiro momento. Trata-se de uma proposição que questiona a certeza e a segurança com que esses estudiosos acreditam poder expurgar partes inteiras do *corpus* de fragmentos, imagens e testemunhos relativos aos gêneros protodramáticos, apenas porque tornam mais difícil que suas reconstruções se deem sobre bases "certas" e "seguras". A impossibilidade de sustentar com segurança e certeza um discurso teórico configura a própria possibilidade de que diferentes teorias possam instituir uma verdadeira arena de debate — na qual se torna possível a defesa de seus pontos de vista e a refutação daquilo que pareça problemático, além do estabelecimento de conexões e desdobramentos a partir de um diálogo com outras perspectivas.

Nesse sentido, a impossibilidade de estabelecer ao certo de que modo os gêneros poéticos dramáticos se desenvolveram a partir da complexa matriz de manifestações poéticas do período arcaico inaugura a possibilidade de que novos aspectos dessa rede sejam dados a ver a partir de perspectivas teóricas diferentes. A reconstrução aqui proposta delineou a importância de festivais públicos, de procissões fálicas, de cantos e hinos cultuais, de práticas sociais mais restritas como o *sympósion* e o *kômos*, de *performances* em coros, do emprego de máscaras e fantasias, de diversos ritos e suas projeções sobre mitos tradicionais, dos comastas, dos dançarinos acolchoados, dos sátiros, das ninfas, de Ariadne e de Dioniso. Outras reconstruções seriam possíveis e serão sempre possíveis, pois toda reconstrução teórica permanece aberta à possibilidade de ser revista a partir de uma nova teoria e seus desdobramentos, levando sempre a reconsiderações acerca do *corpus* a ser analisado e da metodologia escolhida para a realização de tal análise.

Além disso, é sempre possível levar em conta o grande lapso de tempo entre essa produção poética protodramática do período arcaico e os primeiros dramas supérstites do período clássico, dando margem a reconstruções ainda mais diversificadas desse longo e complexo desenvolvimento poético. Conforme um estudioso que se debruçou sobre esses mesmos problemas:

> As evidências para a história do período inicial da tragédia são tão exíguas que qualquer relato é insatisfatório. Se os *Persas* devem ser aceitos atualmente como a mais antiga peça supérstite de Ésquilo, mais de sessenta anos separam-nos do início da competição. Os *Persas* já têm toda a solenidade e grandeza da tragédia esquiliana. Mas é difícil ver um fio ligando isso a *performances* com dançarinos acolchoados e sátiros (WEBSTER *in*: PICKARD-CAMBRIDGE, 1962, 131).

Epílogo

O presente trabalho investiga as origens do drama clássico na Grécia antiga. Partindo de considerações sobre um *corpus* de fragmentos poéticos e dos principais testemunhos relevantes para o momento constitutivo dos gêneros dramáticos antigos — testemunhos tanto históricos e filosóficos quanto epigráficos e pictóricos —, a investigação constitui-se ela própria numa original teoria sobre as origens do drama clássico, na medida em que se posiciona de forma crítica com relação a esses dados da tradição, propondo uma compreensão abrangente e complexa do que fundamenta a constituição gradual dos gêneros dramáticos no período histórico em questão.

Após as longas reflexões tornadas possíveis a partir da pesquisa e do trabalho de escrita para este livro, ficou evidente que o posicionamento de todo estudioso no tocante a uma questão como a aqui estudada pode ser visto não como algo que se justifique a partir de uma interpretação "neutra" dos fenômenos estudados, mas como desdobramento dos próprios pressupostos teóricos e do *corpus* selecionado por ele. Isso é o que se nota com relação a todos aqueles que conceberam e defenderam suas teorias sobre as origens do drama antigo e que foram aqui consultados para um melhor delineamento também desta — que igualmente se pretende mais uma — nova teoria sobre as origens do drama clássico.

A essa altura, estará claro que toda origem postulada por determinada teoria acerca de um fenômeno há de se revelar, a um só tempo, *arbitrária* e *necessária* para a formulação dessa teoria e para a compreensão desse fenômeno. *Arbitrária* porque — dadas a multiplicidade e a variedade dos dados disponíveis para o intérprete — privilegiar certas visadas e certos aspectos em detrimento de outros só pode se explicar a partir de uma decisão pautada por critérios anteriores à possibilidade de uma reflexão crítica sobre esses critérios (nesse sentido, determinada concepção de origem fundamenta toda teoria). *Necessária* também porque — sem essa tomada de posição *a priori* — seria impossível definir quais os aspectos e as visadas relevantes para uma dada interpretação a fim de que determinado fenômeno pudesse ser compreendido numa primeira leitura (nesse sentido, toda teoria fundamenta a própria origem). Fica ressalvada, evidentemente, a possibilidade de que — com o aprofundamento dos estudos — novos aportes teóricos e conhecimentos mais refinados do *corpus* venham a ser desenvolvidos durante a pesquisa, levando a alterações e mudanças de perspectiva: o amadurecimento da reflexão pode, portanto, levar à elaboração gradual de um tratamento mais afim à prática epistemológica corrente em determinado contexto histórico-social. Como deve ter sido notado, o presente trabalho não reivindica nada mais do que isso.

Nesse sentido, outras "origens" do drama antigo poderiam ter sido aqui enfatizadas, tendo bastado que outros aspectos da história da poesia arcaica tivessem sido trabalhados pela argumentação. Por meio da filologia, teria sido possível questionar determinadas lições textuais, assumir algumas em detrimento de outras e recusar a validade histórica de certos testemunhos incompatíveis com uma dada visão de mundo documentalmente bem atestada. Por meio da antropologia comparada, teria sido possível propor uma série de paralelos com ritos e práticas de outras sociedades e épocas, a fim de sugerir as semelhanças e as diferenças também no valor e na função das *performances* dramáticas dos povos helênicos. Muitas outras formas de liberdade para a seleção, manipulação e interpretação do *corpus* de fragmentos e testemunhos antigos teriam sido oferecidas por abordagens formalistas, estruturalistas, hermenêuticas e pós-estruturalistas. Estudiosos dispostos a enxergar em

Homero o primeiro dos poetas dramáticos fazem uso justamente dessa liberdade: enfatizando os aspectos dramáticos das epopeias homéricas, concentram-se nessas dimensões de sua *performance* e sugerem uma compreensão daquilo que seria a origem não apenas do drama antigo, mas da própria poesia helênica. A bem da verdade, o fenômeno de *performances* dramáticas no período arcaico foi tão complexo que as mais diversas reconstruções teóricas propostas por pensadores antigos e modernos são, a um só tempo, *corretas* (mas insuficientes) e *incorretas* (mas esclarecedoras). Ainda assim, existem limites no que diz respeito à qualidade dos trabalhos e ao nível de seriedade na manipulação dos dados a partir de qualquer uma dessas visadas teóricas — mesmo quando levada em conta a relativa liberdade de que se desfruta na hora de se definir por uma ou outra dessas teorias.

Tal constatação não pretende acusar a parcialidade das construções propostas pelos estudos aqui analisados, mas antes chamar a atenção para a inevitabilidade de que toda interpretação seja sempre provisória e parcial. Deixando de lado os casos em que há evidente negligência ou má-fé na manipulação de determinadas abordagens teóricas ou de elementos do *corpus*, todos os estudiosos devem se posicionar criticamente perante o material disponível, assumindo critérios de seleção e exclusão daquilo que tem mais interesse para si segundo a adoção de um ou mais pressupostos entre aqueles que as múltiplas teorias lhes fornecem. A abertura desse *corpus* e a variedade de abordagens teóricas arruínam qualquer pretensão de certeza e segurança que se pudesse almejar, constituindo-se em ocasião singular para uma verdadeira discussão crítica e teórica acerca do assunto. Nesse sentido, a impossibilidade de sustentar com segurança e certeza um discurso teórico qualquer como "o *único* correto" constitui a própria possibilidade de que diferentes teorias e vertentes críticas instituam uma arena de debate efetivo. Isso significa que, para o presente caso, a impossibilidade de encerrar a questão sobre as origens dos gêneros dramáticos clássicos — a partir da complexa matriz de manifestações poéticas do período arcaico — inaugura a possibilidade de que outros aspectos dessa rede sejam revelados a partir de perspectivas teóricas diferentes em novas abordagens sempre renovadas.

A origem dos gêneros dramáticos clássicos tal como proposta por este trabalho está fundamentada na importância de transformações socioeconômicas e políticas, de festivais públicos, de procissões fálicas, de cantos ditirâmbicos e hinos cultuais, de práticas sociais aristocráticas como o *sympósion* e o *kômos*, de *performances* em coros, do emprego de máscaras e fantasias, de diversos ritos e suas projeções sobre mitos tradicionais, dos comastas, dos dançarinos acolchoados, dos sátiros, das ninfas, de Ariadne, além, é claro, de Dioniso. Inúmeras outras reconstruções seriam possíveis, e serão sempre possíveis, pois toda reconstrução teórica permanece aberta à possibilidade de ser revista a partir de uma nova teoria e seus desdobramentos, levando, pelo menos, a reconsiderações acerca do *corpus* a ser analisado e da visada teórica escolhida para a realização de tal análise.

O presente trabalho — *Origens do drama clássico na Grécia Antiga* — defende que as mais diversas (e mesmo contraditórias) propostas teóricas acerca das origens do drama são, mais até do que possíveis, efetivamente necessárias para que possam ser iluminadas certas nuances do surgimento do drama clássico e suas implicações para muito daquilo que derivou disso. As relações entre os gêneros dramáticos e o legado poético do período arcaico são analisadas com base em muitas teorias sobre a poesia e parecem estar no cerne daquilo que viria a ser chamado de Poética. Nesse sentido, o drama encenado nas entrelinhas deste texto diz respeito não apenas à disputa entre diferentes teorias acerca das origens do drama clássico, mas ao clássico drama inerente a toda teoria sobre as origens.

Glossário

O intuito do glossário é fornecer um primeiro acesso facilitado aos sentidos básicos de certos termos helênicos (transliterados aqui em caracteres latinos e dispostos na ordem alfabética do português), devido à sua recorrência ao longo do texto. É recomendável que dicionários e léxicos especializados sejam consultados para definições mais precisas e contextualmente determinadas, com a remissão a passagens textuais específicas do *corpus* de textos helênicos (já que as mesmas palavras tendem a não manter os mesmos sentidos num poema do século VIII A.E.C. e num texto do século XII E.C.). O grego antigo produziu material textual durante mais de dois milênios e continua vivo até hoje com o grego moderno, mas passou por profundas transformações ao longo desse período.

agṓn (pl. *agônes*): competição; disputa; debate.
aítion (pl. *aítia*): causa; motivo; razão.
anagnṓrisis: reconhecimento (elemento do enredo das boas tragédias, conforme a *Poética*, de Aristóteles).
andrṓn: lit. "dos homens": cômodo das residências aristocráticas próprio para a celebração majoritariamente masculina do *sympósion*.
Anthestēriṓn: lit. "lugar das flores": mês invernal do calendário ateniense (fev./mar.).

aretê: virtude; valor.
arkhḗ: origem; princípio; fundamento; premissa; propedêutica, poder.
askōliasmós: prática festiva e cômica, na qual se besuntava de óleo o exterior de um odre (cheio de ar ou de vinho), a fim de torná-lo escorregadio, para daí propor um concurso em que quem conseguisse ficar mais tempo sobre ele — às vezes, tendo de dançar ou saltar sobre um pé só — receberia um odre de vinho como prêmio.
ástys: cidade; cidadela.
aulós: instrumento de sopro, mais próximo do oboé do que da flauta.
autokábdaloi: improvisadores de canção; cantores realizando *performances* improvisadas.
basileús: rei; título honorífico do arconte ateniense com atribuições religiosas antigas.
basilínna: rainha; título honorífico da mulher do arconte *basileús* em Atenas, especialmente durante a celebração das Antestérias.
daidoûkhos: portador da tocha (durante uma *pompḗ*).
dêmos (pl. *dêmoi*): povoado (unidade administrativa ateniense); povo.
Diákrioi: Homens d'Além dos Montes (atenienses partidários de uma forma constitucional popular).
diánoia: pensamento; intenção; propósito.
didáskalos (pl. *didáskaloi*): professor; mestre do coro.
didáxō: ensinar; treinar; ensaiar.
díkē: justiça; julgamento; tribunal.
drâma: ato; ação; ofício; dever; ação representada em cena.
epistḗmē: conhecimento; instrução.
epithymía: desejo; paixão; apetite; desejo sexual.
erastḗs: lit. "amante": homem mais velho, já barbado, envolvido numa relação erótico-afetiva com um jovem mais novo, ainda sem barba, que ele educava em valores aristocráticos e introduzia na vida adulta.
érgon: obra; trabalho; efeito.
erṓmenos: lit. "amado": jovem, ainda sem barba, envolvido numa relação erótico-afetiva com um homem mais velho, já barbado, responsável por educá-lo em valores aristocráticos e introduzi-lo na vida adulta.
éthos (pl. *éthē*): costume; uso; caráter; personagem (*dramatis persona*).

Eupatrídai: lit. "bons de pai": Homens de bem (o que também pode ser lido como "Homens de bens").
exárkhōn (pl. *exarkhóntes*): líder de um canto coral; condutor do coro.
Gamēliṓn: lit. "casamenteiro": mês invernal do calendário ateniense (jan./fev.).
gymnastikḗ: arte dos exercícios ginásticos; parte da educação básica dos povos helênicos, voltada para o desenvolvimento de habilidades corporais.
hēdonḗ: prazer; gozo; júbilo.
Helaphēboliṓn: lit. "caça ao cervo": mês do calendário ateniense, de fins do inverno e início da primavera (mar./abr.).
hestía: lareira; lar.
hieròs gámos: lit. "casamento sagrado": momento do ritual celebrado durante o festival ateniense das Antestérias, no qual Dioniso — recém-chegado a Atenas — tem uma relação sexual com a *basilínna*.
hýbris: excesso; violência.
hypokrínomai: responder; atuar.
hypókrisis: atuação; interpretação; resposta.
hypokritḗs: ator; intérprete; respondendor (?).
isēgoríē: lit. "igualdade de palavra": democracia (palavra usada para designar o regime constitucional em Atenas a partir das reformas de Clístenes, no final do século VI).
ithýphallos (pl. *ithýphalloi*): lit. "falo ereto": portador de alguma forma de falo (durante um ritual religioso ou uma representação religiosa).
kanēphóros: portadora do cesto (durante uma *pompḗ*); responsável por carregar um objeto agrário de valor religioso e cultual.
kátharsis: purificação; limpeza; desobstrução.
Khóes: lit. "canecas": 2º dia de celebração das Antestérias, no qual a bebedeira se disseminava entre todos, munidos das próprias canecas [*khóes*].
khorēgía: sistema corégico (responsável pelo patrocínio e pela manutenção das *performances* públicas de coros, com os fundos de cidadãos particulares).
Khorēgós (pl. *khorēgoí*): condutor do coro; patrocinador e mantenedor de um coro.

Khorós (pl. *khoroí*): coro (responsável por *performances* coreográficas e corais).
Khýtroi: lit. "marmitas": 3º dia de celebração das Antestérias, no qual aconteciam oferendas a divindades ctônicas.
Kṓmē (pl. *kṓmai*): aldeia; vilarejo.
Kômos (pl. *kômoi*): pândega; procissão embriagada noturna; seresta.
Kourotróphos: nutriz de jovens.
Kýklios khorós: coro circular; coro cíclico (modalidade de *performance* coral em círculo).
Lēnós: prensa de vinho.
Léxis: elocução; dicção; fala.
Límnai: Brejos.
Lógos: discurso; palavra; razão; pensamento.
Lýpē: dor; aflição; agonia; pena.
Manía: loucura; êxtase; transe.
Melopoiía: melopeia; musicalidade; textura sonora.
Mímēsis: representação; imitação; encenação.
Mousikḗ: arte das Musas (poesia e música, principalmente); parte da educação básica dos povos helênicos, voltada para habilidades da alçada das Musas.
Mýthos: mito; história; estória; enredo.
Nómos (pl. *nómoi*): costume; uso; lei; composição (incluindo palavras e melodia).
Ópsis: espetáculo; visão; efeitos visuais.
Orkhḗstra: orquestra (espaço do teatro ocupado pelo coro, enquanto canta e dança).
Paideía: educação; formação; criação.
Parálioi: Homens da Costa (atenienses partidários de uma forma constitucional mista).
Pedieîs: Homens da Planície (atenienses partidário de uma oligarquia mais estrita).
Pelátai: clientes (devedores de empréstimos garantidos pela prerrogativa de alienação da própria liberdade).
Peripéteia: peripécia; reviravolta (elemento do enredo das boas tragédias conforme a *Poética*, de Aristóteles).

phalliká: cantos fálicos.
phallophoreîn: portar o falo (durante uma *pompḗ*).
phallóphoros (pl. *phallophoroí*): portador do falo (durante uma *pompḗ*); responsável por carregar um objeto fálico de valor religioso e cultual.
philonikía: competitividade; desejo de vitória; ambição.
phórminx: tipo de lira.
phylḗ (pl. *phylaí*): tribo; clã.
Pithoígia: lit. "abertura dos jarros": 1º dia de celebração das Antestérias, no qual eram abertos os jarros com o vinho fermentado.
píthos: jarro (normalmente de vinho).
pólis (pl. *póleis*): cidade; país; região.
politeía: constituição; organização política.
pompḗ: cortejo; procissão; elemento ritual de honra a uma divindade.
Poseideṓn: lit. "de Poseidon": mês do calendário ateniense, de fins do outono e início do inverno (dez./jan.).
rhêsis: fala; diálogo.
sophíē: sabedoria.
skêne: cena; tenda.
stásis: insurreição; levante interno; guerra civil.
sympósion: banquete (reunião social em que aristocratas bebiam vinho, cantavam, dançavam, discutiam e estabeleciam laços afetivos de caráter erótico).
tékhnē: técnica; arte.
trágos (pl. *trágoi*): bode.
trýx: vinho novo; borra de vinho.
týkhē: acaso; fortuna; destino.
xenía: hospitalidade; relação de amizade entre estrangeiros.
xénos: hóspede; anfitrião; estrangeiro.
xóanon: ídolo sagrado de madeira; estátua de madeira.

Bibliografia

Edições e traduções de textos antigos

AESCHINES. *Aeschines*. With an english translation by Charles Darwin Adams. Cambridge/London: Harvard University Press/William Heinemann Ltd., 1919.

_____. *Against Timarchos*. Introduction, translation and commentary by Nick Fisher. Oxford: Oxford University Press, 2001.

AESCHYLUS. *Persae*. With introduction and commentary by A. F. Garvie. Oxford: Oxford University Press, 2009.

_____. *Aeschyli septem quae supersunt tragoedias*. Edidit Denys Page. Oxford: Clarendon Press, 1972.

ALCIPHRON. *Alciphron*: literally and completely translated from the Greek, with introduction and notes. Athens: The Athenian Society's Publications, 1896.

_____. *Letters of the courtesans*. Edited with introduction, translation and commentary by Patrik Granholm. Uppsala: Elanders Sverige, 2012.

ANONYMOUS. *The greek anthology*. With an english translation by W. R. Paton. London: William Heinemann Ltd., 1917.

_____. *The homeric hymns and homerica*. With an english translation by Hugh G. Evelyn-White. Cambridge (MA)/London: Harvard University Press/William Heinemann Ltd., 1914.

APOLLODORUS. *The library*. With an english translation by Sir James George Frazer. Cambridge/London: Harvard University Press/William Heinemann Ltd., 1921.

ARISTOPHANES. *Aristophanes comoediae*. Ed. F. W. Hall and W. M. Geldart. Oxford: Clarendon Press, 1907, 2 v.

_____. *Aristophanis comoediae*. Cum Scholiis et varietate lectionis. Recensuit Immanuel Bekkerus. Londini: Sumtibus Whittaker, Treacher, et Arnot, 1829, v. II.

ARISTÓTELES. *Constituição de Atenas*. Ed. bilíngue. Tradução, apresentação, notas e comentários de Francisco Murari Pires. São Paulo: Hucitec, 1995.

_____. *Poética*. Tradução, prefácio, introdução, comentário e apêndices de Eudoro de Sousa. Lisboa: Imprensa Nacional/Casa da Moeda, 1986.

_____. *Poética*. Ed. bilíngue. Tradução, introdução e notas de Paulo Pinheiro. São Paulo: Editora 34, 2015.

ARISTOTLE. *Athenaion politeia*. Ed. Kenyon. Oxford: Oxford Univ. Press, 1920.

_____. *Poetics*. Editio maior of the greek text with historical introductions and philological commentaries by Leonardo Tarán (greek and latin, and edition of the greek text) and Dimitri Gutas (arabic and syriac). Leiden/Boston: Brill, 2012.

ATHENAEUS. *Deipnosophistae*. Kaibel (ed.). Lipsiae: Teubner, 1887.

_____. *The Deipnosophists*. With an english translation by Charles Burton Gulick. Cambridge, Mass./London: Harvard University Press/William Heinemann, 1927.

_____. *The learned banqueters*. Edited and translated by S. Douglas Olson. Cambridge/London: Harvard University Press, 2006.

CALLIMAQUE. *Les origines — réponse aux telchines — élégies — épigrammes — iambes et pièces lyriques — hécalé — hymnes*. Texte établi et traduit par Émile Cahen. Paris: Les Belles Lettres, 1972.

CAMPBELL, David (ed.). *Greek lyric I: Sappho and Alceus*. Cambridge/London: Harvard University Press, 1982.

CLAUDIUS AELIANUS. *De natura animalium libri xvii, varia historia, epistolae, fragmenta*. Rudolf Hercher. Lipsiae: In Aedibus B. G. Teubneri, 1864, v. 1.

CLEMENS ALEXANDRINUS. *Opera omnia*. Recognouit Reinholdus Klotz. Lipsiae: Sumptibus E. B. Schwickerti., 1831, v. II.

DEMOSTHENES. *Demosthenes with an english translation*. Translated by Norman W. DeWitt and Norman J. DeWitt. Cambridge/London: Harvard University Press/William Heinemann Ltd., 1949.

_____. *Orationes*. Ed. W. Rennie. Oxonii: e Typographeo Clarendoniano, 1931.

DIO CHRYSOSTOM. *Dionis Prusaensis quem vocant Chrysostomum quae exstant omnia*. J. de Arnim. Berlin: Weidmann, 1893, v. I e II.

DIODORUS. *Bibliotheca Historica*. Ed. Immanel Bekker, Ludwig Dindorf, Friedrich Vogel. Leipzig: In aedibus B. G. Teubneri, 1888-1890, v. 1 e 2.

DIOGÈNE LAËRCE. *Vies et doctrines de philosophes illustres*. 2. éd. rev. et augm. Paris: Le Livre de Poche, 1999.

DIOGENES LAERTIUS. *Lives of eminent philosophers*. R. D. Hicks. Cambridge: Harvard University Press, 1972 (1st published 1925).

DIONYSIUS HALICARNASEUS. *Dionysii Halicarnasei Antiquitatum Romanarum quae supersunt Vol I-IV*. Karl Jacoby (ed.). Leipzig: In Aedibus B. G. Teubneri, 1885.

DIONYSIUS OF HALICARNASSUS. *The oman antiquities*. With an english translation by Earnest Cary; on the basis of the version of Edward Spelman. Cambridge/London: Harvard University Press/William Heinemann, 1937-1963, 7v.

DÜBNER, F. (ed.). *Prolegomena de Comoedia Grammaticorum*. In: DÜBNER, F. *Scholia Graeca in Aristophanem*. Paris: Firmin-Didot, 1883.

EDMONDS, J. M. (ed.). *Lyra graeca*. Edited and translated by J. M. Edmonds in three volumes. London/New York: William Heinemann/G. P. Putnam's Sons, 1922 (v. I); 1924 (v. II); 1927 (v. III), 3v.

_____. *Elegy and iambus*. With an english translation by J. M. Edmonds. Cambridge, MA/London: Harvard University Press/William Heinemann Ltd., 1931.

Epigrammatum Anthologia Palatina. Volumen primum. Instruxit Fred. Dübner. Graece et Latine. Parisiis: Editore Ambrosio Firmin Didot, 1864.

Epigrammatum Anthologia Palatina. Volumen secundum. Instruxit Fred. Dübner. Graece et latine. Parisiis: Editore Ambrosio Firmin Didot, 1872.

ESOPO. *Fábulas: seguidas do Romance de Esopo*. Ed. bilíngue. Seleção, tradução e apresentação por André Malta. Tradução e apresentação do *Romance de Esopo* por Adriane da Silva Duarte. São Paulo: Editora 34, 2017.

Etymologicum Magnum *seu magnum grammaticae penu in quo et originum et analogiae doctrina ex ueterum sententia copiosissime proponitur historiae item et antiquitatis monumenta passim attinguntur*. Opera Friderici Sylburgii ueterani. Editio Nova Correctior. Lipsiae: Aug. Gottl. Weigel, 1816.

EURIPIDES. *Euripides fabulae*. Edidit James Diggle. Oxford: Clarendon Press, 1984 (v. I); 1981 (v. II); 1994 (v. III), 3v.

_____. *Euripidis fabulae*. Ed. Gilbert Murray. Oxford. Clarendon Press, 1913, v. 2.

GATTI, Ícaro Francesconi. *A Crestomatia de Proclo: tradução integral, notas e estudo da composição do códice 239 da Biblioteca de Fócio*. Versão revisada. Dissertação (Mestrado em Letras Clássicas). São Paulo: Faculdade de Filosofia, Letras e Ciências Humanas da Universidade de São Paulo, 2012.

Grammatici Latini. *Ex recensione Henrici Keilii: Flavii Sosipatri Charisii Artis Grammaticae Libri V et Diomedis Artis Grammatiacae Libri III.* Lipsiae: In Aedibus B. G. Teubneri, 1857, v. 1.

HERÁCLITO. *Heráclito: fragmentos contextualizados.* Tradução, apresentação e comentários de Alexandre Costa. Rio de Janeiro: Difel, 2002.

HERODOTUS. *The histories.* With an english translation by A. D. Godley. Cambridge: Harvard University Press, 1920.

HESIOD. *Theogony. Works and days. Testimonia.* Edited and translated by G. W. Most. London/Cambridge: Harvard University Press, 2006.

_____. *The Works and days.* Edited with introduction and commentaries by M. West. Oxford: Clarendon Press, 1978.

HESÍODO. *Os trabalhos e os dias.* Tradução, estudo e notas de Luiz Otávio de Figueiredo Mantovaneli. São Paulo: Odysseus, 2011.

_____. *Teogonia: a origem dos deuses.* Estudo e tradução de Jaa Torrano. São Paulo: Iluminuras, 2012 (1. ed. 1991).

HESIODUS. *Fragmenta hesiodea.* Edidit H. Merkelbach et M. West. Oxford: Clarendon Press, 1967.

HESYCHIUS ALEXANDRINUS. *Lexicon.* Moritz Schmidt. Ienae: Sumptibus Hermanni Dufftii (Libraria Maukiana), 1867.

HOMER. *Homeri Odyssea.* Edidit H. van Thiel. New York: Hildesheim, 1991.

_____. *Ilias.* Edidit M. West. Leipzig: Saur, 2000.

HOMERO. *Ilíada.* Tradução e prefácio de Frederico Lourenço. São Paulo: Penguin Classics Companhia das Letras, 2013.

HORACE. *The works of Horace.* C. Smart. Philadelphia: Joseph Whetham, 1836.

HORÁCIO. *Epistula ad Pisones.* Org. Bruno Maciel, Darla Monteiro, Júlia Avelar e Sandra Bianchet. Belo Horizonte: FALE/UFMG, 2013.

HORATIUS FLACCUS. *Horace, satires, epistles and ars poetica.* H. Rushton Fairclough. London/Cambridge: William Heinemann Ltd./Harvard University Press, 1929.

IOANNES MALALAS. *Chronographia.* Ex recensione Ludovici Dindorfii. Bonnae: Impensis Ed. Weberi, 1831.

ISAEUS. *Isaeus with an english translation.* Translation by Edward Seymour Forster. Cambridge/London: Harvard University Press/William Heinemann Ltd., 1962.

ISOCRATES. *Isocrates with an english translation.* Transl. by George Norlin. Cambridge/London: Harvard University Press/William Heinemann, 1980, 3 v.

LONGINUS. *On the sublime.* William Rhys Roberts. Cambridge: Cambridge University Press, 1907.

LUCIAN. *Works*. With an English Translation by. A. M. Harmon. Cambridge/London: Harvard University Press/William Heinemann Ltd., 1913.

LUCIANO. *Luciano (I-IX)*. Tradução do grego, introdução e notas de Custódio Magueijo. Coimbra: Imprensa da Universidade de Coimbra, 2012-2013.

Lyra Graeca. Newly edited and translated by J. M. Edmonds in three volumes. London/New York: William Heinemann/G. P. Putnam's Sons, 1922, v. 1.

MOSSHAMMER, Alden. *The chronicle of Eusebius and greek chronographic tradition*. Lewisburg/London: Bucknell University Press/Associated University Presses, 1979.

NOUSSIA-FANTUZZI, Maria (ed.). *Solon the Athenian, the poetic fragments*. Leiden/Boston: Brill, 2010.

Paroemiographi Graeci. *Pars nunc primum ex codicibus manuscriptis vulgatur*. Edidit Thomas Gaisford. Oxonii: E Typographeo Academico, 1836.

PAUSANIAS. *Pausaniae Graeciae descriptio*. Leipzig: Teubner, 1903, 3 v.

_____. *Pausanias' description of Greece*. With an english translation by W. H. S. Jones and H. A. Ormerod in 4 volumes. Cambridge/London: Harvard University Press/William Heinemann, 1918.

PHILOSTRATUS. *Flavii Philostrati Opera*. Carl Ludwig Kayser (ed.). Lipsiae: In Aedibus B. G. Teubneri, 1871, 2 v.

PHOTIUS. *Biblioteca*. Ex recensione Immanuelis Bekkeris. Berlim, Berolini: typis et imprensis G. Reimeri, 1824-1825, t. I e II.

PINDAR. *The odes of Pindar including the principal fragments with an introduction and an english translation by Sir John Sandys*. Cambridge/London: Harvard University Press/William Heinemann, 1937.

PLATÃO. *A República de Platão. Obras I*. Organização e tradução de Jacó Guinsburg e notas de Daniel Rossi Nunes Lopes. São Paulo: Perspectiva, ²2014.

PLATO. *Platonis Opera*. Ed. John Burnet. Oxford: Oxford University Press, 1903.

PLUTARCH. *Moralia*. Recognouit Gregorius N. Bernardakis. Leipzig: Teubner, 1891.

_____. *Plutarch's Lives*. With an english translation by Bernadotte Perrin. Cambridge/London: Harvard University Press/William Heinemann, 1914.

PLUTARCHUS. *De proverbiis alexandrinorum. Libellus ineditus*. Recensuit et praefatus est Otto Crusius. Lipsiae: In Aedibus B. G. Teubneri, 1887.

RABANUS MAURUS. *Excerptio de arte grammatica prisciani*. In: MIGNE, Jacques-Paul (ed.). *Patrologia Latina*. Paris: Migne, 1844, v. III.

RABE, Hugo (ed.). *Scholia in Lucianum*. Lipsiae: In Aedibus B. G. Teubneri, 1906.

_____. Aus Rhetoren-Handschriften. 6. Weitere Textquellen für Johannes Diakonos. *Rheinisches Museum für Philologie*, Bd. 63 (1908), 512-517.

ROCHA Jr., Roosevelt Araújo da. *O Peri Mousikēs, de Plutarco: tradução, comentários e notas*. Tese (Doutorado em Linguística, Letras Clássicas). Campinas: Instituto de Estudos da Linguagem da Universidade Estadual de Campinas, 2007.

SNELL, Bruno (ed.). *Tragicorum graecorum fragmenta*. Göttingen: Vandehoeck & Ruprecht, 1971, *Didascaliae tragicae, catalogi tragicorum et tragoediarum, testimonia et fragmenta tragicorum minorum*. V. 1.

SOPHOCLES. *Sophocles fabulae*. Edidit Sir Hugh Lloyd-Jones and N. G. Wilson. Oxford: Clarendon Press, 1990.

STEPHENS, Susan. *Callimachus*: Aetia. Dickinson College Commentaries (2015). Disponível em: <http://dcc.dickinson.edu/callimachus-aetia/uf/icus>. Acesso em: 11 jul. 2017.

Suda. Suda On-Line (SOL). Disponível em: <http://www.stoa.org/sol/>. Acesso em: 4 jul. 2016.

THEMISTIUS. *Orationes*. Ex codice mediolanensi emendatae a Guilielmo Dindorfio. Lipsiae: C. Cnobloch, 1832.

THEOPHRASTUS. *Characters*. Ed. Hermann Diels. Oxford: Oxford University Press, 1909.

THUCYDIDES. *History of the Peloponnesian War*. With an english translation by Charles Forster Smith. London/Cambridge: William Heinemann/Harvad University Press, 1956 (v. I); 1958 (v. II); 1958 (v. IV); 1959 (v. III), 4 v.

VERGIL. *Bucolics, Aeneid, and Georgics of Vergil*. J. B. Greenough. Boston: Ginn & Co., 1900.

VIRGILE. *Géorgiques*. Texte traduit par Eugène de Saint-Denis. Introduction, notes et postface par Jackie Pigeaud. Paris: Les Belles Lettres, 1998.

WEST, Martin L. *Iambi et elegi Graeci ante Alexandrum cantati*. 2. ed. aucta atque emendata. Oxford: Oxford University Press, 1992.

XENOPHON. *Xenophontis opera omnia* Edidit E. C. Marchant. Oxford: Clarendon Press, 1900 (v. I); 1904 (v. III); 1910 (v. IV); 1920 (v. V); 1921 (v. II, 2. ed.), 5 v.

Bibliografia secundária

Os autores estão organizados em ordem alfabética, embora suas obras estejam dispostas na ordem de publicação (conforme ano da 1ª publicação conhecida da obra).

ADAM, Jean-Michel; HEIDMANN, Ute. *O texto literário: por uma abordagem interdisciplinar*. Org. da trad. João Gomes da Silva Neto; coord. da trad. Maria das Graças Soares. São Paulo: Cortez, 2011 [2009].

ALMEIDA, Joseph. *Justice as an Aspect of the Polis Idea in Solon's Political Poems: A Reading of the Fragments in Light of the Researches of the New Classical Archaeology*. Leiden/Boston: Brill, 2003.

BACELAR, Agatha Pitombo. Pégase d'Eleuthères: d'une légende de transmission tardive au mythe étiologique "re-enacted". *Codex*, v. 1, n. 2 (2009) 145-165.

BAILLY, Anatole. *Le grand Bailly: Dictionnaire Grec – Français*. Paris: Hachette, 2000 [1895].

BAKHTIN, Mikhail. *Os gêneros do discurso*. Org., trad. e posfácio Paulo Bezerra. São Paulo: Editora 34, 2016 [1979].

BLAISE, Fabienne. Solon. Fragment 36. Pratique et fondation des normes politiques. *Revue des Études Grecques*, 108 (1995) 24-37.

BLOOM, Allan. The Political Philosopher in Democratic Society: The Socratic View. In: PANGLE, Thomas L. *The Roots of Political Philosophy: Ten Forgotten Socratic Dialogues*. Ithaca; New York: Cornell University Press, 1987 [1971], 32-52.

BRANDÃO, Jacyntho Lins. *Antiga Musa: arqueologia da ficção*. 2. ed. rev. e ampl. Belo Horizonte: Relicário, 2015 [2005].

BREMMER, Jan. The Rise of the Hero Cult and the New Simonides. *Zeitschrift für Pyrologie und Epigraphik*, Bd. 158 (2006) 15-26.

BUDELMANN, Felix. Introducing greek lyric. In: BUDELMANN, Felix (ed.). *The Cambridge Companion to Greek Lyric*. Cambridge: Cambridge University Press, 2009a. 1-18.

BUDELMANN, Felix. Anacreon and the *Anacreontea*. In: BUDELMANN, Felix (ed.). *The Cambridge Companion to Greek Lyric*. Cambridge: Cambridge University Press, 2009b, 227-239.

BURKERT, Walter. *Griechische Religion der archaischen und klassischen Epoche*. Zweite, überarbeitete und erweiterte Auflage. Stuttgart: W. Kohlhammer, 2011 [1977 (1. Auflage)].

_____. The Making of Homer in the Sixth Century B. C.: Rhapsodes versus Stesichoros. In: GETTY MUSEUM, The John (Pub.). *Papers on the Amasis painter and his world*. Malibu: The John Getty Museum, 1987, 43-62.

CALAME, Claude. Réflexions sur les genres littéraires en grèce archaïque. *Quaderni Urbinati di Cultura Classica*, n. 17 (1974) 113-128.

_____. Facing Otherness: The tragic mask in Ancient Greece. *History of Religions*, v. 26, n. 2 (1986a) 125-142.

_____. Le jeu de l'idéologie funéraire dans la Grèce et l'Orient anciens. *Quaderni Urbinati di Cultura Classica*, nuova serie 22, 1 fasc. 51 (1986b) 133-143.

_____. *Chorus of young women in Ancient Greece: Their morphology, religious role, and social function*. Transl. by Derek Collins and Janice Orion. Lanham; Boulder/New York/London: Rowman & Littlefield, 1997 [orig. pub. in French 1977].

_____. La poésie lyrique grecque, un genre inexistant? *Littérature*, n. 111 (1998) 87-110.

CAREY, Chris. Genre, occasion and performance. In: BUDELMANN, Felix (ed.). *The Cambridge Companion to Greek Lyric.* Cambridge: Cambridge University Press, 2009, 21-38.

CARSON, Anne. *Econony of the Unlost: Reading Simonides of Keos with Paul Celan.* Princeton: Princeton University Press, 1999.

CHANTRAINE, Pierre. *Dictionnaire étymologique de la langue grecque: Histoire des mots.* Paris: Klincksieck, 1968.

CINGANO, Ieranò. Clistene di Sicione, Erodoto e i poemi del ciclo tebano. *Quaderni Urbinati di Cultura Classica* 20.2 (1985) 31-40.

CONNOR, W. R. Tribes, festivals and processions: Civic ceremonial and political manipulation in archaic greece. *The Journal of Hellenic Studies*, v. 107 (1987) 40-50.

_____. City Dionysia and Athenian Democracy. *Classica et Medievaelia*, v. XL (1989) 7-32.

CORRÊA, Paula da Cunha. *Armas e varões: a guerra na lírica de Arquíloco.* 2. ed. rev. e ampl. São Paulo: Unesp, 2009 [1998].

_____. *Um bestiário arcaico: fábulas e imagens de animais na poesia de Arquíloco.* Campinas: Editora da Unicamp, 2010.

COSTA, Alexandre. *Heráclito: fragmentos contextualizados.* Tradução, apresentação e comentários de Alexandre Costa. Rio de Janeiro: Difel, 2002.

CSAPO, Eric. Riding the phallus for Dionysus: iconology, ritual, and gender-role de/construction. *Phoenix*, v. 51, n. 3-4 (1997) 253-295.

_____. The dolphins of Dionysus. In: CSAPO, Eric; MILLER, Margaret (ed.). *Poetry, theory, praxis: the social life of myth, word and image in Ancient Greece.* Exeter: Oxbox, 2003, 69-99.

DABDAB TRABULSI, José Antonio. *Dionisismo, poder e sociedade na Grécia até o fim da época clássica.* Belo Horizonte: Humanitas/Editora da UFMG, 2004 [1990].

D'ANGOUR, Armand. How the dithyramb got its shape. *Classical Quarterly* 47, ii (1997) 331-351.

DAVISON, J. A. Peisistratus and Homer. *Transactions and proceedings of the American Philological Association*, v. 86 (1955) 2-21.

_____. Notes on Panathenaea. *The Journal of Hellenic Studies*, v. 78 (1958) 23-42.

DELCOURT, Marie. *Légendes et cultes de héros en Grèce*. Paris: Presses Universitaires de France, ²1992 [1942 (1.ed.)].

DETIENNE, Marcel. La phalange: problèmes et controverses. In: VERNANT, Jean-Pierre (dir.). *Problèmes de la guerre en Grèce ancienne*. Paris: Éditions de l'École des Hautes Études en Sciences Sociales, 1999 [1968] 157-188.

_____. *Les maîtres de vérité dans la Grèce archaïque*. Préface de Pierre Vidal-Naquet. Paris: François Maspero, 1981.

DIEHL, Ernest. "...Fuerunt ante Homerum poetae". *Rheinisches Museum für Philologie*, 89 (1940) 81-114.

DODDS, Eric R. *The greeks and the irrational*. Berkeley/Los Angeles/London: University of California Press, 1951.

_____. Introduction. In: EURIPIDES. *Bacchae*. Edited with introduction and commentary by E. R. Dodds. Oxford: Clarendon Press, ²1963 [1944], xi-lix.

DUPONT, Florence. *L'insignifiance tragique: Les* Choéphores *d'Eschyle,* Electre *de Sophocle,* Electre *d'Euripide*. Paris: Le Promeneur, 2001.

EKROTH, Gunnel. Altars in Greek Hero-Cults: a review of the archaeological evidence. In: HÄGG, Robin (ed.). *Ancient Greek cult practice from the archaeological evidence*. Stockholm: Skrifter Utgivna av Svenska Institutet I Athen, (1998) 117-130.

ELSE, Gerald. *The origin and early form of greek tragedy*. New York: The Norton Library, 1965.

ERNOUT, A.; MEILLET, A. *Dictionnaire etymologique de la langue latine: Histoire des mots*. Paris: C. Klincksieck, 1951.

FROST, Frank. The athenian military before Cleisthenes. *Historia*, Bd. 33, H. 3 (1984) 283-294.

GARCÍA, John. Symbolic action in the homeric hymns: the theme of recognition. *Classical Antiquity*, v. 21, n. 1 (2002) 5-39.

GENTILI, Bruno. I cosidetti dattilo-epitriti nella poesia orale pre-omerica. In: GENTILI, B.; GIANNINI, P. Preistoria e formazione dell'esametro. *Quaderni Urbinati di Cultura Classica*, n. 26 (1977) 7-37.

_____. *Poetry and its public in Ancient Greece: from Homer to the fifth century*. Translated by Thomas Cole. Baltimore: J. Hopkins Univ. Press, 1988 (1985).

GERALDO, Lidiana Garcia. *Os elementos dionisíacos presentes na origem da Tragédia Grega*. Dissertação (Mestrado em Linguística). Campinas: Instituto de Estudos da Linguagem da Universidade Estadual de Campinas, 2017.

GOLDHILL, Simon. The Great Dionysia and civic ideology. *The Journal of Hellenic Studies*, v. 107 (1987) 58-76.

GRAZIOSI, Barbara; HAUBOLD, Johannes. Greek lyric and early Greek literary history. In: BUDELMANN, Felix (ed.). *The Cambridge Companion to Greek Lyric*. Cambridge: Cambridge University Press, 2009, 95-113.

GREEN, J. Richard. Let's hear it for the fat man: padded dancers and the prehistory of drama. In: CSAPO, E.; MILLER, M. (ed.). *The origins of theater in Ancient Greece and beyond: from ritual to drama*. Cambridge: Cambridge University Press, 2007, 96-107.

GRIFFITH, Mark. Greek Middlebrow Drama (Something to do with Aphrodite?). In: REVERMANN, Martin; WILSON, Peter (ed.). *Performance, iconography, reception: Studies in honour of Oliver Taplin*. Oxford: Oxford University Press, 2008, 59-87.

GRIPP, Bruno Salviano. *A antiga lira lésbia: Resquícios indo-europeus na poesia de Safo e Alceu*. Tese (Doutorado). São Paulo: Faculdade de Filosofia, Letras e Ciências Humanas da Universidade de São Paulo, 2015.

HAUVETTE, Amédée. *Archiloque: sa vie et ses poésies*. Paris: Albert Fontemoing, 1905.

HAVELOCK, Eric. *Preface to Plato*. Cambridge/London: Belknap Press of Harvard University Press, 1963.

HEDREEN, Guy. Myths of ritual in athenian vase-paintings of silens. In: CSAPO, E.; MILLER, M. (ed.). *The origins of theater in Ancient Greece and beyond: from ritual to drama*. Cambridge: Cambridge University Press, 2007, 150-195.

_____. Silens, Nymphs and Maenads. *The Journal of Hellenic Studies*, vol. 114, (1994) 47-69.

HENRICHS, Albert. Myth visualized: Dionysos and his circle in sixth-century attic vase-painting. In: THE JOHN GETTY MUSEUM (pub.). *Papers on the Amasis painter and his world*. Malibu: The John Getty Museum, 1987, 92-124.

HERINGTON, John. *Poetry into drama. Early tragedy and the greek poetic tradition*. Berkeley, University of California Press, 1985.

HILLER, Eduard. Beiträge zur griechischen Litteraturgeschichte: 2. Zu den Nachrichten über die Anfänge der Tragödie. *Rheinisches Museum für Philologie*, Bd. 39 (1884) 321-338.

HOBDEN, Fiona. *The symposion in Ancient Greek society and thought*. Cambridge: Cambridge University Press, 2013.

HÖNN, Karl. *Solon: Staatsmann und Weiser. Mit 24 Bildtafeln*. Wien: L. W. Seidel & Sohn, 1948.

IRWIN, Elizabeth. *Solon and early greek poetry: the Politics of Exhortation*. Cambridge: Cambridge University Press, 2005.

ISLER-KERÉNYI, Cornelia. Komasts, mythic imaginary, and ritual. In: CSAPO, E.; MILLER, M. (ed.). *The origins of theater in Ancient Greece and beyond: from ritual to drama*. Cambridge: Cambridge University Press, 2007, 77-95.

JACOBY, Felix. *Das Marmor Parium*. Berlin: Weidmannsche Buchhandlung, 1904. Disponível em: <https://archive.org/stream/dasmarmorparium00jacogog#page/n0/mode/2up>. Acesso em: 27 fev. 2015.

_____. Herodotus. In: *Paulys Realencyclopädie der classischen Altertumwissenschaft (Pauly-Wissowa)*. Supplementband II, 1913, 205-520.

JAEGER, Werner. *Paideia: a formação do homem grego*. Trad. Artur M. Parreira. São Paulo: Martins Fontes, ⁶2013 [1932-1946].

JANKO, Richard. *The Iliad: a Comentary*. Cambridge: Cambridge University Press, 1994, v. IV: books 13-16.

JEANMAIRE, Henri. La cryptie lacédémonienne. *Revue des Études Grecques*, XXVI, n. 117 (1913) 121-150.

_____. *Couroi et Courètes: essai sur l'éducation spartiate et sur les rites d'adolescence dans l'antiquité héllénique*. Lille: Bibliothèque Universitaire, 1939.

_____. *Dionysos: histoire du culte de Bacchus*. Paris: Payot, 1970.

KONTOLEON. Νέαι ἐπιγραφαὶ περὶ τοῦ Ἀρχιλόχου ἐκ Πάρου. *Ἀρχαιολογικὴ Ἐφήμερις*, 1952, 32-95.

KOWALZIG, Barbara. Dancing dolphins on the wine-dark sea: dithyramb and social change in the archaic mediterranean. In: KOWALZIG, Barbara; WILSON, Peter (ed.). *Dithyramb in context*. Oxford: Oxford University Press, 2013, 31-58.

LAUGHY, Michael Harold. *Ritual and authority in Early Athens*. Tese (Doutorado em Filosofia). Berkeley: Ancient History and Mediterranean Archaeology in the Graduate Division of the University of California, 2010.

LAVECCHIA, Salvatore. Becoming like Dionysos. In: KOWALZIG, Barbara; WILSON, Peter (ed.). *Dithyramb in Context*. Oxford: Oxford University Press, 2013, 59-75.

LÉTOUBLON, Françoise. Le récit homérique, de la formule à l'image. *Europe*, an. 79, n. 865 (2001) 20-47.

LIDDELL, Henry George; SCOTT, Robert. *Greek-English lexicon*. With a revised supplement. Oxford: Oxford Clarendon Press, 1996.

LOLOS, Yannis. *Land of Sikyon: archaeology and history of a greek city-state*. Princeton: The American School of Classical Studies at Athens, 2011.

MALHADAS, Daisi. As Dionisíacas urbanas e as representações teatrais em Atenas. In: IVO, Oscarino da Silva; SANTOS, Rubens dos; MAFRA, Johnny

José. *Ensaios de Literatura e Filologia*. Belo Horizonte: Publicações do Departamento de Letras Clássicas da Faculdade de Letras da Universidade Federal de Minas Gerais (1983/1984), v. 4, 67-79.

MEIER, Christian. *Die politische Kunst der griechischen Tragödie*. München: Beck, 1988.

_____. *Athen: Ein Neubeginn der Weltgeschichte*. Berlin: Pantheon, 2012.

MEILLET, Antoine. *Les origines indo-européennes des mètres grecs*. Paris: Les Presses Universitaires de France, 1923.

MURRAY, Oswyn. War and the symposium. In: SLATER, W. J. (ed.). *Dining in a classical context*. Ann Arbor: University of Michigan Press, 1991, 83-103.

NAGY, Gregory. *Comparative studies in greek and indic meter*. Cambridge, Mass.: Harvard University Press, 1974.

_____. *The best of the Achaeans: concepts of the hero in Archaic Greek poetry*. Rev. ed. Baltimore/London: The John Hopkins University Press, 1999 [1979].

_____. *Pindar's Homer: the lyric possession of an epic past*. Baltimore/London: The John Hopkins University Press, 1990.

_____. Transformations of choral lyric traditions in the context of Athenian State Theater. *Arion*, 3 (1994-1995) 41-55.

_____. *Homeric questions*. Austin: University of Texas Press, 1996.

_____. *Plato's rhapsody and Homer's music: the poetics of the Panathenaic Festival in Classical Athens*. Cambridge Mass.: Center for Hellenic Studies/Harvard University Press, 2002.

_____. Introduction and discussion. In: CSAPO, E.; MILLER, M. (ed.). *The origins of theater in Ancient Greece and beyond: from ritual to drama*. Cambridge: Cambridge University Press, 2007, 121-125.

NOBILI, Cecilia. L'Inno Omerico a Dioniso (Hymn. Hom. VII) e Corinto. *ACME*, Annali della Facoltà di Lettere e Filosofia dell'Università degli Studi di Milano, LXII, 3 (Setembre-Dicembre), 2009, 3-35. Disponível em: <http://www.ledonline.it/acme/allegati/Acme-09-III-01-Nobili.pdf>. Acesso em: 13 mar. 2017.

_____. Threnodic elegy in Sparta. *Greek, Roman, and Byzantine Studies* 51 (2011) 26-48.

NOUSSIA, Maria. *A commentary on Solon's poems*. Thesis (Degree of Doctor of Philosophy). London: University College London, 1999. Disponível em: <http://discovery.ucl.ac.uk/1382236/1/392223.pdf>. Acesso em: 27 fev. 2015.

OLIVEIRA, Leonardo Teixeira de. *O ditirambo de Arquíloco a Simônides*: uma introdução às fontes primárias. Monografia (Bacharelado em Letras).

Curitiba: Setor de Ciências Humanas, Letras e Artes, Universidade Federal do Paraná, 2012.

OSBORNE, Robin. *Classical landscape with figures: the Ancient Greek city and its countryside.* London: George Philip, 1987.

OTTO, Walter F. *Dionysus: myth and cult.* Translated with an introduction by Robert B. Palmer. Bloomington: Indiana University Press, 1965 [1933].

Oxford Latin Dictionary. Oxford: Clarendon Press, 1968.

PALMER, Robert B. Introduction. In: OTTO, Walter F. *Dionysus: myth and cult.* Translated with an introduction by Robert B. Palmer. Bloomington: Indiana University Press, 1965 [1933], ix-xi.

PARKE, H. W. The newly discovered delphic responses from Paros. *The Classical Quarterly*, v. 8, n. 1/2 (1958) 90-94.

PARKER, Victor. Tyrants and lawgivers. In: SHAPIRO, Harvey Alan. *The Cambridge Companion to Archaic Greece.* Cambridge: Cambridge University Press, 2007, 13-39.

PARRY, Milman. The Traditional Epithet in Homer (orig. 1928). In: PARRY, Adam (ed.). *The Making of Homeric Verse: The Collected Papers of Milman Parry.* Oxford: Clarendon Press, 1971, 1-190.

PICKARD-CAMBRIDGE, Sir Arthur. *Dithyramb, tragedy and comedy.* 2nd Edition Revised by T. B. L. Webster. Oxford: Clarendon Press, 1962 [1927].

_____. *The dramatic festivals of Athens.* 2nd Edition Revised by John Gould and D. M. Lewis. Oxford: Clarendon Press, 1995 [1953].

PIRES, Francisco Murari. Comentários à Constituição de Atenas. In: ARISTÓTELES. *Constituição de Atenas.* Edição bilíngue. Tradução, apresentação, notas e comentários de Francisco Murari Pires. São Paulo: Hucitec, 1995.

PODLECKI, A. J. Archilochus and Apollo. *Phoenix*, v. 28 (1974) 1-17.

PRITCHARD, David. Kleisthenes, participation, and the dithyrambic contests of late archaic and classical Athens. *Phoenix*, v. 58, n. 3-4 (2004) 208-228.

PURCELL, Nicholas. Mobility and the *polis*. In: MURRAY, Oswyn; PRICE, Simon. *The greek city: from Homer to Alexander.* Oxford: Clarendon Press, 1990, 29-58.

RAGUSA, Giuliana (org. e trad.). *Lira grega: antologia de poesia arcaica.* São Paulo: Hedra, 2014.

RAUBITSCHEK, Antony (ed.). *Dedications from the athenian akropolis: a catalogue of the inscriptions of the sixth and fifth centuries B.C.* Edited with the collaboration of Lilian H. Jeffery. Cambridge (Mass.): The Archaeological Institute of America, 1949.

RHODES, P. J. Nothing to do with democracy: athenian drama and the polis. *The Journal of Hellenic Studies*, v. 123 (2003) 104-119.

RIDGEWAY, William. *The origin of tragedy: with special reference to the greek tragedians*. Cambridge: University Press, 1910.

ROHDE, Erwin. *Psyche: seelencult und unsterblichkeitsglaube der griechen*. Freiburg i. B./Leipzig: Akademische Verlagsbuchhandlung von J. C. B. Mohr (Paul Siebeck), 1894.

ROMANO, Irene Bald. The archaic statue of Dionysos from Ikarion (Plates 93-95). *The Journal of the American School of Classical Studies at Athens*, v. 51, n. 4 (1982) 398-409.

ROTHWELL, Kenneth. *Nature, culture, and the origins of greek comedy: a study of animal choruses*. Cambridge: Cambridge University Press, 2007.

RUSTEN, Jeffrey. Who "invented" comedy: the ancient candidates for the origins of comedy and the visual evidence. *American Journal of Philology*, 127.1 (2006) 37-66.

RUTHERFORD, R. B. Tragic form and feeling in the Iliad. *Journal of Hellenic Studies*, cii (1982) 145-160.

SCULLION, Scott. Tragic dates. *Classical Quarterly* 52.1 (2002) 81-101.

SEAFORD, Richard. *Reciprocity and ritual: Homer and tragedy in the developing city-state*. Oxford: Clarendon Press, 1994.

_____. *Dionysos*. London/New York: Routledge, 2006.

SILVA, Rafael. Sólon e os limites da mimese. *Rónai: Revista de Estudos Clássicos e Tradutórios*, v. 4, n. 2 (2016) 54-61.

SMITH, Tyler Jo. The corpus of komast vases: from identity to exegesis. In: CSAPO, E.; MILLER, M. (ed.). *The origins of theater in Ancient Greece and beyond: from ritual to drama*. Cambridge: Cambridge University Press, 2007, 48-76.

SOURVINOU-INWOOD, Christiane. *"Reading" greek death: to the end of the Classical Period*. Oxford: Clarendon Press, 1995.

_____. *Tragedy and athenian religion*. Lanham/Boulder/New York/Oxford: Lexington Books, 2003.

STEINHART, Matthias. From ritual to narrative. In: CSAPO, E.; MILLER, M. (ed.). *The origins of theater in Ancient Greece and beyond: from ritual to drama*. Cambridge: Cambridge University Press, 2007, 196-220.

THOMSON, George. *Aeschylus and Athens: a study in the social origins of drama*. London: Lawrence and Wishart, 1941.

VERNANT, Jean-Pierre; VIDAL-NAQUET, Pierre. Prefácio. In: VERNANT, Jean-Pierre; VIDAL-NAQUET, Pierre. *Mito e tragédia na Grécia Antiga*. São Paulo: Perspectiva, ²2011 [1981] XXI-XXIV.

VIDAL-NAQUET, Pierre. Le chasseur noir et l'origine de l'éphébie athénienne. *Annales. Économies, Sociétés, Civilisations*, 23ᵉ année, n. 5 (1968) 947-964.

_____. Retour au chasseur noir. In: *Mélanges Pierre Lévêque*. Besançon: Université de Franche-Comté, 1989. Tome 2: Anthropologie et société, 387-311.

VISSER, Margaret. Worship your enemy: aspects of the cult of heroes in Ancient Greece. *The Harvard Theological Review*, v. 75, n. 4 (1982) 403-428.

WELLENBACH, Matthew. *Choruses for Dionysus: studies in the history of dithyramb and tragedy*. Tese (Doutorado em Filosofia). Providence: Department of Classics, Brown University, 2015.

WEST, Martin. Indo-European Metre. *Glotta*, 51 (1973) 161-187.

_____. *Studies in greek elegy and iambus*. Berlin/New York: Walter de Gruyter, 1974.

_____. The early chronology of attic tragedy. *The Classical Quarterly*, v. 39, n. 1 (1989) 251-254.

WILAMOWITZ-MOELLENDORFF, Ulrich von. *Einleitung in die Griechische Tragödie*. Berlin: Weidmann, 1907.

_____. Oropos und die Graer. *Hermes*, 21. Bd., H. 1 (1886) 91-115.

WILSON, Peter. *The Athenian Institution of the Khoregia: the chorus, the city and the stage*. Cambridge: Cambridge University Press, 2000.

WINKLER, John. The ephebes' song: *tragôidia* and *polis*. Representations, n. 11, (Summer 1985), 26-62.

_____. The ephebes' song: *Tragôidia* and *Polis*. In: WINKLER, John; ZEITLIN, Froma (ed.). *Nothing to do with Dionysos? Athenian drama in its social context*. Princeton: Princeton University Press, 1990, 20-62.

WISE, Jennifer. *Dionysus writes. The invention of theatre in Ancient Greece*. Ithaca/London: Cornell University Press, 1998.

ZEITLIN, Froma. Thebes: theater of self and society in athenian drama. In: WINKLER, John; ZEITLIN, Froma (ed.). *Nothing to do with Dionysos? Athenian drama in its social context*. Princeton: Princeton University Press, 1990, 130-167.

ZIMMERMANN, Bernhard. Dithyramb. In: HORNBLOWER, S.; SPAWFORTH, A. *The Oxford Classical Dictionary: the ultimate reference work on the classical world*. Oxford: Oxford University Press, ^{3}1999, 487.

_____. Eroi nel ditirambo. In: PIRENNE-DELFORGE, Vincian; SUÁREZ DE LA TORRE, Emilio (dir.). *Héros et héroïnes dans les mythes et les cultes grecs: Actes du colloque organisé à l'Université de Valladolid, du 26 au 29 mai 1999* [en ligne]. Liège: Presses universitaires de Liège, 2000 (généré le 13 février 2017). Disponible sur Internet: <http://books.openedition.org/pulg/737>.

ZUMTHOR, Paul. *Introdução à poesia oral*. Trad. Jerusa Pires Ferreira, Maria Lúcia Diniz Pochat, Maria Inês de Almeida. Belo Horizonte: Editora da UFMG, 2010.

Posfácio
De luzes & sombras acerca das origens do drama
(Metaensaio sobre a cegueira)
Nabil Araújo (UERJ)

> *E eu, menos a conhecera, mais a amara?*
> *Sou cego de tanto vê-la, de tanto tê-la estrela*
> *O que é uma coisa bela?*
> *[...]*
> *Uma baleia, uma telenovela, um alaúde, um trem?*
> *Uma arara?*
> *Mas era ao mesmo tempo bela e banguela a Guanabara*
> "O estrangeiro", Caetano Veloso (2003, 205)

Desde a primeira vez que li a versão final do trabalho de Rafael Guimarães Tavares da Silva, ainda como dissertação de mestrado defendida na UFMG sob minha coorientação, algo nela me remeteu a um dos mais instigantes livros de teoria da literatura (ou "metacrítica") do século XX: *Blindness and Insight* (1983), de Paul de Man. Escrevendo este posfácio ao agora livro de Rafael, tenho a oportunidade de procurar explicitar a aproximação por mim outrora entrevista, ora confirmada, num exercício de iluminação recíproca dos referidos textos, em tantos aspectos tão diferentes entre si.

Dito da maneira mais direta possível, ambos os livros são — para converter, aqui, em pretenso gênero, o célebre título de José Saramago — ensaios sobre a cegueira. O de Paul de Man o é, explicitamente, desde a emblemática fórmula que lhe dá nome, engenhosamente vertida para o português, por Miguel Tamen, como *O ponto de vista da cegueira*. Escrutinando o trabalho de críticos literários tão relevantes quanto diversos como Georg Lukács ou os *New Critics* americanos, Ludwig Biswanger, Georges Poulet ou Maurice Blanchot, De Man daí derivará certa "imagem da leitura":

> Em todos eles se nota uma discrepância entre as afirmações gerais que produzem acerca da natureza da literatura (afirmações em que baseiam seus métodos críticos) e os resultados concretos das suas interpretações. As suas descobertas acerca da estrutura dos textos contradizem a concepção geral que usam como modelo. Não só os críticos não estão conscientes de tal discrepância como parecem florescer à sua custa e dever os seus melhores pontos de vista às suposições que tais pontos de vista invalidam (DE MAN, 1999, 10).

Identificando então o que considera um "curioso padrão" (DE MAN, 1999, 10), De Man enfatiza que "estes críticos parecem curiosamente condenados a dizer coisas assaz diferentes daquilo que pretendiam dizer", de modo que "sua postura crítica [...] é frustrada pelos seus próprios resultados críticos"; quanto a tais resultados, o autor reconhece, não obstante, "que só se pôde chegar a tal ponto de vista porque os críticos estavam dominados por uma peculiar cegueira: a sua linguagem só se pôde alcandorar a um determinado ponto de vista porque o seu método se esqueceu da percepção de tal ponto de vista" (DE MAN, 1999, 130).

Em seu texto, Rafael da Silva (2022, 20) "investiga as origens do drama antigo na Grécia do período arcaico, analisando criticamente as mais diversas teorias já propostas sobre o mesmo tema", abordando, para tanto, o trabalho de "estudiosos da literatura que [...] tendem a dispor de uma formação sólida em certas abordagens teóricas mais específicas, a partir das quais propõem suas interpretações de um determinado *corpus* literário, fazendo a crítica de suas obras e delineando sua história" (SILVA, 2022, 22): seja um Wilamowitz-Moellendorff, "cujas concepções literárias pautam-se por um modelo essencialista e cientificista (segundo o qual a literatura seria a manifestação viva de um *Zeitgeist* [espírito do tempo]), apoiando-se [...] nos pressupostos intencionalistas"; ou um Jean-Pierre Vernant, "com sua formação no estruturalismo lévi-straussiano e suas importantes análises estruturalistas"; ou um Gregory Nagy, "com sua concepção de literatura como sistema, nos moldes do estruturalismo saussuriano"; ou, ainda, um Simon Goldhill, "apoiado nas teorias pós-estruturalistas" (SILVA, 2022, 22-23).

Nessa análise metacrítica, nosso autor, como Paul de Man antes dele, também será levado ao reconhecimento daquilo de que os diferentes métodos críticos analisados "se esquecem" a propósito de si mesmos, bem como das inadvertidas implicações dessa "cegueira" para o trabalho crítico:

> o contato com diferentes teorias — muitas vezes incompatíveis e, no limite, até contraditórias — converteu-se em possibilidade de colocá-las em perspectiva, com o intuito de se questionarem os pressupostos nos quais estavam apoiadas e os desdobramentos críticos e práticos de sua adoção. Por isso, este texto acabou ganhando também uma dimensão de crítica das teorias sobre as origens do drama: [...] ao ignorar (ou fingir ignorar) seus pressupostos teóricos, elas muitas vezes não fazem mais do que encontrar no fim da pesquisa aquilo que fora postulado sub-repticiamente em seu princípio. Esse tipo de constatação só se tornou aqui possível devido a um esforço teórico deliberado, cuja motivação está ligada ainda à percepção de um quadro cada vez mais comum nos estudos literários (não restrito, portanto, ao campo dos Estudos Clássicos): trata-se de uma espécie de "cegueira teórica" (SILVA, 2022, 22).

A princípio, como se vê, a inconsciência de si revelada por Rafael da Silva nas teorias críticas do drama estaria longe de acarretar aquele involuntário ganho perceptivo identificado por De Man nos "resultados críticos" escrutinados em seu clássico ensaio sobre a cegueira. Com efeito, enfatiza nosso autor que:

> O mero vislumbre dessa "cegueira teórica" certamente parecerá nefasto a um campo de estudos que se pretenda dotado de uma capacidade reflexiva e crítica, embora possa ser detectada numa parte considerável dos exercícios de crítica literária publicados atualmente, mesmo em nível acadêmico — e aqui, mais uma vez, o fenômeno não parece se restringir ao campo dos Estudos Clássicos. Muitas das dissertações e teses defendidas nos últimos anos tendem a não articular de forma reflexiva o bastante as citações extraídas de estudos com base em abordagens teóricas diferentes (quando não mutuamente excludentes, dados seus pressupostos), evitando oferecer uma definição do que entendem por

literatura — ou poesia — e esclarecer as relações entre o objeto literário e seu autor, seu contexto de produção, sua linguagem, seus contextos de recepção, sua edição etc. (SILVA, 2022, 24).

Não obstante, no que tange especificamente às abordagens críticas do drama por ele criticadas, Rafael admitirá que "as mais diversas reconstruções teóricas propostas por pensadores antigos e modernos são, a um só tempo, *corretas* (mas insuficientes) e *incorretas* (mas esclarecedoras)" (SILVA, 2022, 275), enfatizando, no parágrafo final do livro, este pretenso *caráter esclarecedor da incorreção*, a ponto mesmo de afirmar que seu trabalho, em suma, "defende que as mais diversas (e mesmo contraditórias) propostas teóricas acerca das origens do drama são, mais até do que possíveis, efetivamente necessárias para que possam ser iluminadas certas nuances do surgimento do drama clássico e suas implicações para muito daquilo que derivou disso" (SILVA, 2022, 276). Não estamos distantes, aqui, como se vê, da conclusão demaniana de que: "Escrever sobre críticos de um modo crítico torna-se assim uma maneira de refletir sobre a eficácia paradoxal de uma visão cega que tem de ser retificada através de pontos de vista que inadvertidamente produz" (DE MAN, 1999, 131).

Ora, na medida em que "para o leitor na posição privilegiada de ser capaz de observar a cegueira enquanto fenômeno de direito próprio", admite o crítico belga (DE MAN, 1999, 130), "a questão da sua própria cegueira [é] uma das que por definição é incompetente para colocar", precisamos atentar para o grande ponto cego do luminoso livro de Paul de Man: o do estatuto da baliza que pretensamente lhe permite aquilatar o nível de cegueira das teorias críticas que critica. "A obra pode ser usada repetidamente para mostrar onde e como o crítico dela divergiu, mas durante o curso desta demonstração a nossa compreensão da obra é modificada e a visão errônea revela-se produtiva", explica, a propósito, De Man (1999, 134), arrematando: "Os momentos em que os críticos mostram maior cegueira em relação aos seus pressupostos são também os momentos em que obtêm os seus melhores pontos de vista".

De Man julga, portanto, poder tomar o que chama de "a obra" para aquilatar em que medida uma visão a respeito dela seria "errônea", mas também o quão produtiva tal "visão errônea" se revelaria para a compreensão da própria obra literária em questão. Ao fazê-lo, De Man defende que "minhas generalizações hipotéticas não visam uma teoria da crítica, mas a linguagem literária em geral" (1999, 9). Curiosamente, em sua empreitada metacrítica, De Man não nos apresenta, de partida, a definição de "linguagem literária" em que então se permitirá apoiar, explicando que, "antes de se teorizar sobre a linguagem literária[,] precisamos de nos tornar conscientes das complexidades da leitura. E, visto que os críticos são um tipo particularmente consciente de si e especializado, tais complexidades mostram-se com uma clareza particular na sua obra" (DE MAN, 1999, 10).

O problema é que as referidas "complexidades de leitura" que De Man julga revelar em sua leitura de críticos diversos não avultam senão em contraste com uma dada e inconfessa teoria da "linguagem literária", à luz da qual, apenas, se dá a ver o pretenso "padrão recorrente" de luz-e-sombra, de perde-e-ganha, em crítica literária de que nos fala o crítico belga. Justamente esta, aliás, é aquela petição de princípio tão bem definida por Rafael da Silva à guisa de um renitente padrão cego nos estudos literários:

> Isso constitui o que se pode chamar de uma verdadeira "cegueira teorética": ignorando o fato de que a literatura não é um objeto dado no mundo, esse estudioso não vê que toda crítica literária ou história da literatura assume (consciente ou inconscientemente) uma série de pressupostos teóricos. O que é literatura? Qual a relação da literatura assim concebida com a dimensão autoral? Com a obra literária específica? Com o contexto socioespacial e histórico em que foi produzida? Com a linguagem em que foi composta? Com a recepção que lhe foi reservada? Ou, ainda, com sua edição e seus meios de divulgação? Essas perguntas, quando deliberadamente ignoradas por um estudioso, recebem respostas sub-reptícias (que podem ser mais ou menos contraditórias) em seu exercício de crítica literária ou de história da literatura (SILVA, 2022, 23-24).

Mas, se assim é, o que dizer, afinal, do gesto de Rafael, em aparente eco ao de De Man, de declarar, como vimos, as teorias críticas de que se ocupa em seu trabalho como sendo "incorretas mas esclarecedoras"? Com vistas a que, afinal, estipular a "incorreção" dessas teorias (bem como de seu caráter eventualmente "esclarecedor", *apesar de errôneas*) senão à prerrogativa de um acesso exclusivo à verdade do objeto que elas pretendem, sem sucesso, reconstituir: neste caso, a "origem do drama clássico"? E não é o próprio autor quem admite ter constatado "a vanidade de toda tentativa de determinar a 'verdadeira origem' da tragédia clássica — e, em certa medida, a 'verdadeira origem' de qualquer fenômeno mais complexo"? (SILVA, 2022, 25).

Nesse sentido, vale a pena enfatizar uma diferença importante entre o percurso do trabalho de Rafael e aquele postulado por De Man: não se trata, agora, de insistir que o trabalho metacrítico deve anteceder qualquer teorização sobre o objeto literário (teorização que, não obstante, já se encontra pressuposta no próprio trabalho metacrítico), e sim de reconhecer que a metacrítica há de necessariamente alterar a teoria do objeto literário da qual conscientemente se parte, alterando, com isso, a própria natureza do objeto teoricamente reconstruído: "Em vista de uma ampliação da pertinência e do escopo das considerações aqui sugeridas, o presente trabalho abandonou o título que fora proposto inicialmente (*Origem da tragédia clássica na Grécia Antiga*) e passou a *Origens do drama clássico na Grécia Antiga*" (SILVA, 2022, 25).

Quanto ao deslocamento em relação ao objeto literário abordado (da tragédia ao drama), o autor explica que "seria impossível analisar a fundo o contexto de instituição da tragédia clássica sem levar em conta outros gêneros poéticos e dramáticos com que ela tinha óbvias afinidades (comédia, drama satírico e ditirambo)" (SILVA, 2022, 25). Mas como interpretar, em síntese, a passagem do singular ao plural (*origens*) no título de Rafael?

No epílogo do trabalho parece mesmo se desenhar um elogio ao pluralismo crítico, aquela postura tornada célebre desde, pelo menos, a publicação de *Critical Understanding: The Powers and Limits of Pluralism* (1979), de Wayne Booth, segundo a qual se impõe, na esteira do que Paul Feyerabend denominou de "proliferação", "a necessidade de trabalhar não com uma só teoria, paradigma ou sistema de pensamento, senão com vários desde o começo de nossas investigações" (VILLA-NUEVA, 1991, 204).

Com efeito, segundo Rafael, "o que se nota com relação a todos aqueles que conceberam e defenderam suas teorias sobre as origens do drama antigo e que foram aqui consultados para um melhor delineamento também desta [...] nova teoria" é que "o posicionamento de todo estudioso [...] pode ser visto não como algo que se justifique a partir de uma interpretação 'neutra' dos fenômenos estudados, mas como desdobramento dos próprios pressupostos teóricos e do *corpus* selecionado por ele" (SILVA, 2022, 273). A partir disso, conclui o autor:

> A abertura desse *corpus* e a variedade de abordagens teóricas arruínam qualquer pretensão de certeza e segurança que se pudesse almejar, constituindo-se em ocasião singular para uma verdadeira discussão crítica e teórica acerca do assunto. Nesse sentido, a impossibilidade de sustentar com segurança e certeza um discurso teórico qualquer como "o *único* correto" constitui a própria possibilidade de que diferentes teorias e vertentes críticas instituam uma arena de debate efetivo. Isso significa que, para o presente caso, a impossibilidade de encerrar a questão sobre as origens dos gêneros dramáticos clássicos — a partir da complexa matriz de manifestações poéticas do período arcaico — inaugura a possibilidade de que outros aspectos dessa rede sejam revelados a partir de perspectivas teóricas diferentes em novas abordagens sempre renovadas (SILVA, 2022, 275).

Ora, mas a partir *de que ponto de vista* são declaradas essa "ruína" (de "qualquer pretensão de certeza e segurança que se pudesse almejar") e essa "impossibilidade" ("de sustentar com segurança e certeza um discurso teórico qualquer como 'o *único* correto'", logo "de encerrar a questão sobre as origens dos gêneros dramáticos clássicos")? Não, bem entendido, do ponto de vista *de cada uma das próprias teorias abordadas* — as quais, como reconhece o autor, "frequentemente revelaram ter a pretensão de ser 'mais do que meras teorias' — aspirando a revelar a *única e verdadeira* origem dos gêneros dramáticos" (SILVA, 2022, 22) —, e sim do ponto de vista do pluralismo crítico que, negando essa pretensão no nível individual de cada teoria, a legitima, contudo, no plano coletivo da "variedade de abordagens teóricas" (todas elas *esclarecedoras, apesar de incorretas*), desembocando na "possibilidade de que outros aspectos dessa rede sejam revelados a partir de perspectivas teóricas diferentes em novas abordagens sempre renovadas".

Curiosamente, se aventa, então, que é essa "impossibilidade", do ponto de vista pluralista, "de sustentar com segurança e certeza um discurso teórico qualquer como 'o *único* correto'" que "constitui a própria possibilidade de que diferentes teorias e vertentes críticas instituam uma arena de debate efetivo". Mas, sendo uma *arena*, por definição, um espaço de luta, de confronto, de disputa — numa palavra: *agon*[1] —, o que é que se disputaria, afinal, numa arena instituída a partir da impossibilidade de que qualquer dos contendores saísse vitorioso com vistas ao que o move no combate?

Contrariamente, seria preciso admitir ser justamente aquela "pretensão de ser 'mais do que meras teorias'", negada pelo pluralismo, o que institui a arena crítica na qual se disputa, então, nada menos do que a prerrogativa da *verdade*, da *única verdade*, sobre o objeto em litígio. E, quanto a isso, é preciso evocar, ainda, com Antoine Compagnon (1999, 26), aquela "lição de relativismo, não de pluralismo", que ele atribui à teoria da literatura, e segundo a qual

> várias respostas são possíveis, não compossíveis; aceitáveis, não compatíveis; ao invés de se somarem numa visão total e mais completa, elas se excluem mutuamente, porque não chamam de literatura, não qualificam como literária a mesma coisa; não visam a diferentes aspectos do mesmo objeto, mas a diferentes objetos. Antigo ou moderno, sincrônico ou diacrônico, intrínseco ou extrínseco: não é possível tudo ao mesmo tempo. Na pesquisa literária, "mais é menos", motivo pelo qual devemos escolher (COMPAGNON, 1999, 26).

Eis que se deixa flagrar, aqui, um *insight* involuntário no livro de Rafael: o pluralismo, também ele, é uma escolha, uma decisão crítica, que, diferentemente do que se poderia supor, se dá, agonisticamente, *na arena crítica, e não fora ou acima dela*. A crítica pluralista emerge, assim, como *um* dos posicionamentos beligerantes na arena crítica contemporânea, em plena e franca contenda com os demais posicionamentos

---

1. Sobre o vocábulo *agon*, originalmente associado a uma função religiosa e diplomática, explica Cláudia Féral (2009, 41): "Entretanto, os jogos fúnebres não estão ligados nem a um rito nem a um santuário, eles cumprem, apenas, uma homenagem em que homens valorosos se reúnem não como atletas, mas como guerreiros e, sobretudo, como espectadores para prestar honras fúnebres a um dos seus. Por extensão, à imagem de jogos fúnebres, a palavra *agon* assume o sentido de espectador de jogos públicos, e consequentemente esse vocábulo passa a designar arena, espaço de confronto, luta ou combate corporal".

que lá disputam a prerrogativa de enunciação da verdadeira verdade do objeto literário e de sua abordagem.

Logo na abertura do livro, Rafael nos propõe que a obra seja lida como uma *performance* sobre a *performance*, nos seguintes termos:

> A noção de que toda palavra pode ter a força de um ato e de que os atos [...] convertem-se em hábito é algo que subjaz não apenas ao pensamento antigo, mas é compartilhado por aquilo que emerge da presente investigação. Dando-se conta também dessa dimensão performativa da palavra para os casos estudados, não passa despercebido o fato de que algo dessa mesma natureza tenha acontecido durante o processo de elaboração deste trabalho: partindo de uma dicção algo hesitante a princípio, a escrita aqui desenvolvida ganhou corpo e adquiriu voz própria por meio de uma longa reflexão sobre a linguagem como *performance* (SILVA, 2022, 21).

Tal *performance* sobre a *performance*, seria preciso agora reconhecer, institui-se, antes de tudo, como *performance agonística de uma decisão crítica*: aquela que, ao disputar na arena crítica a verdadeira verdade sobre a origem dos gêneros dramáticos, negará a pretensão individual de verdade seja do "intencionalismo" de Wilamowitz-Moellendorff, seja do "estruturalismo lévi-straussiano" de Vernant, seja do "estruturalismo saussuriano" de Nagy, seja do "pós-estruturalismo" de Goldhill, para suprassumi-los num posicionamento crítico segundo o qual, apesar de individualmente "incorretos", figurariam, todos, como igualmente "esclarecedores" do objeto em disputa.

Que essa dimensão agonística da *performance* crítica em *Origens do drama clássico na Grécia Antiga* possa ter escapado ao próprio autor não diminui, antes amplia, a potência iluminadora "de uma visão que só se consegue aproximar da luz porque, já sendo cega, não tem de temer o poder dessa luz" (DE MAN, 1999, 130-131) — de uma visão, talvez, tal qual a do estrangeiro caetânico quando este sentencia: "Não olho pra trás mas sei de tudo / Cego às avessas, como nos sonhos, vejo o que desejo" (VELOSO, 2003, 206).

Eis o que torna, ademais, o brilhante livro de estreia de Rafael da Silva um instigante e instrutivo passeio ao farol de luzes e sombras projetadas sobre as origens dos gêneros dramáticos pela crítica especializada.

Referências

COMPAGNON, Antoine. *O demônio da teoria: literatura e senso comum*. Trad. de Cleonice P. B. Mourão e Consuelo F. Santiago. Belo Horizonte: Ed. da UFMG, 1999.

DE MAN, Paul. *O ponto de vista da cegueira: ensaios sobre a retórica da crítica contemporânea*. Trad. de Miguel Tamen. Coimbra: Angelus Novus/Lisboa: Cotovia, 1999.

FÉRAL, Cláudia M. R. *O agon na poética aristofânica*: diversidade da forma e do conteúdo. Tese (Doutorado em Estudos Literários). Araraquara: Faculdade de Ciências e Letras, Universidade Estadual Paulista, 2009.

SILVA, Rafael G. T. da. *Origens do drama clássico na Grécia Antiga*. São Paulo: Loyola, 2022.

VELOSO, Caetano. *Letra só*. São Paulo: Companhias das Letras, 2003.

VILLANUEVA, Darío. Pluralismo crítico y recepción literaria. *Tropelías. Revista de Teoría de la Literatura y Literatura Comparada*, n. 2 (1991) 203-218.

Edições Loyola

editoração impressão acabamento
Rua 1822 nº 341 – Ipiranga
04216-000 São Paulo, SP
T 55 11 3385 8500/8501, 2063 4275
www.loyola.com.br